中经金课会计专业精品课程

新时代高等教育创新型教材

成 本 会 计
Cost Accounting

主　编　王立新　张　惠　谷　峰
副主编　王国银　郭长平　张顺华
　　　　胡　彬　连正丽
参　编　王英兰　郑晓晴　万建华

图书在版编目（CIP）数据

成本会计 / 王立新，张惠，谷峰主编. -- 北京：中国经济出版社，2023.8（2025.2重印）
中经金课会计专业精品课程
ISBN 978-7-5136-7391-4

Ⅰ. ①成… Ⅱ. ①王… ②张… ③谷… Ⅲ. ①成本会计 - 教材 Ⅳ. ① F234.2

中国国家版本馆 CIP 数据核字（2023）第 132713 号

选题策划	雷　生
责任编辑	彭　欣
责任印制	李　伟
封面设计	牧野春晖

出版发行	中国经济出版社
印 刷 者	宝蕾元仁浩（天津）印刷有限公司
经 销 者	各地新华书店
开　　本	889 mm×1194 mm　1/16
印　　张	17.5
字　　数	493 千字
版　　次	2023 年 8 月第 1 版
印　　次	2025 年 2 月第 2 次
定　　价	59.00 元

广告经营许可证　京西工商广字第 8179 号

中国经济出版社　网址 www.economyph.con　社址 北京市东城区安定门外大街 58 号　邮编 100011
本版图书如存在印装质量问题，请与本社销售中心联系调换（联系电话：010-57512564）

版权所有　盗版必究（举报电话：010-57512600）
国家版权局反盗版举报中心（举报电话：12390）　服务热线：010-57512564

前言 PREFACE

在总结多年成本会计课程教学及实务操作、基本技能培养训练等方面经验的基础上，结合目前企业成本会计工作岗位的特点，我们与多家企业合作，利用企业实际资料编写了这本校企合作教材。

本教材以基于项目化教学的开发理念为指导，本着理论够用、难度适中、重点突出的精神，理论与实际相结合，注重实践性；可满足线下线上混合式教学、翻转课堂教学改革的要求。本教材在编写过程中突出了以下特点。

第一，本教材在编写过程中依据制造业企业成本会计岗位实际工作需要，遵循学生的认知规律，以培养学生实际动手操作能力为主要目标，关注学生职业能力的培养，与企业会计专家共同研讨，以各种真实的原始凭证为样板，以某中型制造企业的经济业务为基础，涵盖了一般制造企业常见的成本核算内容，工作任务量适中，覆盖面广泛、繁简适当，有利于教学的组织实施，便于学生操作和掌握。

第二，内容通俗易懂，由浅入深，循序渐进。本教材内容编排按照会计职业特点，把成本会计课程要求掌握的内容分解成12个工作项目，每个工作项目又分为若干个工作任务，可进行项目化、模块化教学，对基本理论讲述"必需、够用"的同时，重点突出实践操作技能的培养和提高。本教材通过学生身临其境地分析和处理有关成本业务，能按照企业成本会计实际工作岗位和业务流程完成成本会计岗位训练，实现毕业生与会计岗位的"零距离"结合。

第三，理论和实践相结合，注重实践操作。在基本理论方面，依据我国《企业会计准则》和《企业产品成本核算制度》，通过强调案例讲解概念并强化成本会计基础，尽可能使理论通俗易懂；在实务上，围绕教材内容精心设计了大量案例，并在每个项目之后配有复习与训练和项目实训，使教材内容通俗易懂，便于学习者掌握成本会计的基本理论和基本方法。

第四，配套的数字化教学资源丰富。在教材编写过程中，我们更加注重提升配套的"项目训练""电子课件"以及"课程教学标准"的建设质量。习题和实训案例与实践更加贴近。根据内容模块设置项目训练，便于学生综合性地理解和掌握学习的内容，循序渐进，达到深入学习的效果。电子课件的制作摒弃了原来复制主教材各级标题的简单做法，可更好地把握授课内容，同时对各项目、任务内容进行更深入的讲解和逻辑勾勒，真正起到辅助和深化的作用。本教材配有电子版教学标准，为教师提供课时分配、重难点提示、教学结构等参考信息，进一步方便教师教学。

第五，兼顾会计职称考试内容，内容比较全面、重点突出，有助于学生的后续发展。本教材既可作为高校会计及相关专业的成本会计课程教学用书，也可作为在职会计人员的职业培训教材及自学参考书。

本教材由王立新、张惠、谷峰担任主编，王立新负责全书的审核和统稿工作。王国银、郭长平、张顺华、胡彬、连正丽担任副主编。王英兰、郑晓晴、万建华参与编写。尽管我们在编写过程中精心撰写、认真审校、力求精准，但是仍难免有疏漏和不足之处，敬请各院校师生及广大同人提出宝贵意见，以利于进一步修订提高。在本教材的编写过程中，我们借鉴和参阅了国内外的文献，在此，谨向所有相关作者表示诚挚的感谢！感谢本教材参阅的各类资料的作者，感谢中国经济出版社编辑对本教材出版付出的辛勤劳动。

编　者

2023 年 03 月

目录 CONTENTS

项目一　认知成本与成本会计 ·· 001
　　任务一　成本的经济实质 ·· 001
　　任务二　成本会计的内涵 ·· 008
　　任务三　成本会计的职能和任务 ··· 009
　　任务四　成本会计工作的组织 ·· 011
　　任务五　成本核算的基本要求、一般程序和账户设置 ·· 012
　　任务六　成本费用分配基本原理 ··· 020

项目二　要素费用的归集与分配 ·· 029
　　任务一　要素费用的归集与分配概述 ··· 029
　　任务二　材料费用的归集与分配 ··· 031
　　任务三　外购燃料和动力费用的归集与分配 ·· 043
　　任务四　归集与分配职工薪酬费用 ·· 046
　　任务五　归集与分配其他要素费用 ·· 053

项目三　辅助生产费用的归集与分配 ·· 074
　　任务一　辅助生产费用的归集 ·· 074
　　任务二　辅助生产费用的分配 ·· 077

项目四　制造费用的归集与分配 ·· 094
　　任务一　制造费用的归集 ·· 094
　　任务二　制造费用的分配 ·· 096

项目五　生产损失费用的归集与分配 ·· 104
　　任务一　废品损失的核算 ·· 105
　　任务二　停工损失的核算 ·· 109

项目六 生产费用在在产品与完工产品之间的分配·····113
- 任务一 生产费用在在产品与完工产品之间的分配概述·····113
- 任务二 生产费用在在产品与完工产品之间的分配方法·····115
- 任务三 完工产品成本结转的核算·····128

项目七 选择成本核算方法·····138
- 任务一 掌握成本核算方法及类型·····138
- 任务二 学会选择成本核算方法·····139

项目八 成本核算的品种法·····145
- 任务一 品种法的基本原理·····145
- 任务二 品种法案例·····147

项目九 成本核算的分批法·····164
- 任务一 分批法的基本原理·····164
- 任务二 简化分批法·····170

项目十 成本核算的分步法·····182
- 任务一 分步法概述·····182
- 任务二 逐步结转分步法·····184
- 任务三 平行结转分步法·····196

项目十一 成本核算的辅助方法·····219
- 任务一 分类法·····219
- 任务二 定额成本法·····230

项目十二 成本报表与成本分析·····252
- 任务一 编制成本报表·····252
- 任务二 分析成本报表·····258

参考文献·····274

项目一 认知成本与成本会计

ITEM 1

学习目标

- 了解成本、费用、成本会计的概念，理解成本的经济实质和作用
- 掌握支出、费用和成本的关系
- 熟悉费用的分类方法
- 了解产品成本核算原则及要求
- 掌握产品成本核算的一般程序、账户设置及账务处理程序

能力目标

- 能对企业发生的生产费用进行分类
- 能正确设置和使用与成本核算相关的会计账户
- 能正确划分企业各项费用的界限
- 能根据企业的具体情况合理设置成本会计机构和配备成本会计人员

思政目标

- 具有法治观念，具有自觉维护国家利益、社会公共利益和集体利益的职业意识
- 具有严谨、诚信的职业品质和良好的职业道德
- 能理解成本会计工作的重要性，领会严格遵守成本开支范围和成本核算程序的重要性，养成遵纪守法的好习惯

任务一 成本的经济实质

一、成本的含义

学生上学，需要缴纳学费、花费时间，这就构成了学习知识的成本；农民种地，需要购买种子、化肥、农具等，还要投入相应的劳动力进行田间管理，这些构成了农产品的成本；工厂生产产品，需要厂房、机器设备、材料，发生人工费用，这些构成了产品成本。

在现实生活和会计学科中，人们使用各种各样的成本概念：材料采购成本、产品生产成本、固定资产成本、无形资产成本、机会成本、资金成本……

成本是一个十分复杂的问题。由于从事经济活动内容的不同，成本包含很多具体的表现形式，即成本涵盖的范围非常广，它不仅与实际发生的耗费相联系，而且与管理、决策的需要相联系。因此，成本是会计理论中一个重要的经济概念，是在商品生产发展到一定阶段后逐步形成和完善起来的。在市场经济条件下，成本是企业竞争力强弱的重要表现，也是现代企业管理的重要内容。正确理解成本的含义，是学习成本会计必须掌握的基本理论问题。成本会计定义的成本是一种耗费，是指企业生产经营过程中用于劳动手段、劳动对象和劳动者等生产要素上劳动耗费的货币总和，具体表现为企业人力、物力和财力的消耗。

成本的概念包括两层含义：一是广义的成本，二是狭义的成本。广义的成本是生产耗费的货币表现，是企业生产经营过程中的所有耗费；而狭义的成本则是企业为生产产品、提供劳务发生的各种耗费。

企业为生产产品发生的耗费就是产品成本，是企业为了生产一定种类和数量的产品发生的生产耗费。可以从耗费和补偿两个方面理解产品成本的概念：从耗费角度来看，产品成本是生产过程中劳动的消耗，是生产过程中消耗的物化劳动与活劳动价值的货币表现，这构成成本的内涵；从补偿角度来看，产品成本是资本消耗的价值补偿，是补偿商品生产中资本消耗的价值尺度，这构成成本的价格。

当然，成本是一个发展的概念，随着社会经济的发展，成本的概念和内涵也在不断发展、变化，人们感受到的成本范围在不断扩大，质量成本、差别成本、机会成本、边际成本、战略成本和环境成本等众多新型成本范畴进入了人们的视野，成为经济管理中重要的成本概念。

二、成本的经济实质

在社会主义市场经济条件下，成本是作为一个经济范围客观存在的，加强成本管理，降低成本水平，无论是对提高企业的微观经济效益，还是对提高整个社会的宏观经济效益，都是十分重要的。而要做好成本管理工作，就必须充分认识成本的经济实质。

（一）理论成本

成本核算的首要目的是按照会计规范对企业进行资产计价，同时确定盈亏，进而为资产负债表、利润表的编制等服务。

从理论上说，产品成本是企业为生产一定种类和数量的产品发生的生产资料消耗与人工消耗，是马克思的成本价值理论从成本的耗费和补偿角度对成本进行的分析。

马克思指出："按照资本主义生产方式生产的每一个商品 W 的价值，用公式表示是 $W = C + V + M$，如果我们从这个商品的价值中减去剩余价值 M，那么，在商品剩下的，只是一个生产要素上耗费的资本价值 $C + V$ 的等价物或补偿价值。""商品价值的这个部分，即补偿所消耗的生产资料价格和所使用的劳动力价格的部分，只是补偿资本家自身耗费的东西，所以对资本家来说，这就是成本价格。"被马克思称为商品"成本价格"的那部分商品价值，就是产品成本。在这里，马克思从耗费的角度指出成本是由物化劳动和活劳动中必要劳动的价值组成的，也从补偿的角度指出成本是补偿商品生产中资本家自身耗费的东西。这就从理论上给了成本以完整的概念。

虽然社会主义市场经济与资本主义市场经济有着本质的区别，但两者都是商品经济，都涉及商品价值、成本、利润等经济范畴。在社会主义市场经济中，商品价值仍然有其存在的客观必然性，只是其体现的社会经济关系与资本主义市场经济不同。在社会主义市场经济条件下，商品的价值仍然决定于它在生产中耗费的必要劳动。它由3个部分组成：一是已消耗的生产资料的价值转移（C），二是劳动者为自己的劳动创造的价值（V），三是劳动者为社会劳动创造的价值（M）。

其中，$C+V$是商品价值中物化劳动转移价值和活劳动中必要劳动创造的价值的货币表现，即构成了商品的理论成本。

综上所述，从理论上讲，成本的经济实质就是：商品价值中物化劳动转移的价值和劳动者为自己劳动创造的价值的货币表现；是生产经营过程中发生耗费的部分，是构成商品价值的重要组成部分，是需要在商品价值中得到补偿的部分。

（二）实际成本

上述"成本"概念是就企业生在产经营过程中发生的全部劳动耗费而言的，是一个"全部成本"的概念。在实际工作中，是将其全部对象化，从而计算产品的全部成本，还是将其按照一定的标准分类，一部分计入产品成本，另一部分计入期间费用，则取决于成本核算制度。

实际成本也叫"现实成本"，是根据现行会计法律制度对成本内容进行的界定。

理论成本虽然从理论上说明了成本的经济实质和它包括的客观内容，但这种理论成本只是对正常的物化劳动和活劳动的消耗进行的计量，没有考虑到现实生产经营活动中的偶然因素和异常情况的消耗，因此与实际是有差距的。比如，废品损失、停工损失等支出并不形成产品价值，因为它不是产品的生产性耗费，而是纯粹的损耗，其性质并不属于成本的范围。但考虑到经济核算的要求，将其计入成本可使企业减少生产损失。

在实际工作中，产品成本的开支范围由国家通过有关法规制度界定，包含的内容与理论上有一定的差别。对实际成本的确定，除考虑理论成本外，还要考虑宏观上国家政策方针和微观上企业管理的需要，对成本的构成内容和开支范围进行规范。当然，成本实际开支范围与成本经济实质的背离必须严格限制，否则，成本的计算就失去了理论依据。目前，我国产品的实际成本主要是通过《企业会计准则》和《企业产品成本核算制度》规定的成本开支范围确定的。

综上所述，实际成本是通过成本开支范围界定其构成和范围的成本。

理论成本和实际成本共同反映了成本的经济实质，阐述了成本包含的经济内容，但两者在构成内容和范围上是有差别的。实务中是以"理论成本"为依据，规定了"实际成本"的开支范围，统一了产品生产成本包含的内容。

思政小常识

社会主义市场经济与资本主义市场经济的本质区别

市场经济是指通过市场的供求、价格、竞争等机制对社会资源配置起决定作用的体制。

市场经济是一种经济体制，而社会主义制度和资本主义制度是社会基本制度。社会主义的本质是以生产资料公有制为主体，资本主义的本质则是社会生产资料的私有制，在两种基本制度的基础上发展市场经济都是经济发展的需要，是为基本经济制度服务的，受基本经济制度的制约，也就是说，享受市场经济发展成果的人不同。社会主义市场经济发展受益的是广大劳动人民，而资本主义市场经济发展受益的主要是资本家及各大利益集团。

另外，由于资本主义经济实行资本主义私有制，资本主义市场经济国家只有财政政策、货币政策等手段，没有办法采取计划手段调控经济。而社会主义市场经济以公有制经济为主体，有必要也有可能在宏观调控中运用计划手段指导国民经济有计划地按比例发展，这也是社会主义市场经济的优越性所在。

因此，社会主义市场经济的实质是同社会主义基本社会制度结合在一起的市场经济，体现社会主义的根本性质。资本主义市场经济的实质是与资本主义基本制度相联系的市场经济，体现资本主义的根本性质。

三、成本的作用

（一）成本是补偿生产耗费的尺度

要使企业再生产的过程连续不断地进行，就必须对生产过程中的耗费进行补偿。

在社会主义市场经济条件下，企业作为一个自负盈亏的商品生产者和经营者，其生产耗费是用销售收入补偿的，而成本就是衡量这一补偿份额大小的尺度。企业在取得销售收入后，必须把相当于成本的数额划分出来，用以补偿生产经营中发生的耗费，只有这样才能维持其简单再生产。因此，成本起着衡量生产耗费尺度的作用，对宏观经济和微观经济发展都有着重要影响。

（二）成本是综合反映企业工作质量的重要指标

成本是综合反映企业工作质量的重要指标，企业经营管理工作中各方面工作的好坏，都可以直接或间接地在成本上反映出来，如机器设备的利用是否充分，材料物资的消耗是否节约，生产工艺的设计是否合理，供产销各环节是否顺畅，劳动生产率的高低，产品设计的好坏等，都会对成本产生影响。因而，可以通过对成本的计划、控制、监督、考核和分析等，促使企业以及企业内部各单位加强经济核算，努力改进管理、降低成本，提高经济效益。

（三）成本是制定产品价格的重要因素

在市场经济条件下，产品价格是产品价值的货币表现，它以价值为基础，并围绕价值上下波动。在现实的市场经济中，产品价格的制定要综合考虑国家的经济政策、产品的比价关系、市场竞争情况、社会供求关系和成本等因素。其中，成本是制定产品价格的最低经济界限，一般情况下，产品的价格不能低于产品的生产成本，否则企业就不能补偿生产过程中的消耗，也就不能保证企业再生产的顺利进行。因此，产品成本是制定产品价格的重要因素。

（四）成本是企业经营决策的重要依据

在市场经济条件下，企业要在激烈的竞争环境中生存和发展，就必须根据市场需要和自身经营状况，做出正确的决策。当企业根据决策目标，从各种备选方案中选择最优方案时，虽然有许多因素需要考虑，但成本是其中必须考虑的主要因素之一。因为对决策方案的分析、评价都离不开成本—效益分析，而产品成本是效益分析的基础，它为决策提供重要依据。

四、成本与费用、支出的关系

正确认识成本，首先必须正确理解企业经济活动过程中的各种劳动耗费，其次对劳动耗费的层次和结构即成本、支出和费用及其相互关系形成正确的认知。

（一）成本、支出与费用

1. 成本

成本是企业生产经营过程中发生的耗费，具体内容前面已论述，在此不再赘述。

2. 支出

支出是会计主体在经济活动中发生的所有耗费。就制造企业而言，包括以下6种支出。

（1）资本性支出，是指通过支出取得的财产或劳务的效益，可以受益多个会计期间发生的支出，即耗费的发生不仅与本期收入有关，更与后期收入有关。因此，这类支出应予以资本化，先计入资产类账户，再分期按得到的效益转入适当的成本费用账户。这种支出通常形成企业的长期资产，如购置固定资产、取得无形资产等。

（2）收益性支出，是指为取得本期收益而发生的支出。这种支出通常由本期收益补偿，如企业在生产经营过程中发生的材料消耗、人工费支出和管理开支等。这些支出一般都直接计入当期有关成本费用账户。

（3）投资性支出，是指让渡本企业资产的支出。这种支出是通过对外投资让渡资产的使用权进行的，如股票投资、债券投资等。

（4）税费支出，是指根据税法规定计算缴纳给国家的所得税及其他税金等。除了增值税和资本性支出的税金以外，这些支出还一般直接冲减当期收益，可表现为当期的费用。

（5）营业外支出，是指与企业的生产经营业务没有直接联系的支出，如企业支付的罚款、违约金、赔偿金、赞助费和非常损失等。

（6）利润分配支出，是指企业利润分配过程中发生的支出，如企业支付的现金股利等。

3. 费用

费用是企业为销售产品、提供劳务等日常经济活动发生的经济利益的支出，分为生产费用和期间费用。

（1）生产费用，是指企业在一定时期为生产产品发生的各项支出，是与产品生产相关的劳动耗费。如生产产品消耗的材料、支付的生产工人工资和生产单位组织产品生产的管理费用等。

（2）期间费用，是指企业在一定会计期间为生产经营的正常进行发生的各项支出，是与企业销售、经营和管理活动相关的劳动耗费，包括销售费用、管理费用和财务费用。

（二）成本、支出与费用的关系

1. 三者关系说明

成本、支出与费用是与企业耗费有关的3个概念，具有一定的层次性和交叉重叠性。成本是对象化的生产费用，支出是经济活动中的所有耗费，费用是与生产经营相关的支出。

一般而言，支出中凡是同本企业生产经营有关的部分，都可表现为或转化为费用；凡是同本企业生产经营无关的支出，都不能被列为或转化为费用。例如，企业用于购置固定资产、无形资产、其他资产及购买材料等与生产经营有关的支出，能表现为或转化为费用；而发生的长期投资支出、利润分配性支出以及营业外支出，就不能被列为或转化为费用。有些费用构成生产成本，而有些费用不构成生产成本，直接计入当期损益。

成本、支出与费用之间的关系如图1-1所示。

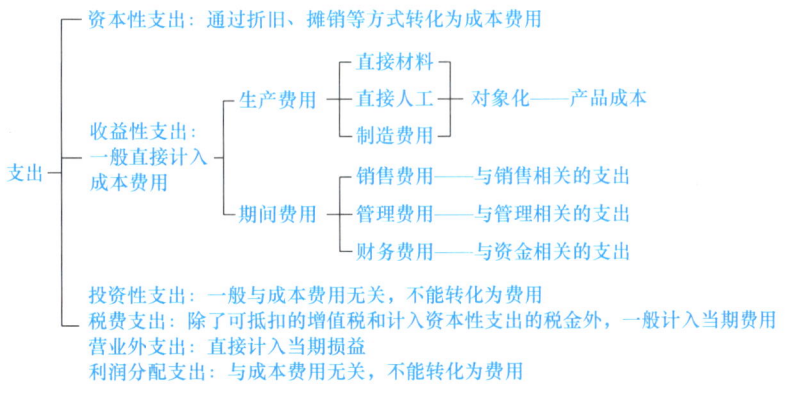

图1-1 成本、支出与费用之间的关系

2. 生产费用与生产成本

生产费用与生产成本是一对既有联系又有区别的概念。

（1）联系：生产成本是对象化的生产费用，是相对于一定的产品发生的费用，是按照产品品种等成本计算对象对当期发生的生产费用进行归集形成的，因此生产费用的发生过程也是生产成本的形成过程。生产成本是生产费用的对象化，生产费用最终将形成生产成本，即生产费用是生产成本的计算基础，生产成本是生产费用的最后归属。

（2）区别：生产费用是某一期间为进行生产发生的费用，与一定的期间相联系；而生产成本则是为生产一种或几种产品发生的生产费用，与一定种类和数量的产品相联系。

费用与成本的关系如图1-2所示。

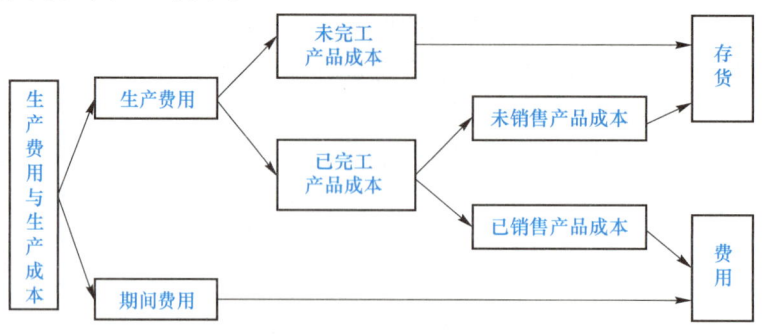

图1-2 费用与成本的关系

想一想：一定期间的生产费用不一定等于一定期间的产品生产成本，为什么？

五、生产费用的分类

（一）按生产费用发生的生产单位性质分类

生产费用分为基本生产费用、辅助生产费用。

企业的生产按照生产职能分为基本生产和辅助生产。基本生产是企业为制造主要产品直接进行的生产，如钢铁厂的炼铁、炼钢，棉纺厂的纺纱、织布等。在工业企业里，进行基本生产的车间被称为"基本生产车间"，为基本生产发生的费用叫作"基本生产费用"。辅助生产是企业内部为基本生产服务生产的产品和进行的劳务供应，如水、电、气的供应，专用工具的制造以及机器设备的维修等。这些产品和劳务有时也对外销售，但不是辅助生产的主要任务。在工业企业里，进行辅助生产的车间被称为"辅助生产车间"，为辅助生产发生的费用叫作"辅助生产费用"。

（二）按经济内容分类

产品的生产过程，也是物化劳动（包括劳动对象和劳动手段）和活劳动的耗费过程。因此，生产过程中发生的生产费用，按经济内容分类，可划归为劳动对象方面的费用、劳动手段方面的费用和活劳动方面的费用三大类。生产费用按经济内容分类，就是在这一划分的基础上，将生产费用划分为若干费用要素。

费用要素即生产费用的构成要素，是指为生产产品和提供劳务开支的货币资金以及消耗的各项实物资产。

工业企业的生产费用一般包括以下费用要素。

（1）外购材料：企业为了生产经营消耗的由外部购入的原料及主要材料、辅助材料、外购半成品、外购周转材料（如包装物和低值易耗品）等。

（2）外购燃料：企业为了生产经营耗用的一切外购的各种固体、液体、气体燃料。

（3）外购动力：企业为了生产经营耗用的一切由外部购入的电力、蒸汽等各种动力。

（4）职工薪酬：企业为了生产经营发生的职工工资、福利费、各项社会保险费、住房公积金，以及给予职工的其他各种形式的报酬或补偿等。

（5）折旧费：企业按照规定的固定资产折旧方法计提的固定资产折旧费。

（6）其他支出：不属于以上各费用要素但应该计入生产费用的支出，如办公费、差旅费、保险费等。

按照以上费用要素反映的费用被称为"要素费用"。

(三) 按经济用途分类

计入产品成本的生产费用在产品制造过程中的用途不尽相同，有的直接用于产品生产，有的间接用于产品生产。为了具体反映计入产品成本的生产费用的各种用途，提供产品成本构成情况的资料，还应进一步将生产费用划分为若干成本项目，即产品的成本项目。

成本项目，即构成产品生产（制造）成本的项目，也就是生产费用按照经济用途的分类。企业应当根据生产经营特点和管理要求，按照成本的经济用途和生产要素内容相结合的原则或者成本性态等设置成本项目。工业企业一般设置"直接材料""燃料和动力""直接人工""制造费用"等成本项目。单独核算废品损失和停工损失的企业，还要设置"废品损失""停工损失成本"项目。

（1）直接材料：直接用于产品生产并构成产品实体的原料、主要材料、外购半成品，以及有助于产品形成的辅助材料。

（2）燃料和动力：直接用于产品生产的燃料和动力。

（3）直接人工：直接从事产品生产的工人的薪酬。

（4）制造费用：企业生产单位为产品生产和提供劳务发生的各项组织、管理费用，以及一些虽然被直接用于产品生产，但不便于直接计入产品成本的费用，包括生产单位管理人员及非生产人员的薪酬、固定资产折旧、办公费、水电费、机物料消耗、劳动保护费，以及国家规定的有关环保费用、季节性和修理期间的停工损失等。

企业可根据生产特点和管理要求对上述成本项目做适当调整。管理上需要单独反映、控制和考核的费用，以及产品成本中占比较大的费用，应专设成本项目；反之，为了简化核算，不必专设成本项目。

（1）单一性费用要素构成的成本项目，叫作"要素费用项目"，如直接材料、燃料和动力、直接人工等直接费用构成的成本项目。

（2）多个费用要素构成的成本项目，叫作"综合费用项目"，如停工损失、废品损失、制造费用等间接费用构成的成本项目。

(四) 按与生产工艺的关系分类

按与生产工艺的关系分类，生产费用分为直接费用和间接费用。

（1）直接费用也叫"基本费用"，是指由生产工艺本身引起的各种费用，即理论上必须发生的费用。如原材料费、燃料和动力费、生产工人薪酬、设备折旧费等。

（2）间接费用也叫"一般费用"，是指企业内部各生产单位为组织和管理生产发生的各项费用，即理论上可以不发生的费用，如生产单位管理人员的薪酬、办公费、差旅费、厂房折旧费等。

(五) 按计入产品成本的方式分类

按计入产品成本的方式分类，生产费用分为直接计入费用和间接计入费用。

（1）直接计入费用，是指直接为生产某种产品发生的费用。该类费用可根据原始凭证直接计入该种产品的成本。

（2）间接计入费用，是指由几种产品共同负担的费用。该类费用应采用适当的方法先在各种产品之间进行分配，以后再分别计入有关产品的成本。

除了以上分类外，为了便于成本决策，还将产品成本分为固定成本、变动成本、混合成本；为了便于进行成本控制，还将产品成本分为实际成本、定额成本、计划成本、标准成本等。

任务二　成本会计的内涵

一、成本会计的含义

成本会计是会计学科的一个分支，是指以成本费用为对象的专业会计，是基于商品经济条件，为求得产品的总成本和单位成本，以货币为主要计量单位，运用会计的基本原理和方法，对企业在生产经营过程中各项费用的发生和产品生产成本的形成进行预测、决策、计划、控制、核算、分析和考核的价值管理活动。

成本会计是随着商品经济的发展逐步形成和完善起来的。成本会计起源于英国，历经了早期成本会计阶段（1880—1920年）、近代成本会计阶段（1921—1945年）、现代成本会计阶段（1946年至今），逐步扩充了成本会计的职能和作用。从成本会计的理论体系来看，它是会计学科的重要分支，是社会经济发展到一定历史阶段的产物。

成本会计一开始属于财务会计体系，主要是采用财务会计理论研究成本计算，确定并核算存货及销售成本，纳入会计账簿体系；到了近代，随着标准成本制度和成本预算制度的采用，对生产过程的成本控制日渐成熟，成本会计具备了完整的理论与方法，逐渐成为一门独立的学科；随着经营管理的发展，成本的概念更加广泛，成本会计的范围更加广阔，逐步向经营型成本会计发展，形成了企业会计中财务会计、成本会计和管理会计的三分局面。财务会计提供经营成果、财务状况及其变动信息，成本会计提供成本及其相关信息，管理会计提供计划、控制等内部管理信息，它们构成企业的会计信息系统。

二、成本会计的对象和内容

（一）成本会计的对象

成本会计的对象就是成本会计反映和监督的内容，是企业在经济活动过程中发生的各种耗费，包括各行业企业的生产经营业务成本与经营管理费用。

（1）从制造企业角度来看，成本会计的对象是企业生产过程中发生的耗费和企业经营过程中发生的支出，具体地说，就是产品的生产成本和期间费用。

（2）从流通企业角度来看，企业的基本经济活动是商品的采购与销售，因此商品流通企业的经营业务成本是商品的采购成本与销售成本，经营管理费用则是商品流通过程中发生的相关费用。

（3）从建筑企业角度来看，企业的基本经济活动是建筑工程的施工与开发，因此企业的经营业务成本主要是工程施工与开发成本，经营管理费用则是在开发与施工过程中发生的相关费用。

（4）从服务企业角度来看，企业的基本经济活动是从事服务和提供相关的劳务，因此其经营成本就是营业和服务成本，经营管理费用则是提供服务与劳务过程中发生的相关费用。

（二）成本会计的内容

成本会计的内容是成本会计对象的具体化。企业在生产经营循环过程中，各种费用的支出和产品成本的形成，以及生产经营过程中发生的期间费用都是成本会计的内容。具体地说，其内容如下。

（1）企业供应过程中材料成本的归集、分配、计算与核算。

（2）企业生产过程中生产费用的发生、归集与分配，产品成本的计算与核算。

（3）企业销售过程中产品销售成本的计算与核算。
（4）企业在生产经营过程中发生的期间费用。
（5）成本报表的编制与分析。

由于不同行业的企业，生产经营业务成本和经营管理费用的具体构成内容不同，成本会计核算的内容也有所区别。

需要说明的是，供应过程中的材料成本、销售过程中的销售成本、生产经营过程中的期间费用等内容，被安排在会计系列其他相关教材内进行阐述，本教材主要就各个行业生产过程中各种生产费用的支出和产品生产成本的形成，以及成本报表的编制等内容进行分析和说明。

课堂讨论

不同类型的企业在成本核算对象上有什么不同？

任务三　成本会计的职能和任务

一、成本会计的职能

成本会计的职能，是指成本会计作为一种管理经济的活动，在生产经营过程中所能发挥的作用。由于现代成本会计与管理紧密结合，它实际上包括了成本管理的各个环节。现代成本会计的主要职能有成本预测、成本决策、成本计划、成本控制、成本核算、成本分析和成本考核。

（一）成本预测

成本预测，是指依据成本相关数据与各种技术经济因素的依存关系，运用一定的科学方法，对未来成本水平及其变化趋势做出科学的估计。通过成本预测掌握未来的成本水平及其变动趋势，有助于减少决策的盲目性，有利于经营管理者选择最优方案做出正确决策。

成本预测是进行成本决策、编制成本计划和实施成本控制的基础。

（二）成本决策

成本决策，是指以成本预测为基础，尽力挖掘潜力，开展价值分析，提出降低成本的各种可行性方案，然后根据有关决策理论，采取适当的决策方法，对各方案进行分析、比较、筛选，从中选择最优方案并据以制定目标成本的过程。成本决策不仅是企业经营决策的重要组成部分，也是宏观管理决策的重要内容。

在进行成本决策时，确定目标成本是编制成本计划的前提，也是事前进行成本控制、提高经济效益的重要途径。

（三）成本计划

成本计划，是指根据成本决策制定的目标成本，以货币形式规定企业在计划期内完成生产经营任务所需支出的成本、费用，确定各个成本对象的成本水平，并提出为达到目标成本以及相应的成本降低水平应采取的各种措施的书面方案。成本计划属于成本的事前管理，是企业生产经营管理的重要组成部分。

（四）成本控制

成本控制，是指企业根据成本计划，在生产耗费发生以前和成本控制过程中，对各种影响成本的因素和条件采取一系列预防与调节措施，保证成本计划实现的一种管理活动。

从企业的经营过程来看，成本控制包括产品的事前控制、事中控制和事后控制3个阶段。

（五）成本核算

成本核算，是指对生产费用的发生和产品成本形成进行的会计核算，是对生产经营活动中实际发生的成本、费用按照一定的对象和标准进行归集、分配，并采用适当的成本计算方法，计算出各对象的总成本和单位成本，并进行会计核算处理的活动。

成本核算是成本会计的基本职能，也是成本会计的核心工作。成本核算的过程，既是对生产过程中各种产品实际耗费进行如实反映的过程，也是对生产过程中各种劳动耗费实际支出实施控制的过程。通过成本核算提供的资料，将实际成本资料与计划成本资料进行比较，可以反映和考核成本计划的完成情况；同时，通过对成本计划完成过程中经验与不足的分析和总结，为编制下期成本计划，进行未来的成本预测和成本决策提供依据。

（六）成本分析

成本分析，是指利用成本计划、成本核算和其他资料，控制实际成本的支出，揭示成本计划完成情况，查明成本升降的原因，寻求降低成本的途径和方法，挖掘降低成本潜力的活动。

通过成本分析可以为成本考核提供依据，为未来成本的预测和决策，以及编制新的成本计划提供资料。

（七）成本考核

成本考核，是指定期通过成本指标的对比分析，对目标成本的实现情况和成本计划指标的完成结果进行全面审核、评价，是成本会计职能的重要组成部分。

成本考核一般是以部门、单位或个人为对象，以其可控成本为条件，以责任的归属考察其成本指标完成情况，评价其工作和决定其奖惩。因此，成本考核应当与奖惩制度相结合，根据成本考核的结果进行奖惩，以充分调动企业职工执行成本计划，提高经济效益的积极性。

上述成本会计的职能也可以说是成本会计的7个工作环节，是企业从事成本会计工作时运用的一系列方法，它们相互联系、相互补充、互为条件，共同构成成本会计工作的有机整体。在这一体系中，成本核算是成本会计最基本的职能和核心内容，因为成本预测、决策与计划，必须以过去的成本核算提供的资料为依据；成本控制只有依据成本核算的信息才能实施具体的控制措施；而成本分析和考核更需要成本核算提供的成本数据资料做支撑。可以说，没有成本核算就没有成本会计。因此，本教材重点讲解成本核算和成本分析，对于成本的预测、决策、计划、控制与考核等属于成本管理范畴的内容则不做详细讲述。

二、成本会计的任务

（一）正确计算产品成本，及时提供成本信息

只有成本数据正确可靠，才能满足管理的需要。如果成本资料不能反映产品成本的实际水平，那么不仅难以考核成本计划的完成情况和进行成本决策，而且会影响利润的正确计量和存货的正确计价，歪曲企业的财务状况。及时编制各种成本报表，可以使企业的有关人员及时了解成本的变化情况，并作为制定售价、做出成本决策的重要参考资料。

（二）优化成本决策，确立目标成本

优化成本决策，需要在科学的成本预测基础上收集整理各种成本信息，在现实和可能的条件下，采取各种降低成本的措施，从若干可行方案中选择生产每件合格产品所消耗的活劳动和物化劳动最少的方案，使成本最小化作为制定目标成本的基础。要想优化成本决策，就要增强企业员工的成本意识，使之在处理每项业务活动时都能自觉地考虑和重视降低产品成本的要求，把耗费与获得

进行比较，以提高企业的经济效益。

（三）加强成本控制，防止挤占成本

加强成本控制，首先是进行目标成本控制，主要依靠执行者的自主管理，进行自我控制，以促使其提高技术，厉行节约，注重效益；其次是遵守各项法规的规定，控制各项费用支出、营业外支出等，不得挤占成本。

（四）建立成本责任制度，加强成本责任考核

成本责任制是对企业各部门、各层次和执行人在成本方面的职责所做的规定，是提高职工降低成本的责任心，发挥其主动性、积极性和创造力的有效办法。建立成本责任制度，要把完成成本降低任务的责任落实到每个部门、每个层次和每个责任人，使职工的责权利相结合，劳动所得同劳动成本相结合；各责任单位与个人要承担降低成本之责，执行成本计划之权，获得奖惩之利。

任务四　成本会计工作的组织

一、成本会计机构

成本会计机构是指处理成本会计工作的职能单位。企业规模和成本管理要求，决定了是在专设的会计机构中单独设置成本会计机构，还是只配备成本核算人员专门处理成本会计工作。

大中型企业可在专设的会计部门中单独设置成本会计机构，专门从事成本会计工作；而规模较小、会计人员不多的企业，则可以在会计部门中指定专人负责成本会计工作；有关职能部门和生产车间，也应根据工作需要设置成本会计机构，或者配备专职或兼职成本会计人员，负责该职能部门和生产车间的成本会计工作。

根据企业生产规模的大小和核算力量的强弱，选择相适应的成本核算组织形式，是做好成本核算工作的重要一环。按照组织分工方式的不同，企业内部各级成本会计机构可分为集中核算和分散核算两种组织方式。

（一）集中核算方式

集中核算方式，是指企业成本会计工作中的核算、分析、计划编制等都集中在企业成本会计机构中统一进行，生产车间和其他职能部门的成本会计机构和人员只负责登记原始记录、填制原始凭证，并对它们进行初步的审核、整理和汇总，为企业的成本会计工作提供资料。采用这种方式，企业成本会计机构能够及时掌握企业成本费用的全面信息，便于集中使用电子计算机进行成本数据的处理，还可以减少成本会计工作的机构层次和人员数量。但它不便于实现责任成本核算，直接从事生产经营活动的企业和个人不能及时掌握本企业的成本信息，因而不利于调动其自我控制成本和费用的积极性。

（二）分散核算方式

分散核算方式，是指将企业成本会计工作中的核算、分析、计划编制等分散到生产车间和其他职能单位，由其成本会计机构和人员分别进行。企业的成本会计机构负责对各车间和其他职能单位的成本会计机构和人员进行业务上的指导及监督，并对全企业的成本会计信息进行综合核算和分析。其优点与不足正好与集中核算方式相反。

集中核算方式一般适用于中小型企业，而分散核算方式一般适用于大中型企业。在实际核算过

程中，为了扬长避短，也可以在一家企业中将两种方式结合运用，即对一部分企业采用分散核算方式，而对另一部分企业则采用集中核算方式。

二、成本会计人员

成本会计人员，是指在会计机构或专设成本会计机构中配备的专门从事成本会计工作的专业技术人员，对企业日常的成本工作进行处理。

成本会计人员的配备要适量并能胜任。适量是要根据企业规模的大小，业务的繁简在成本会计机构中配备适当数量的人员，胜任就是配备的成本会计人员要具有一定的业务水平和业务能力。成本核算是企业核算工作的核心，成本指标是企业一切工作质量的综合表现。为了保证成本信息质量，一般要求成本会计人员具备以下业务素质。

（1）会计知识面广，对成本理论和实践有较好的基础。
（2）熟悉企业生产经营的流程（工艺过程）。
（3）刻苦学习和任劳任怨。
（4）具有良好的职业道德。

三、成本会计制度

成本会计制度是组织和从事成本会计工作必须遵循的规范，是企业会计制度重要的组成部分。企业成本会计制度包括两个方面，即国家统一制度和企业内部制度。国家统一制度是国家为统一企业会计核算口径，规范企业会计核算方法制定的全国性的会计法律和规章制度，是企业成本会计应该遵循的制度，主要包括《中华人民共和国会计法》（以下简称《会计法》）、《企业会计准则》和《企业产品成本核算制度》，是制定企业内部成本管理制度的基本依据。企业内部制度是以国家统一制度为指导，适应企业生产类型和成本管理的具体要求制定的、规范本企业成本会计工作的基本规范，是进行成本会计工作的操作依据。

从制造企业角度来看，企业内部成本会计制度一般包括以下内容：成本计划的编制方法、成本核算制度、成本预决策制度、成本控制制度、成本分析制度、成本报表制度、责任会计制度等。其中，成本核算制度是成本会计内部制度的重点内容，包括确定成本计算对象、选择成本计算方法、设置成本明细账及成本项目、生产费用的归集与分配、产品生产成本的计算程序、生产成本在完工产品与在产品之间的划分等。上述各项成本会计制度，一部分由财政部统一制定（如成本项目、生产成本总账、主要业务收支明细表等），以便进行汇总，对于这部分制度，企业必须严格执行；另一部分虽由企业自行制定，但它们必须符合国家关于成本管理相关规定的要求。

任务五　成本核算的基本要求、一般程序和账户设置

一、成本核算的概念

按照国家有关法规、制度和企业经营管理的要求，对生产经营过程中实际发生的各项费用进行分类，并按照一定的对象和标准进行归集、分配，以计算、确定各对象的总成本和单位成本，并进行相应的账务处理，提供真实、有用的成本信息。

二、成本核算的基本要求

(一) 算管结合，算为管用，遵守成本开支范围

成本核算应与加强企业经营管理相结合，提供的成本信息应当满足企业经营管理和决策的要求。根据国家的有关法规、制度，企业的成本计划等，对各项支出进行审核和控制，为不同的管理目的提供不同的成本信息。

1. 现行会计制度规定应计入产品成本的项目

（1）生产过程中实际消耗的原材料、辅助材料、备品配件、外购半成品、燃料、动力、包装物的买价和运输、装卸、整理等费用。

（2）企业直接从事产品生产人员的薪酬费用。

（3）生产单位房屋建筑物和机器设备的折旧费、租赁费及低值易耗品的摊销费等。

（4）因生产原因发生的废品损失，以及季节性和修理期间的停工损失。

（5）为组织和管理生产支付的办公费、取暖费、水电费、差旅费，以及运输费、保险费、设计制图费、试验检验费、无形资产摊销和劳动保护费等。

2. 现行财务制度规定不应计入产品成本的项目

（1）企业为组织、管理生产经营活动发生的管理费用、财务费用、销售费用。

（2）购置和建造固定资产的支出、购入无形资产和其他资产的支出。

（3）对外界的投资以及分配给投资者的利润。

（4）被没收的财物以及违反法律支付的各项滞纳金、罚款以及企业自愿赞助、捐赠的支出。

（5）国家规定不得列入成本的其他支出。

课堂讨论

某企业在 2022 年 1 月发生的部分经济业务内容如下。

（1）为制造产品从仓库领用材料 180 000 元。

（2）为制造产品支付工资费用 150 000 元。

（3）生产设备和生产用房屋计提折旧费用 80 000 元，行政管理部门办公设备和办公用房屋计提折旧费用 30 000 元。

（4）生产过程中发生废品损失 5 000 元。

（5）购买新的生产设备支付银行存款 500 000 元。

（6）维修生产用厂房支付现金 3 000 元。

（7）对外投资支付现金 20 000 元。

（8）向投资者分配利润 30 000 元。

（9）以现金支付办公费用 4 000 元。

（10）以银行存款支付广告费 50 000 元。

（11）因违反税法有关规定被处罚现金 6 000 元。

（12）支付财产保险费 8 000 元，其中，生产车间 5 000 元、行政管理部门 3 000 元。

（13）支付本期利息支出 600 元。

（14）支付生产车间水电费 1 000 元。

（15）向长期合作单位捐赠现金 40 000 元。

该企业将上述各项支出按用途分别计入当期生产的甲、乙两种产品成本。

要求：根据成本开支范围，对该企业的上述会计处理进行评述，并说明原因。

(二) 正确划分成本费用的界限

为了正确计算产品成本和期间费用，必须正确划分成本费用界限。

1. 正确划分经营性支出与非经营性支出的界限

在企业生产经营活动中，除了发生与正常生产经营活动有关的生产经营性支出外，还有资本性支出、投资性支出、税费支出、营业外支出和利润分配性支出等与生产经营活动无关的各种非生产经营性支出。为了正确计算产品成本和期间费用，企业必须严格按照国家有关法律和规章制度规定的成本开支范围，正确划分应计入产品成本和期间费用的生产经营性支出与不应计入产品成本和期间费用的非生产经营性支出的界限。正确划分各种支出的界限，也叫作"严格费用成本的开支范围"。其中，收益性支出应直接计入当期产品成本或期间费用；资本性支出应分期计入产品成本或期间费用，不应在发生当期直接计入成本费用；投资性支出、税费支出、营业外支出和利润分配性支出属于非费用性支出，不构成当期的成本费用。

此外，国家有关法律和规章规定不得列入成本费用的其他支出等，企业不能擅自列入，必须严格遵守成本开支范围。

2. 正确划分应计入生产费用和期间费用的界限

企业日常生产经营活动中发生的各种支出，用途是不同的。根据支出用途的不同，有些作为生产费用可以计入产品成本，有些作为期间费用则不应计入产品成本。用于产品生产的耗费形成产品成本，并在产品销售后作为产品销售成本计入企业损益，由于当月投产的产品不一定当月完工，而当月完工的产品也不一定当月销售，当月的生产费用往往不计入当月损益的产品销售成本。而当月发生的产品销售费用、管理费用和财务费用，则作为期间费用直接计入当期损益。因此，为了正确计算产品成本和期间费用，以及企业各期损益，必须正确划分生产费用和期间费用的界限。要防止混淆产品成本与期间费用的界限，借以改正产品成本和当期损益的错误做法。

3. 正确划分各期的成本费用界限

为了按月分析和考核成本计划的执行情况与结果，如实反映企业成本计划的完成情况，在进行产品成本核算时，必须正确划分各月的成本费用界限。本月发生的成本费用，应该在本月全部入账，不得延至下月入账。更重要的是，应该贯彻权责发生制原则，正确核算待摊费用与预提费用。为了简化核算工作，对于金额较小的待摊费用或预提费用，按照重要性原则，可以不作为待摊费用或预提费用处理，而在发生当月计入产品成本。

4. 正确划分各种产品的费用界限

如果企业生产的产品不止一种，那么为了满足企业成本考核和成本管理的要求，应该分别计算各种产品的成本。因此，对于计入本月产品成本的各项费用，应该在各种产品之间进行分配。属于某种产品单独发生、能够直接计入该种产品成本的费用，应该直接计入该种产品成本；属于几种产品共同发生、不能直接计入某种产品成本的费用，应该采用适当的分配方法，分别计入这几种产品的成本。

5. 正确划分完工产品和在产品的费用界限

在月末计算完工产品成本时，如果某种产品已经全部完工，则已归属到该种产品的各项生产费用之和，即该种产品的完工产品成本；如果某种产品未全部完工，则已归属到该种产品的各项生产费用之和，即该种产品的月末在产品成本；如果某种产品月末既有完工产品，又有在产品，则应采用适当的分配方法将已归属到该种产品的各项生产费用在完工产品和在产品之间进行分配，分别计算完工产品成本和在产品成本。要防止任意提高或降低月末在产品费用，人为地调节完工产品成本的错误做法。

费用界限的划分过程，就是产品生产成本计算和各项期间费用归集的过程。在这一过程中，应贯彻受益原则，即谁受益谁负担费用，何时受益何时负担费用；负担费用的多少应与受益程度的大小成正比。

 课堂讨论

如果混淆了费用界限会有什么样的后果？试举例说明。

（三）正确确定财产物资的计价和结转方法

企业在生产经营中耗用的财产物资的价值会随着生产过程的进行，按照受益的原则转移到成本费用中。因此，这些财产物资的计价和价值结转方法会直接影响产品成本的计算。企业财产物资计价和价值结转方法主要包括：固定资产原值的计算方法、折旧的计提方法；固定资产与低值易耗品的划分标准；材料成本的组成内容，材料按实际成本计价时核算发出材料单位成本的计算方法，材料按计划成本计价时材料成本差异率的计算方法；低值易耗品和包装物价值的摊销方法、摊销期限的确定等。为了正确计算成本，各种财产物资的计价和价值的结转，应严格执行国家的统一规定，以确定合理的方法。方法一经确定，不得随意改变。

（四）做好各项基础工作

1. 建立和健全成本核算的原始记录工作

原始记录是企业记载各项经济业务实际情况的书面凭证，是进行成本核算的前提条件和基本依据，是编制费用预算、严格控制成本费用支出的重要依据。为了准确地进行成本核算和管理，应对生产经营过程中的各种物化劳动和活劳动的耗费、在产品和半成品的内部转移以及产品质量的检验结果等做真实的记录。企业的原始记录设置应该根据企业的生产类型、生产规模和管理要求而定，既要全面地对企业各项经济活动设置必要的原始记录，又要注意简便易行。

2. 健全各种财产物资的计量、验收、领发和盘点制度

成本核算必须以实物计量为基础，严格执行对各种财产物资的计量制度。如果财产物资的收发没有很好地计量、验收，就会导致财产物资的变动、结存等缺乏客观的依据。此外，入库的财产物资为了确保领、退数额准确无误，还必须及时办妥领、退料凭证手续，以确保成本核算中材料费用的相对准确。

3. 建立健全定额管理制度

定额是企业在一定的生产技术和设备条件下，对生产经营过程中的各种人力、物力和财力的耗费以及占用的数量制定的消耗标准和应达到的要求。制定各项消耗定额，既是编制成本计划的依据，又是审核、控制生产费用的重要依据。在制定定额后，为了保持其科学性和先进性，还必须根据生产的发展、技术的进步、劳动生产率的提高，不断进行修订，使其为成本管理和成本核算提供客观依据。

4. 制定合理的内部结算价格制度

在生产经营过程中，企业内部各单位常会相互提供产品、材料、劳务等，为了加强企业内部的经济核算，正确考核企业内部各单位的业绩，明确经济责任，各责任单位在进行相互结算或相互转账时，必须选用内部结算价格或内部转移价格作为计价标准。确定合理的内部结算价格，是正确评价企业内部各责任单位工作成果的重要环节。

制定内部结算价格的依据，一般是把标准成本、计划成本或预计分配率作为内部转移价格，这样各成本中心生产经营的经济效果，就完全是本中心的工作绩效，而不受其他成本中心的影响。也

可以把成本加成、变动成本等作为成本中心之间提供产品或劳务的结算价格，还可以把市场价格作为内部转移价格。

（五）按照生产特点和管理要求，选择适当的成本计算方法

费用经过归集汇总后，就要计算产品成本。成本计算方法要根据企业生产的特点和管理上的要求选择。企业生产特点，按组织方式划分，分为大量生产、成批生产和单件生产；按工艺过程划分，有装配式生产和连续式生产。企业采用什么成本计算方法，在很大程度上是由产品的生产特点决定的。生产类型与成本计算方法的关系，主要表现在成本计算对象的确定，费用的归集及计入产品成本的程序，成本计算期的确定，产品成本在产成品和在产品之间的划分等4个方面。这4个方面被称为"成本计算的因素"，它们构成了各种不同的成本计算方法。选择适当的成本计算方法，对正确计算成本十分重要，是正确进行成本核算的要求。

三、成本核算的一般程序

企业成本核算的一般程序是指对企业在生产经营过程中发生的各项费用，按照成本核算的要求，逐步进行归集和分配，最后计算出各种产品的生产成本和各项期间费用的基本过程。

成本核算程序一般分为以下几个步骤。

（一）确定成本计算对象和成本项目，开设产品成本明细账

企业的生产类型不同，对成本管理的要求不同，成本计算对象和成本项目也就有所不同。应根据企业生产类型的特点和对成本管理的要求，确定成本计算对象和成本项目，并根据确定的成本计算对象开设产品成本明细账。

（二）选择适合企业需要的成本计算方法

产品成本是在产品生产过程中形成的，产品的生产工艺过程和生产组织特点不同，采用的成本计算方法也不同。计算产品成本是为了加强成本管理，满足企业管理的需要。企业可以根据产品生产工艺的特点、生产经营的组织类型和成本管理的要求，自行确定成本计算方法。不同生产工艺过程和生产组织类型的企业，成本计算的具体方法各不相同，企业内部不同的生产单位（车间、分厂）也可以采用不同的成本计算方法。

（三）生产费用支出的审核

产品成本计算的目的在于控制生产过程中的耗费，计算各个成本核算对象的实际总成本和单位成本。为了达到这一目的，首先，应对企业发生的各项费用进行审核和控制，确定本期发生的费用应计入产品成本和期间费用的数额；其次，应根据国家、上级主管部门和企业的有关制度、规定对发生的各项生产费用支出进行严格审核，以便对不符合规定的费用和各种浪费、损失等加以制止或追究经济责任。

（四）进行要素费用的分配

对发生的外购材料、外购燃料、外购动力、职工薪酬及折旧费等各项要素费用，需要先进行汇总，编制各种要素费用分配表，按其经济用途分配计入有关的受益对象成本费用明细账。分配时属于期间费用的，计入相应的期间费用，如行政管理部门消耗的材料、燃料，销售机构人员的工资、利息支出等，应按管理费用、销售费用和财务费用进行归集；属于基本生产费用的，按各种产品的成本项目和制造费用进行归集与分配；属于辅助生产成本的各项费用，分别计入相应的辅助生产成本。月末按受益原则，直接计入或按照一定标准在各受益的产品或部门之间分配。

（五）分配辅助生产费用

企业辅助生产车间为提供辅助生产服务发生的各项费用在"辅助生产成本"中归集，月末根据接受辅助生产服务的产品或部门，依据受益原则，采用适当的分配方法进行分配，结转记入"基本

生产成本"以及与其他受益对象有关的账户。

（六）分配基本生产的制造费用

各基本生产单位为组织和管理生产发生的各项间接费用通过"制造费用"账户进行归集，月末使用适当的方法在基本生产单位所产的各种产品之间进行分配，结转记入相应的"基本生产成本"明细账。

（七）分配损失性费用

在单独核算废品损失和停工损失的企业，应通过"废品损失"和"停工损失"归集发生的各项损失，月末再按照一定的标准和方法进行分配，计入有关的产品成本。

（八）生产费用在完工产品和在产品之间进行分配

通过前面一步步有关费用的分配，凡是与产品有关的成本费用都已经归集到了与相应产品成本明细账对应的成本项目中，再逐项与月初在产品成本相加，即得到该种产品的全部生产成本。如果当月该产品全部完工，那么全部生产成本都是完工产品的成本；如果全部未完工，那么全部生产成本都是在产品的成本；如果既有完工产品又有在产品，那么全部生产成本需要通过一定的方法在完工产品和在产品之间进行分配，计算出完工产品成本和月末在产品成本。

（九）编制产品成本计算表，结转完工产品成本

月末，生产费用在完工产品与在产品之间分配之后，需要编制产品成本计算表，计算完工产品的总成本和单位成本，办理完工产品入库手续，将完工产品成本从"基本生产成本"账户结转到"库存商品"账户，完成产品生产成本的核算。

以上程序可以没有其中的某一项，但核算顺序不能颠倒。比如，没有辅助生产的企业和不单独核算废品损失的企业，可以没有这两项，核算顺序顺延。

四、成本核算的账户体系

为了核算企业发生的各项生产费用，进行成本的计算与控制，提供管理上需要的各项成本费用资料，企业应设置一系列会计账户进行核算，制造企业设置的账户主要包括以下几个。

（一）核算要素费用的账户

为了反映和核算各项要素费用的发生、归集与分配，应设置"原材料""周转材料"等账户反映劳动对象的消耗，设置"应付职工薪酬"等账户反映劳动力的消耗，设置"累计折旧""累计摊销"等账户反映劳动资料的消耗。

（二）计算产品成本的账户

为了正确归集和分配生产费用，计算产品生产成本，进行产品成本的总分类核算，应设立"生产成本""制造费用"等成本类账户。

"生产成本"账户应当设置"基本生产成本"和"辅助生产成本"两个二级账户，分别核算基本生产成本和辅助生产成本。也可以把"基本生产成本"和"辅助生产成本"两个账户直接作为一级账户，分别核算基本生产成本和辅助生产成本。本教材未设置"生产成本"账户，因此直接将"基本生产成本"和"辅助生产成本"两个账户作为一级账户设置。

1."基本生产成本"账户

基本生产，是指为完成企业主要生产目的进行的产品生产。"基本生产成本"账户是为了归集基本生产发生的各种生产费用和计算基本生产产品的成本设立的。借方登记为基本生产而发生的各种费用，贷方登记转出的完工入库产品的成本；余额在借方，表示尚未完工入库的在产品的成本。

"基本生产成本"账户按产品品种或产品批别、产品生产步骤等成本对象设置明细账，明细账页格式通常采用多栏式，账内按产品成本项目（如"直接材料""直接人工""燃料及动力""制造

费用")分设专栏，登记发生的各项费用，期末按一定的科学方法把归集的生产费用在完工产品与在产品之间进行分配，进而计算出完工产品成本。"基本生产成本明细账"格式如表 1-1 所示。

表 1-1　基本生产成本明细账

产品名称：　　　　　　　　　　　　　　　　年　　月

年		凭证字号	摘要	成本项目				
月	日			直接材料	直接人工	燃料及动力	制造费用	合计

2."辅助生产成本"账户

辅助生产，是指为基本生产和经营管理服务进行的生产与劳务供应。"辅助生产成本"账户是为了归集进行辅助生产发生的各种费用设立的，借方登记企业为进行辅助生产发生的各种费用，贷方登记按接受生产服务或劳务的产品受益部门分担转出的成本；有余额在借方，表示尚未分配转出的辅助生产成本。

"辅助生产成本"账户按辅助生产单位或部门以及生产的产品、劳务设置明细账，明细账页格式采用多栏式，账内按成本项目或费用项目分设专栏，登记发生的各项费用，期末按一定的科学方法把归集的辅助生产成本在受益产品或劳务以及受益部门之间进行分配。"辅助生产成本"账户格式与"基本生产成本"账户格式相同。

3."制造费用"账户

"制造费用"账户用来核算企业各生产单位（车间、分厂）为组织和管理生产活动发生的各项费用，包括车间管理人员及非生产人员的薪酬、固定资产折旧、办公费、水电费、机物料消耗、劳动保护费、产品设计制图费、季节性和大修期间的停工损失等。"制造费用"账户借方登记发生的各项制造费用，贷方登记分配转出的制造费用。除非是季节性生产企业，该账户一般没有期末余额。

制造费用按不同的生产车间或职能部门设置明细账，明细账页格式采用多栏式，账内按费用项目分设专栏登记发生的各项费用，月末把归集的制造费用通过一定方法分配结转到有关产品成本当中。"制造费用明细账"格式如表 1-2 所示。

表 1-2　制造费用明细账

生产车间：　　　　　　　　　　　　　　　　年　　月

年		凭证字号	摘要	费用项目							
月	日			机物料	办公费	水电费	折旧	职工薪酬	……	其他	合计

4."废品损失"账户

凡是在内部成本管理上要求单独反映和控制废品损失的企业,会计上都可以设置专门的"废品损失"账户,用于核算生产单位生产的各种废品带来的经济损失,包括可修复废品的修复费用和不可修复废品的生产成本扣除残料价值与赔偿后的净损失。"废品损失账户"借方登记发生的废品修复费用和从"基本生产成本"账户转出的不可修复废品的生产成本,贷方登记废品的残值、责任人赔偿款等收入及结转计入合格品成本的净损失,结转后一般无余额。

"废品损失"账户一般按产品品种设置明细账,账户格式与"基本生产成本"账户格式相同。

5."停工损失"账户

凡是需要单独核算停工损失的企业,都可设置"停工损失"账户,用来核算企业生产车间计划减产或停电、待料、机器设备故障等原因造成停产带来的损失。"停工损失"账户借方登记停工期间应付的工人薪酬、修理故障设备消耗的材料费用等,贷方登记分配结转的停工损失;期末一般无余额,但如果跨月停工,则可能出现借方余额。

"停工损失"账户按车间设置明细账,账户格式与"制造费用"账户格式相同。

(三)归集期间费用的账户

为正确反映费用发生、归集与分配及费用计划执行情况,企业要设置"销售费用""管理费用""财务费用"账户。

1."销售费用"账户

销售费用,是指企业在销售商品和材料、提供劳务的过程中发生的各种费用,以及为销售本企业商品专设的销售机构(含销售网点、售后服务网点等)的经营费用。

销售费用一般包括以下内容。

①产品自销费用:包括应由本企业负担的包装费、运输费、装卸费、保险费。

②产品促销费用:为了扩大本企业商品的销售而发生的促销费用,包括展览费、广告费、经营租赁费、销售服务费用。

③销售部门的费用:专设销售机构的职工薪酬费用、办公费、业务费等经营费用。

④委托代销费用:主要指企业委托其他单位代销并按代销合同规定支付的委托代销手续费。

"销售费用"账户用来核算企业在销售产品、自制半成品和提供工业性劳务过程中发生的各项促销费用,以及专设销售机构发生的各项费用和支付的代销手续费等。"销售费用"账户借方登记发生的各项费用,贷方登记期末结转进入"本年利润"的数额,结转后无余额。

"销售费用"明细账页格式采用多栏式,账内按费用项目分设专栏登记发生的各项费用。

2."管理费用"账户

管理费用,是指企业为组织和管理企业生产经营活动发生的各种费用,包括企业董事会和公司经费(如行政管理部门职工薪酬、物料消耗、低值易耗品摊销、办公费和差旅费等)、劳动保险费、董事会会费(包括董事会成员津贴、会议费和差旅费等)、聘请中介机构费、咨询费(含顾问费)、诉讼费、业务招待费、技术转让费、矿产资源补偿费、研究费用、排污费、绿化费以及企业生产车间和行政管理部门发生的固定资产修理费等。

"管理费用"账户是用来核算企业行政管理部门为组织管理生产经营活动发生的各项费用,该账户借方登记发生的各项费用,贷方登记期末结转进入"本年利润"的数额,结转后无余额。

"管理费用"明细账页格式采用多栏式,账内按费用项目分设专栏登记发生的各项费用。

3."财务费用"账户

财务费用,是指企业为筹集生产经营所需资金等发生的筹资费用,包括利息支出(减利息收入);汇兑损失(减汇兑收益);相关的手续费和其他财务费用,如租入固定资产发生的融资租赁用、发行债券手续费等。

"财务费用"账户用来核算企业因筹集资金、使用资金等理财活动发生的各项费用。"财务费用"账户借方登记发生的各项费用，贷方登记冲减财务费用的利息收入、汇兑收益及期末结转进入"本年利润"的数额，结转后无余额。

"财务费用"明细账页格式采用多栏式，账内按费用项目分设专栏登记发生的各项费用。

以上三种费用的账户格式与"制造费用"账户格式相同。

（四）核算跨期费用的会计账户

跨期费用的会计账户，主要是指长期待摊费用。

为了正确划分各个会计期间的费用界限，体现权责发生制的原则，企业应该设置"长期待摊费用"账户，用于核算企业已经支付但应由本期和以后各期成本费用负担的摊销期在一年以上的各项费用。"长期待摊费用"账户的借方登记发生并已实际支付的长期预付费用，贷方登记每期摊销的费用；余额在借方，表示尚未摊销的长期预付费用。

"长期待摊费用"账户按费用种类设置明细账户，明细账页格式一般采用三栏式。

（五）产品成本核算的账务处理过程

产品成本核算的账务处理过程，实质是分清费用5个界限的过程。一般情况下，产品成本核算的账务处理程序如图1-3所示。

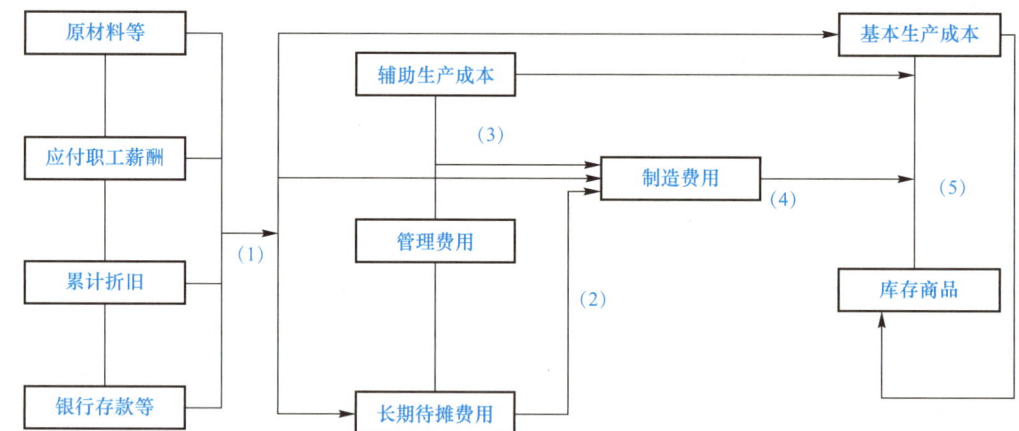

图1-3　产品成本核算账务处理程序

注：(1)审核生产费用并对发生的要素费用进行归集与分配；(2)处理分配长期待摊费用；(3)按受益情况分配处理辅助生产成本；(4)分配基本生产车间的制造费用；(5)生产费用在完工产品和在产品之间分配，计算并结转完工产品成本。

任务六　成本费用分配基本原理

一、成本费用分配应遵循的原则

在进行成本计算时，为了合理地选择成本分配基础，正确分配成本费用，需要遵循以下原则对发生的成本费用在各成本对象之间进行分配。

（一）因果原则

因果原则，是指在生产经营过程中，使用劳动对象、劳动手段和劳动力等资源导致成本发生，由于两者有因果关系，应当按使用资源的数量在受益对象间分摊成本费用。按此原则，要确定各受益对象使用资源的数量，如耗用的材料数量、工时等，按使用资源的数量比例分摊成本费用。

（二）受益原则

受益原则，是指谁受益多，谁多承担成本，在生产经营过程中发生的生产费用应按受益比例分摊计入各受益对象成本。按此原则，管理人员要确定资源使用的受益者。这一原则包含费用划分的两个步骤：第一，"谁受益，谁负担"；第二，"负担多少，视受益程度而定"。

因果原则是看"起因"，受益原则是看"后果"。

（三）公平原则

公平原则，是指成本费用分配要公平对待涉及的各个受益对象。因为成本是确定对外销售价格和内部转移价格的重要依据，合理的成本是合理价格的基础，所以在计算成本时要对各个受益对象公平合理地分配成本费用。

（四）及时性原则

及时性原则，是指要及时将各项成本费用分配给受益对象，不得将本应在上期或下期分配的成本费用分配给本期。不及时分配成本费用必然会影响成本的及时计算和计算结果的准确性，以及成本信息的质量，造成经济决策的失误。

（五）基础性原则

成本分配要以完整的、准确的原始记录为依据，不能凭主观臆断乱分配，更不能故意搞乱成本分配秩序，制造虚假成本信息。

（六）多元性原则

成本分配标准是多元的，成本分配方法及分配目的是多样化的。因此，在进行成本分配时要灵活应用，不能固定不变地采用某一个分配标准、某一种分配方法。成本分配只有遵循多元性原则，才能逐步科学化，更好地发挥其应有的作用。例如，在生产成本结转的过程中，采用"在产品成本按其所耗用的原材料费用计算"和"约当量法"的结合方法，即直接材料费用按照"原材料在生产开始时一次投入"处理，其他费用按照"约当量法"处理。

二、成本费用分配的基本原理

企业发生的生产费用最终要按照产品成本计算对象进行归集并形成产品成本。生产费用形成产品成本的过程是对费用进行会计处理的过程，包括确认并归集生产费用、将费用计入产品成本、编制会计记账凭证并进行账簿登记等。

就生产费用计入成本而言，通常采取的处理方法有两种：直接计入法和分配计入法。

（一）直接计入法

直接计入法，是指将发生的生产费用直接计入产品成本的方法，适用于对直接费用进行处理。生产单一产品的车间发生的生产费用和生产多种产品的车间认定的直接费用，在费用发生时直接计入该产品的生产成本。

（二）分配计入法

分配计入法又叫"间接计入法"或"比例分配法"，是指将发生的生产费用按一定的标准分配计入产品成本的方法。对于生产过程中发生的间接计入费用，必须先分配，再计入各种产品的生产成本。其基本原理如下。

1. 明确分配对象

（1）作用：明确成本费用分配的去向，即发生的费用分配给谁，由谁来承担。

（2）确定原则：受益原则。

2．明确分配标准

（1）作用：按照什么标准将发生的费用在各个分配对象之间进行分配，分配标准决定每个分配对象负担多少费用。

（2）确定原则：按各个分配对象的实际受益金额，即实际消耗了多少费用，使用了多少材料、水、电等。

在实际工作中，"实际受益金额"不易确定。比如，基本生产车间用于生产A、B两种产品和照明的耗电，如果分装电表，就按照电表数额分配；如果没有分装电表，就采用一定标准分配。

（3）采用的分配标准种类包括：①成果类指标，如产量、产值、重量、体积、面积、长度等；②消耗类指标，如材料消耗量、机器工时、生产工时、生产工人工资等；③定额类指标，如定额消耗量、定额工时、定额费用等。

注意，在选择分配标准时，为了使分配结果比较合理，选择的分配标准应与消耗的费用有比较密切的联系；各分配对象分配标准的大小应与分配对象受益程度的大小成正比或近似正比的关系；还要使分配标准具有易操作性，即分配标准的资料比较容易取得且计算简单。

课堂讨论

费用分配标准选用的复杂性

3名同学合租一所房子，为了腾出时间做更重要的事情，他们每星期都雇人来收拾房间。假定，第一名学生的卧室是其他两名学生各自卧室的2倍大；第二名学生的卧室比较小，而且每个星期只住4天；第三名学生整个星期都住在这所房子中，他有一间较小的卧室，同时被认为是3个人当中最干净的。以上3名学生如何分摊这项费用？

3．分配金额的确定

费用分配基本公式如下：

$$费用分配率＝待分配费用总额／分配标准总和$$

$$某受益对象应承担的费用＝该受益对象的分配标准×费用分配率$$

式中，待分配费用总额是指某项需要由若干受益对象共同承担的费用，分配标准总和是选用的各个受益对象受益程度的衡量标准之和。

在实际工作中，费用分配是通过编制费用分配表进行的，费用分配表基本格式如表1-3所示。

表1-3 _____费用分配表

年 月 日　　　　　　　　　　　　　　　　　　　　金额单位：元

应借账户			成本（费用）项目	分配标准	分配率	分配金额
总账	二级账	明细账				
合计						

会计主管：　　　　　　　　　　　　　　　　复核：　　　　　　　　　　　　　　　　制单：

生产费用分配表的编制程序与方法：①按照费用经济用途确定受益对象及分配标准，填制"应借账户""成本（费用）项目""分配标准"等栏目；②根据费用凭证及汇集结果，确定待分配费用总金额，填制"分配金额"合计栏；③计算费用分配率，填制"分配率"栏，"分配率"一般只在合计栏填写；④计算每个受益对象应负担的费用金额，填制"分配金额"栏，注意每个受益对象应负担的费用金额合计要与待分配费用总金额相等。

项目小结

本项目主要介绍了成本的经济实质，成本会计的内涵，成本会计的职能和任务，成本会计工作的组织，成本核算的基本要求、一般程序和账户设置，成本费用分配基本原理。

成本是企业为生产产品和提供劳务耗费的物化劳动与活劳动的货币表现，是商品价值中已消耗的生产资料的价值与劳动者为劳动创造的价值之和；成本是补偿生产耗费的尺度，是综合反映企业工作质量的重要指标，是制定产品价格的重要因素，是企业经营决策的重要依据；成本会计的职能包括成本预测、成本决策、成本计划、成本控制、成本核算、成本分析和成本考核等7项；企业内部各级成本会计机构之间的组织分工，有集中核算和分散核算两种基本方式。

成本核算的一般程序和正确划分各种费用的界限是我们在本章必须掌握的重点内容，特别是正确划分各种费用的界限是我们后面进行成本核算中费用归集与分配的基础。

复习与训练

一、单项选择题

1. 所谓理论成本，就是按照马克思的价值学说计算的成本，主要包括（　　）。
   A. 已耗费的生产资料转移的价值
   B. 劳动者为自己劳动创造的价值
   C. 劳动者为社会劳动创造的价值
   D. 已耗费的生产资料转移的价值和劳动者为自己劳动创造的价值

2. 实际工作中的产品成本是指（　　）。
   A. 产品的生产成本
   B. 产品生产的变动成本
   C. 产品耗费的全部成本
   D. 生产中耗费的用货币额表现的生产资料价值

3. 产品成本是指（　　）。
   A. 企业为生产一定种类、一定数量的产品，支出的各种生产费用的总和
   B. 企业在一定时期发生的、用货币额表现的生产耗费
   C. 企业在生产过程已经耗费的、用货币额表现的生产资料的价值
   D. 企业为生产某种、类、批产品支出的一种特有的费用

4. 按产品的理论成本，不应计入产品成本的是（　　）。
   A. 生产管理人员工资　　　　　　　　B. 废品损失

C. 生产用动力 D. 设备维修费用

5. 成本会计是会计的一个分支，是一种专业会计，其对象是（　　）。
   A. 企业　　　　B. 成本　　　　C. 资金　　　　D. 会计主体

6. 成本会计的一般对象可以概括为（　　）。
   A. 各行业企业生产经营业务的成本
   B. 各行业企业有关的经营管理费用
   C. 各行业企业生产经营业务的成本和有关的经营管理费用
   D. 各行业企业生产经营业务的成本、有关的经营管理费用和各项专项成本

7. 成本会计最基本的职能是（　　）。
   A. 成本预测　　B. 成本决策　　C. 成本核算　　D. 成本考核

8. 成本会计的环节，是指成本会计应做的几个方面的工作，其基础是（　　）。
   A. 成本控制　　B. 成本核算　　C. 成本分析　　D. 成本考核

9. 正确计算产品成本，应该做好的基础工作是（　　）。
   A. 各种费用的分配
   B. 正确划分各种费用界限
   C. 建立和健全原始记录工作
   D. 确定成本计算对象

10. 集中核算方式和分散核算方式是指（　　）的分工方式。
    A. 企业内部各级成本会计机构
    B. 企业内部成本会计职能
    C. 企业内部成本会计对象
    D. 企业内部成本会计任务

11. 下列与产品成本无关的方法是（　　）。
    A. 发出材料成本的计价方法
    B. 在用机器设备的计价方法
    C. 企业使用设备的计价方法
    D. 生产车间使用设备的计价方法

12. 为了保证按每个成本计算对象正确地归集应负担的费用，必须将应由本期产品负担的生产费用正确地在（　　）。
    A. 各种产品之间进行分配
    B. 完工产品和在产品之间进行分配
    C. 盈利产品和亏损产品之间进行分配
    D. 可比产品和不可比产品之间进行分配

13. 工业企业产品生产成本是为生产一定种类、一定数量的产品支出的（　　）。
    A. 各项生产费用之和
    B. 各项经营管理费用之和
    C. 各项费用之和
    D. 各项生产经营费用之和

14. 在下列各项目中，应计入企业生产经营管理费用的是（　　）。
    A. 购置仪器设备费用
    B. 废品损失
    C. 设备报废清理损失
    D. 非常停工损失

15. 在下列项目中，构成工业企业费用要素的是（　　）。
    A. 外购燃料　　B. 燃料及动力　　C. 原材料　　D. 直接人工

16. 在下列各项目中，属于制造费用的是（　　）。
    A. 产品耗用原料费用
    B. 产品耗用动力费用
    C. 生产工人工资
    D. 机器设备折旧费用

17. 在下列各费用中，应计入制造成本的费用是（　　）。
    A. 生产费用
    B. 销售费用
    C. 经营管理费用
    D. 财务费用

18. 在下列各项中，不应计入产品成本的是（　　）。
   A. 企业行政管理部门用固定资产的折旧费　　B. 车间、厂房的折旧费
   C. 车间生产用设备的折旧费　　D. 车间辅助人员的工资
19. 在下列各项中，应计入管理费用的是（　　）。
   A. 银行借款的利息支出　　B. 银行存款的利息收入
   C. 企业的技术开发费　　D. 车间管理人员的工资
20. 制造费用应分配计入（　　）。
   A. "基本生产成本"账户和"辅助生产成本"账户
   B. "基本生产成本"账户和"期间费用"账户
   C. "生产成本"账户和"管理费用"账户
   D. "财务费用"账户和"营业费用"账户

二、多项选择题

1. 产品的理论成本是由产品生产耗费的若干价值构成的，包括（　　）。
   A. 剩余价值　　B. 劳动者为社会创造的价值
   C. 生产中消耗的生产资料价值　　D. 劳动者为自己的劳动创造的价值
2. 工业企业的生产经营费用包括（　　）。
   A. 生产费用　　B. 管理费用
   C. 销售费用　　D. 财务费用
3. 按照生产特点和管理要求，工业企业一般可以设立（　　）成本项目。
   A. 直接材料　　B. 燃料和动力　　C. 直接人工　　D. 制造费用
4. 属于直接生产费用的有（　　）。
   A. 生产工人计时工资　　B. 生产工人计件工资
   C. 车间机器折旧费用　　D. 车间厂房折旧费用
5. 属于间接生产费用的有（　　）。
   A. 管理费用　　B. 财务费用
   C. 车间机物料消耗　　D. 分厂管理人员工资
6. 在下列项目中，不应计入企业生产经营费用的是（　　）。
   A. 购置仪器设备费用　　B. 废品损失
   C. 设备报废清理损失　　D. 非常停工损失
7. 在下列项目中，不应计入产品成本或期间费用支出的是（　　）。
   A. 为筹集生产产品用的资金支付的利息
   B. 购买会计人员办公用的计算机
   C. 违反税收制度支付的罚款
   D. 给灾区的捐款
8. 成本会计的环节是指成本会计工作应该做好的几个方面，具体包括（　　）。
   A. 成本的预测和决策　　B. 成本的核算和控制
   C. 成本的考核和分析　　D. 成本的计划
9. 企业成本会计工作组织有集中核算方式和分散核算方式两种，具体应用哪种方式应考虑的因素有（　　）。
   A. 企业规模大小　　B. 成本会计人员的数量和素质
   C. 是否有利于成本会计作用的发挥　　D. 经营管理的要求

10. 在成本会计的基础工作中，要建立健全的原始记录主要包括（   ）。
   A. 材料物资的原始记录   B. 劳动资源方面的原始记录
   C. 设备使用方面的原始记录   D. 费用开支方面的原始记录
11. 工业企业生产经营管理费用包括（   ）。
   A. 生产费用   B. 销售费用   C. 财务费用   D. 管理费用
   E. 购置固定资产费用
12. 在已设置"生产成本"总账科目的情况下，不应再设置的总账科目是（   ）。
   A. "基本生产成本"科目   B. "制造费用"科目
   C. "停工损失"科目   D. "辅助生产成本"科目
   E. "废品损失"科目
13. 在下列各项中，属于工业企业管理费用项目的是（   ）。
   A. 土地使用税   B. 营业税   C. 房产税   D. 印花税
   E. 车船使用税
14. 在下列各项中，属于工业企业费用要素项目的是（   ）。
   A. 原材料   B. 外购材料   C. 燃料及动力   D. 工资
   E. 税金
15. 在下列各项中，属于工业企业产品生产成本项目的是（   ）。
   A. 原材料   B. 外购材料   C. 燃料及动力   D. 工资
   E. 税金
16. 费用要素项目中的外购材料是指工业企业耗用的一切从外部购入的（   ）。
   A. 燃料   B. 半成品   C. 原料及主要材料
   D. 动力   E. 包装物
17. 工业企业成本核算的基础工作包括（   ）。
   A. 定额的制定和修订   B. 成本界限的划分
   C. 管算结合   D. 材料物资的计量和盘点
   E. 厂内计划价格的制定和修订
18. 在下列各项中，属于销售费用的是（   ）。
   A. 广告费   B. 委托代销手续费
   C. 展览费   D. 专设销售机构的办公费
19. 为了正确计算产品成本，在费用界限划分过程中应贯彻的原则是（   ）。
   A. 成本效益原则   B. 受益原则
   C. 收付实现制原则   D. 负担费用多少与受益程度成正比原则
   E. 一致性原则
20. 工业企业成本核算的一般程序包括（   ）。
   A. 对企业的各项支出、费用进行严格的审核和控制
   B. 正确划分各月的费用界限，正确核算待摊费用和预提费用
   C. 将生产费用在各种产品之间进行分配和归集
   D. 将生产费用在本月完工产品与月末在产品之间进行分配和归集
   E. 做好定额的制定和修订工作

三、判断题

1. 从理论上讲，商品价值中的补偿部分就是商品的理论成本。（   ）

2. 因为成本是产品价值的组成部分，所以成本必然会通过销售收入得到补偿。（   ）
3. 产品成本就是产品的制造成本。（   ）
4. 工业企业发生的各项费用都应计入产品成本。（   ）
5. 产品成本是生产产品时发生的各种制造费用之和。（   ）
6. 在实际工作中，确定成本的开支范围应以成本的经济实质为理论依据。（   ）
7. 在成本会计的各个环节中，成本预测是基础，没有成本预测其他环节都无法进行，也就没有了成本会计。（   ）
8. 制定和修订定额，只是为了进行成本审核，与成本计算没有关系。（   ）
9. 为了正确计算产品成本，应该绝对正确地划分完工产品与在产品的费用界限。（   ）
10. "辅助生产成本"账户期末应该无余额。（   ）
11. 生产工人的工资和福利费是产品成本项目。（   ）
12. 直接生产费用既可能是直接计入费用，也可能是间接计入费用。（   ）
13. 为了尽可能地符合实际情况，厂内价格应该在年度内经常变动。（   ）
14. "基本生产成本"科目应该按成本计算对象设置明细分类账，账内按成本项目分设专栏或专行。（   ）
15. 生产经营的原始记录，是进行成本预测、编制成本计划、进行成本核算的依据。（   ）
16. 生产设备的折旧费用应计入制造费用，因此它属于间接生产费用。（   ）
17. 产品成本项目就是计入产品成本的费用，按经济内容分类核算的项目。（   ）

四、实务操作题

立新机械设备制造有限公司本月发生下列各项支出。

1. 基本生产车间机器维修工人为进行设备经常性维修发生的费用350元。
2. 基本生产车间为加强劳动保护领用机器的安全罩费用120元。
3. 企业改建机修车间，改建工程开支90 000元，工程完工后结转实际成本。
4. 职工生活困难补助费300元。
5. 车间发生修理费用5 500元。
6. 辅助生产车间对本厂某项机器设备发生的修理费用2 500元。
7. 企业某车间职工的工资400元。
8. 企业医务人员的工资240元。
9. 工人修建本厂围墙期间的工资460元。
10. 材料采购支付的运杂费20元。
11. 验收材料时，发现铁路部门失误造成的材料短缺600元。
12. 台风造成的材料物资损失1 000元。
13. 清理已报废的固定资产发生的费用200元。
14. 发生的职工福利费支出，其中，基本生产车间6 500元、企业管理部门900元、机修车间800元。

请你将立新机械设备制造有限公司本月发生的支出进行合理分类，并准确计算出立新机械设备制造有限公司本月的支出总额、费用总额、期间费用、产品成本，并说明理由。

项目实训

实训一：支出、费用与成本界限及归集实训

（一）实训目的

通过实训，让学生厘清支出、费用、生产费用、产品成本等的相互关系，能合理划分5种费用的界限，正确计算企业各项费用的金额。

（二）实训资料

立新机械设备制造有限公司2022年7月发生了如下费用支出。

1. 购买生产流水线一条，价值100万元，支付增值税13万元。该设备预计使用年限10年，无残值。

2. 购进材料支出1 000万元，支付购买原材料所借款项利息75万元。

3. 支付公司行政人员工资60万元，计提福利费8.4万元，提取工会经费、教育经费和"四险一金"共计12.1万元。

4. 支付公司办公等费用共计20万元。

5. 支付本月产品生产人员工资200万元、生产管理人员工资20万元，并按规定比例提取职工福利费、工会经费和教育经费，按15%提取住房公积金。

6. 支付广告费用100万元、销售产品的差旅费10万元、运动会赞助费40万元、行政罚款20万元。

7. 本月折旧费用100万元，其中，公司管理部门30万元，基本生产车间70万元。

8. 本月应交所得税40万元，应分配给投资者利润40万元。

9. 当月生产领用材料600万元。

（三）实训要求

1. 判断并确定立新机械设备制造有限公司2022年7月的支出总额和费用总额。

2. 计算该公司当期的生产费用与期间费用。

3. 确认并计算当期产品成本额。

（四）实训准备

1. 复习教材内容，深刻理解支出、费用与成本之间的关系，掌握成本的经济实质，明确支出、费用与成本三者之间的界限划分。

2. 熟悉和掌握费用划分的5种界限，明确成本计算与费用划分过程的联系。

（五）实训过程

1. 根据费用与支出的定义和范围，对照实训资料确认各项开支的性质与归属，计算费用与支出的金额。

2. 根据费用划分的5种界限，确定费用开支的归属，计算生产费用、期间费用和产品成本的数额。

项目二 要素费用的归集与分配

ITEM 2

学习目标

○ 了解生产费用在各种产品及期间费用之间的归集和分配
○ 掌握多种产品共同耗用材料和人工费用等各项要素费用常见的几种分配方法

能力目标

○ 能够编制费用分配表，正确进行外购材料、外购燃料、外购动力、人工费用等各项要素费用的分配
○ 能够正确编制相关业务的记账凭证

思政目标

○ 培养学生良好的会计职业道德，具有遵守职业道德，不弄虚作假、不被利益诱惑、不贪不占，遵纪守法的意识
○ 培养学生善于分析企业成本核算存在的问题，并独立解决问题的能力
○ 培养学生爱岗敬业和团队协作精神，以及会计工作岗位之间的相互协调能力并养成遵纪守法的好习惯
○ 培养学生具有严谨的工作作风以及创新意识

任务一 要素费用的归集与分配概述

一、要素费用的含义及构成

（一）要素费用的含义

要素费用是按照生产费用要素归类反映的生产费用。理解要素费用，必须与成本项目区分。按经济内容分类，企业生产经营过程中发生的费用，称为"要素费用"；按经济用途分类，计入产品成本的生产费用，称为"成本项目"。例如，"材料费用"是一种要素费用，当耗用的材料为产品的组成部分时，"材料费用"记入"直接材料"成本项目；当耗用的材料是用来保养机器，间接服务于产品时，"材料费用"记入"制造费用"成本项目。一个要素费用对应的费用在分配后可按用途对应多个成本项目。

(二)要素费用的组成

1. 外购材料费用

外购材料费用,是指企业生产耗用从外部购进的原材料、辅助材料、半成品、包装物、低值易耗品、修理用备件以及其他直接材料。

2. 外购动力费用

外购动力费用,是指企业为生产耗用从外部购进的各种动力发生的费用。

3. 外购燃料费用

外购燃料费用,是指企业为进行生产耗用的从外部购进的各种燃料,包括固体燃料、液体燃料、气体燃料等产生的费用。

4. 职工薪酬费用

职工薪酬费用,是指企业所有应计入生产费用,支付给职工的和替职工支付的工资、福利费、社会保险费、住房公积金等各种职工薪酬。

5. 折旧费与摊销费

折旧费与摊销费,是指企业计提的固定资产折旧费和无形资产等的摊销费。

6. 修理费用

修理费用,是指企业为修理固定资产发生的支出。

7. 利息费用

利息费用,是指企业的借款利息费用减去利息收入后的净额。

8. 其他支出

其他支出,是指不属于以上各要素的各项费用支出,如差旅费、办公费、租赁费、保险费和诉讼费等。

二、要素费用的分配去向及分配程序

(一)要素费用的分配去向

产品在生产过程中发生的各种要素费用,应按照法规要求,采用一定的方法进行归集并分配计入其受益对象。要素费用的分配原则是:应按要素费用的用途和发生的地点,将各种要素费用划分为应计入产品成本的要素费用和不应计入产品成本的要素费用,即在部门之间分配;应计入产品成本的要素费用属于直接费用的就直接计入产品成本,属于共同耗用的就采用适当的方法分配计入产品成本,即在受益对象之间分配。

思政小常识

《会计法》、国家统一的会计准则和会计制度不仅有利于会计人员依法行使权利、履行义务,还有利于推动社会改革与进步,维护良好的社会秩序。

在实际的成本核算与管理工作中,会计法律制度是评价会计人员工作质量的客观标准,是约束会计人员的"达摩克利斯之剑",也是评价一名会计人员职业道德的最低要求。熟悉和践行会计法规,需要会计人员培养社会主义法治思维,做到学习法律知识、掌握法律方法、参与法律实践,养成依法办事的习惯。

除了要知法懂法、遵纪守法、树立社会主义法治观念之外,一名合格的会计人员还要树立崇高的职业道德观念,养成诚实守信、客观公正、坚持准则的高尚品质。如果要素费用分配不正确会有什么样的后果?试举例说明。

1. 基本生产部门发生的费用

基本生产部门发生的费用，按用途可分为直接用于产品生产的费用以及用于生产部门组织和管理生产的费用（包括间接用于产品生产的费用）两部分。

（1）直接用于产品生产的费用：专设成本项目的直接生产费用，计入"基本生产成本"总账及所属明细账户。直接计入费用将直接计入某产品成本明细账的相应成本项目中，间接计入费用将分配计入各种产品成本明细账的相应成本项目中。例如，构成产品实体的原材料或从事产品生产工人的工资费用，应计入"基本生产成本"总账和该种产品的基本生产成本明细账的"直接材料"或"直接人工"成本项目。

（2）用于生产部门组织和管理生产的费用：基本生产部门组织和管理生产发生的各种费用（包括间接用于产品生产的费用），计入"制造费用"总账和对所属明细账进行归集，月末分配计入"基本生产成本"总账和该种产品的基本生产成本明细账的"制造费用"成本项目。

2. 辅助生产部门发生的费用

辅助生产部门发生的费用，也可按用途分为直接用于辅助生产产品（或劳务）的费用以及用于辅助生产部门组织和管理生产的费用两部分。对辅助生产部门发生的费用有以下两种处理方法。

（1）直接用于辅助生产产品（或劳务）的费用，应计入"辅助生产成本"总账和相应产品或劳务明细账的"直接材料"或"直接人工"等成本项目；用于辅助生产部门组织和管理生产的费用则先计入"制造费用"总账和对所属明细账进行归集，月末分配计入"辅助生产成本"总账和所属明细账的"制造费用"成本项目。

（2）如果辅助生产不对外提供商品产品，而且辅助生产车间规模较小、辅助产品或劳务单一，那么为了简化核算工作，不设"制造费用"账户，辅助生产部门发生的费用直接全部计入"辅助生产成本"总账和相应的明细账。

3. 销售机构、行政管理部门以及筹集、使用资金发生的费用

在生产经营过程中发生的用于产品销售的费用、行政管理部门发生的费用，以及筹集、使用资金发生的费用，应分别计入"销售费用""管理费用""财务费用"总账和所属明细账，并作为期间费用转"本年利润"账户，冲减当期损益。

(二) 要素费用分配的程序

（1）根据发生费用的原始凭证或原始凭证汇总表，编制费用分配表或费用汇总分配表，并作为原始凭证。

（2）根据费用分配表编制会计分录，填制记账凭证。

（3）根据记账凭证登记各种成本、费用总账和明细账。

任务二　材料费用的归集与分配

材料费用是企业生产经营过程中的劳动对象，是产品生产过程中不可缺少的物质要素。一般，把在生产过程中直接取自自然的劳动对象称为"原料"，如炼钢企业的铁矿石，纺织企业的棉花；把经过加工的劳动对象称为"材料"，如各种钢材。在实际工作中，一般把两者合并起来，叫作"原材料"。

按照在产品生产过程中所起的作用不同，一般将材料分为以下几大类。

1. 原料及主要材料

原料及主要材料，是指经过加工后构成产品主要实体的各种原料和材料，如炼钢企业的铁矿石、机械制造企业的钢材、纺织企业的棉花和外购的棉纱。

对于购入企业来说，外购半成品同原材料一样都是劳动对象，在继续加工过程中形成产品的主要实体，从理论上讲也应被列入原料及主要材料，但有些企业为了加强外购半成品的专项管理和核算，将外购半成品作为材料的一个独立类别。

2. 辅助材料

辅助材料，是指在生产中不构成产品的主要实体，只起一定辅助作用的各种材料。辅助材料在生产中的具体作用不同：有的与产品的主要材料相结合有助于产品形成，如纺织厂的染料、造纸厂的漂白粉、家具厂的油漆等；有的提供劳动资料消耗，如起润滑、防护作用的润滑油和防锈漆等；有的为正常生产提供条件，如各种清洁用具和照明灯具等。

3. 燃料

燃料，是指生产过程中用于燃烧的各种材料，在燃烧时能产生热能或光能，提供动力，包括固体燃料（如煤、炭、木材）、液体燃料（如汽油、煤油、石油）、气体燃料（如天然气、煤气、沼气）。燃料在生产过程中的作用不同，有的直接用于工艺技术过程，如铸造车间用的燃料；有的用于生产动力，如发电车间用的燃料；有的用于一般用途，如取暖用的燃料。

4. 修理用备件

修理用备件，是指为修理本企业机器设备和运输工具专用的各种备品备件，如齿轮、轴承、阀门、轮胎等。在修理设备时，用于更换磨损和老化零件的零件叫作"配件"；为了缩短设备修理停歇时间，在备件库内经常保存一定数量的配件，叫作"备件"。

5. 包装物

包装物，是指为包装本企业产品，随同产品一起出售或者在销售产品时租给、借给购货单位使用的各种包装物品，如桶、瓶、坛、袋、盒等包装容器。各种包装用料，如纸张、绳子、铁丝、塑料袋等不属于包装物，应列入辅助材料或单独列为包装材料。

6. 低值易耗品

低值易耗品，是指单项价值在规定限额以下，或使用期限不满一年，不能作为固定资产管理的各类物品，如工具、管理用具、劳动保护用品等。

在成本会计中，材料费用的会计处理应包括发出材料成本核算、材料费用归集、材料费用分配等内容。

一、发出材料成本的核算

根据企业成本管理的要求，发出材料成本的核算可以采用实际成本计价，也可以采用计划成本计价。

（1）在采用实际成本计价核算时，企业需要设置"在途物资"和"原材料"账户分别核算尚未入库及已经入库的材料实际成本。材料明细账中收入材料的金额，应根据按实际成本计价的收料凭证登记；发出材料的金额，应按照先进先出法、个别计价法、全月一次加权平均法或移动加权平均法等方法计算，根据计算的单位成本对发出材料计价。

（2）在采用计划成本计价核算时，企业应设置"材料采购""原材料""材料成本差异"账户，分别核算购置材料实际成本、入库材料计划成本和两种价格下的差异金额。材料明细账中收入材料的金额，应根据计划成本计价的收料凭证登记；发出材料的金额，应该按照计划单位成本对发出材料计价。月末计算材料成本差异分配率，计算发生材料应分配的材料成本差异额，将产品成本中的材料计划成本调整为实际成本。

材料成本差异分配率＝（月初结存材料成本差异额＋本月收入材料成本差异额）/（月初结存材料计划成本＋本月收入材料计划成本）

发生材料应分配的材料成本差异额＝发出材料计划成本 × 材料成本差异分配率

发出材料实际成本＝发出材料计划成本＋发出材料应分配的成本差异额

成本差异额＝实际成本－计划成本

在发出材料成本的核算财务会计课程中已经对此进行了详细讲解，本教材不作为重点。

二、材料费用的归集

材料费用的归集是进行材料费用分配的基础和前提，为确定本期消耗的材料费用，首先要确定本期消耗的材料数量，其次根据材料的计价方法确定耗用材料的成本。

（一）材料费用归集的基础工作

（1）建立和健全发出材料的计量制度。

（2）建立和健全领、发料凭证制度。

（3）建立和健全材料退库和盘点制度。

（二）消耗材料的计量

1. 消耗材料的原始记录

企业在生产经营过程中发生的各种材料费用，都必须按照领用材料的类别、名称、规格、数量、单价、金额、领用单位、用途等填制原始凭证，包括领料凭证，如领料单、限额领料单、领料登记表、退料单等。

2. 材料消耗量的计算

永续盘存制和实地盘存制。永续盘存制能够较为正确地计算消耗的材料数量，有利于企业加强材料的管理和控制。实地盘存制计算的材料消耗数量不准确，即使发生材料盗窃、毁损等情况，也会将其计算在消耗材料中，不利于加强材料的管理和控制。因此，企业一般采用永续盘存制确定消耗的材料数量。

为保证材料消耗数量的真实性，并明确各单位的经济责任，便于分配材料费用，各单位在领用材料时，应使用规定的原始凭证办理必要的领料手续，如"领料单""限额领料单""领料登记表"等。为正确计算本期材料实际消耗量，期末各单位已领未用的材料应当填制"退料单"，办理退料手续或假退料手续，并从当月领用数量中扣除。

原材料费用归集就是根据领料单列示的材料的不同名称、不同的领用单位和具体的使用用途汇集原材料的领用数量，确定领用原材料的金额。归集的过程就是对领用原材料进行归类、整理的过程，在按领用部门或生产单位（分厂、车间）分类的基础上，将本期发出原材料的领料单按不同的受益对象汇总，以归集本月领用原材料的数量，然后根据确定的原材料计价方法计算出本月各部门、车间和产品应负担的费用。它要求将制造产品耗用的原材料与一般耗用的材料分别归类：产品生产领用的，按与产品的关系归类整理；车间或部门领用的，按车间或部门归集。

不同受益对象领用的原材料，归集的会计账户是不同的：基本生产车间领用的、直接用于产品生产的、构成产品实体或有助于产品形成的原材料，直接归集在"基本生产成本"账户中；基本生产车间领用的、间接用于产品成本的原材料，归集在"制造费用"账户中；辅助生产车间领用的、为生产辅助产品或劳务的原材料，归集在"辅助生产成本"账户中；企业行政管理部门领用的原材料，归集在"管理费用"账户中；销售部门领用的、为产品销售服务的原材料，归集在"销售费用"账户中；专营工程领用的各种原材料，归集在"在建工程"账户中。

企业生产经营过程中领用的各种材料，无论是外购材料还是自制材料，都应根据审核后的领、退料凭证，按照材料的用途分配材料费用分别计入各种产品成本、各种期间费用以及相关受益对象中。

原材料是工业企业的劳动对象，因此产品成本明细账中设置有专门的"直接材料"成本项目。"直接材料"成本项目是指直接用于产品生产、构成产品实体的原料及主要材料（如纺织企业用的棉花、冶炼企业用的矿石和机械制造企业用的钢材等）、外购半成品以及有助于产品形成的辅助材料等费用。

生产中耗用的原材料，分为直接耗用原材料和共同耗用原材料两种。

（1）直接耗用原材料，是指能根据领料凭证直接区分出由哪种产品耗用的原材料。按照产品品种（或成本计算对象）分别领用的原材料，一般属于直接计入费用，应根据领料凭证直接计入相应产品成本的"直接材料"成本项目。

（2）共同耗用原材料，是指由几种产品共同领用，不能直接区分由哪种产品耗用的原材料。不能按照产品品种（或成本计算对象）分别领用的原材料，如炼油企业生产的汽油、柴油、煤油等产品共同耗用的原油，属于间接计入费用，需要按照受益原则采用合理的分配方法在这几种产品之间进行分配，然后计入各产品成本的"直接材料"成本项目。

原材料费用的归集以发料凭证及退库凭证为依据，通常由仓储部门编制"发出材料明细汇总表"完成，其格式如表2-1所示。在实际操作过程中，首先由仓库会计人员依据领料单、退库单等确定原材料的发出数量，填制"发出材料明细汇总表"；其次由会计部门根据发出材料计价方法和各受益对象的分配标准确定受益金额。

表2-1 工贸公司发出材料明细汇总表

2022年6月　　　　　　　　　　　　　金额单位：元（附领料单25张）

材料类别	材料名称	发出数量	单位成本	金额	用途
主要材料	钢管	500根	200	100 000	A_1产品耗用
	板材	3 000千克	20	60 000	A_2产品、A_3产品耗用
原料	钢材	3 000千克	8	24 000	A_3产品耗用
	钢材	100千克	8	800	行政办公室领用
燃料	煤炭	1 000吨	700	700 000	供汽车间领用
辅助材料	润滑剂	100千克	8	800	机修车间领用
	油漆	20桶	100	2 000	第一车间领用
修理用备件	三角皮带	10条	40	400	第一车间修理领用
	A配件	20只	30	600	第二车间修理领用
合计				888 600	

主管：　　　　　　保管：　　　　　　复核：　　　　　　制单：

三、原材料费用分配

原材料费用的分配就是按照材料用途将材料费用计入成本计算对象。构成产品实体的原材料，一般由各生产单位按生产的产品分品种领用，可以根据领料凭证直接计入相关产品基本生产成本明细账中的"直接材料"成本项目；几种产品共同领用、耗用的原材料，需要采用合理的分配标准，分配计入各成本计算对象的"直接材料"成本项目。

（一）分配标准

原材料费用分配可以按照产品重量、产量、体积等成果类标准，也可以按照工时、耗用量等消耗类标准。在材料消耗定额比较准确的情况下，还可以按材料定额耗用量和定额费用等定额类标准。另外，可以事前确定好各产品耗用系数，按照系数标准分配。

（二）分配方法

两个或两个以上的成本核算对象共同耗用的原材料，需要采用一定的标准，在各成本核算对象之间进行分配。选用不同的分配标准，就产生了不同的原材料费用比例分配方法。

1. 按成果比例分配法分配

成果比例分配法是以各种产品的重量、产量、体积、产值等成果为标准分配材料费用的方法。其计算公式是

费用分配率＝待分配材料实际费用／各产品重量（产量、体积、产值等）之和

某受益产品承担的材料费用＝该受益产品重量（产量、体积、产值等）× 费用分配率

【例 2-1】 立新公司生产甲、乙、丙 3 种产品，本月 3 种产品共同耗用 A 材料 72 000 元，本月投产 3 种产品的净重分别为 1 000 千克、2 000 千克、3 000 千克，采用重量分配法分配 3 种产品耗用的 A 材料费用。

根据例题资料，编制"材料费用分配表"，如表 2-2 所示。

表 2-2 材料费用分配表　　　　　　　　金额单位：元

产品名称	投产量／千克	分配率／（元／千克）	应分配费用
甲	1 000	12	12 000
乙	2 000	12	24 000
丙	3 000	12	36 000
合计	6 000	12	72 000

A 材料费用分配率＝ 72 000／（1 000 ＋ 2 000 ＋ 3 000）＝ 12（元／千克）

甲产品分摊材料费＝ 12×1 000 ＝ 12 000（元）

乙产品分摊材料费＝ 12×2 000 ＝ 24 000（元）

丙产品分摊材料费＝ 12×3 000 ＝ 36 000（元）

2. 按材料定额耗用量比例法分配

在采用定额耗用量比例法进行分配时，应根据各种产品的产量和单位消耗定额计算出各种产品的定额耗用量，并把定额耗用量作为分配标准在各产品之间进行分配。其计算过程如下。

（1）计算各种产品原材料定额耗用量，即分配标准数量。

原材料定额耗用量＝受益产品产量 × 单位消耗定额

（2）计算原材料分配率。

原材料数量分配率＝待分配原材料实际数量／各产品定额耗用量之和

原材料费用分配率＝待分配原材料实际费用／各产品定额耗用量之和

（3）计算各种产品应分配的原材料实际数量和费用。

某受益产品承担的原材料数量＝该受益产品原材料定额耗用量 × 原材料数量分配率

某受益产品承担的费用＝该受益产品原材料定额耗用量 × 原材料费用分配率

【例 2-2】 立新公司生产甲、乙两种产品，共同耗用原材料 6 000 千克，单价 15 元／千克，共计

90 000 元，按产品的直接材料定额耗用量比例进行分配。其中，甲产品投产 1 200 件，单件甲产品原材料消耗定额为 3 千克；乙产品投产 800 件，单件乙产品原材料消耗定额为 1.5 千克。

方法一：不分配材料数量，根据例题资料，编制"材料费用分配表"，如表 2-3 所示。

表 2-3　材料费用分配表　　　　　　　　　金额单位：元

产品名称	产量/件	单耗/（千克/件）	定额耗用量/千克	费用分配率/（元/千克）	应分配材料费
甲	1 200	3	3 600	18.75	67 500
乙	800	1.5	1 200	18.75	22 500
合计			4 800	18.75	90 000

（1）计算产品的定额耗用量。

甲产品的定额耗用量＝1 200×3＝3 600（千克）

乙产品的定额耗用量＝800×1.5＝1 200（千克）

（2）计算材料费用分配率。

材料费用分配率＝90 000/（3 600＋1 200）＝18.75（元/千克）

（3）计算甲、乙两种产品应分摊的原材料费用：

甲产品应分配的原材料费用＝3 600×18.75＝67 500（元）

乙产品应分配的原材料费用＝1 200×18.75＝22 500（元）

方法二：分配材料数量，根据例题资料，编制"材料费用分配表"，如表 2-4 所示。

表 2-4　材料费用分配表　　　　　　　　　金额单位：元

产品名称	产量/件	单耗/（千克/件）	定额耗用量/千克	耗用量分配率/（千克/件）	实际耗用量/千克	单价/（元/件）	应分配材料费
甲	1 200	3	3 600	1.25	4 500	15	67 500
乙	800	1.5	1 200	1.25	1 500	15	22 500
合计			4 800	1.25	6 000	15	90 000

（1）计算产品的定额耗用量。

甲产品的定额耗用量＝1 200×3＝3 600（千克）

乙产品的定额耗用量＝800×1.5＝1 200（千克）

（2）计算材料耗用量分配率。

材料耗用量分配率＝6 000/（3 600＋1 200）＝1.25（千克/件）

（3）计算甲、乙两种产品原材料的实际耗用量。

甲产品应分配的原材料耗用量＝3 600×1.25＝4 500（千克）

乙产品应分配的原材料耗用量＝1 200×1.25＝1 500（千克）

（4）计算甲、乙两种产品应分配的原材料费用。

甲产品应分配的原材料费用＝4 500×15＝67 500（元）

乙产品应分配的原材料费用＝1 500×15＝22 500（元）

3．按材料定额费用比例法分配

在生产多种产品共同耗用原材料种类较多时，也可以按各种产品所耗原材料定额费用的比例分配原材料实际费用，即以各材料费用受益产品的原材料定额费用为分配标准，以实际消耗的原材料费用占受益产品定额费用之和为分配率，据以分配原材料费用的方法。其计算过程如下。

（1）计算各种产品原材料定额费用，即分配标准总额。

产品原材料定额费用＝受益产品产量×单位产品费用定额

（2）计算原材料费用分配率。

原材料费用分配率＝待分配原材料实际费用／各产品定额费用之和

（3）计算各种产品应分配的原材料实际费用。

某受益产品承担的费用＝该受益产品定额费用×原材料费用分配率

【例2-3】 工贸公司生产 A_1、A_2 两种产品，共同耗用甲种材料，其实际成本为 10 000 元。两种产品的原材料费用定额为 A_1 产品 8 元／件、A_2 产品 4 元／件，当月的实际产量为 A_1 产品 600 件、A_2 产品 800 件。要求：采用定额费用比例法分配材料费用。

根据例题资料，编制"材料费用分配表"，如表 2-5 所示。

表 2-5　材料费用分配表　　　　　　金额单位：元

产品名称	产量／件	费用定额／（元／件）	定额费用	费用分配率／（元／件）	应分配材料费
A_1	600	8	4 800	1.25	6 000
A_2	800	4	3 200	1.25	4 000
合计			8 000	1.25	10 000

（1）计算 A_1、A_2 两种产品原材料定额费用。

A_1 产品的定额费用＝8×600＝4 800（元）

A_2 产品的定额费用＝4×800＝3 200（元）

（2）计算原材料费用分配率。

原材料费用分配率＝10 000／（4 800＋3 200）＝1.25（元／件）

（3）计算 A_1、A_2 两种产品应分配的原材料费用。

A_1 产品应分配的原材料费用＝4 800×1.25＝6 000（元）

A_2 产品应分配的原材料费用＝3 200×1.25＝4 000（元）

【例2-4】 工贸公司生产 A_1、A_2 两种产品，共同领用甲、乙两种材料，合计 21 540 元。本月生产 A_1 产品 60 件、A_2 产品 50 件。A_1 产品材料消耗定额为甲材料 8 千克／件、乙材料 6 千克／件，A_2 产品材料消耗定额为甲材料 5 千克／件、乙材料 4 千克／件。甲材料单价 12 元／件，乙材料单价 10 元／件。试计算 A_1、A_2 两种产品分别应分配的材料实际费用。

根据例题资料，编制"材料费用分配表"，如表 2-6 所示。

表 2-6　材料费用分配表　　　　　　金额单位：元

产品名称	产量／件	甲材料		乙材料		定额费用合计	费用分配率／（元／件）	应分配材料费
		费用定额／（元／件）	定额费用	费用定额／（元／件）	定额费用			
A_1	60	96	5 760	60	3 600	9 360	1.5	14 040
A_2	50	60	3 000	40	2 000	5 000	1.5	7 500
合计			8 760		5 600	14 360	1.5	21 540

（1）计算 A_1、A_2 两种产品原材料定额费用。

A_1 产品甲材料定额费用＝60×（8×12）＝5 760（元）

A_1 产品乙材料定额费用＝60×（6×10）＝3 600（元）

A_1 产品原材料定额费用＝5 760＋3 600＝9 360（元）

A_2 产品甲材料定额费用＝50×（5×12）＝3 000（元）

A_2 产品乙材料定额费用＝50×（4×10）＝2 000（元）

A_2 产品原材料定额费用＝3 000＋2 000＝5 000（元）

（2）计算原材料费用分配率。

原材料费用分配率＝21 540/（9 360＋5 000）＝1.5（元/件）

（3）计算 A_1、A_2 两种产品应分配原材料费用。

A_1 产品应分配原材料费用＝9 360×1.5＝14 040（元）

A_2 产品应分配原材料费用＝5 000×1.5＝7 500（元）

4. 按系数比例法（标准产量比例法）分配

按系数比例法分配是根据确定的系数将不同产品产量折算为标准产品产量分配材料费用。系数可依据定额耗用量、定额费用，产品体积、长度、重量、售价，以及某些技术经济指标确定。通常选择一种产量较多、生产较稳定的产品作为标准产品，令其系数为1，然后求出其他产品相对于标准产品的系数。系数一经确定，便在一定时期内稳定不变。具体过程和计算公式如下。

（1）确定系数标准。

（2）选择标准产品，将分配标准折算成各产品的固定系数，计算公式为

某产品系数＝该产品分配标准（定额耗用量等）/标准产品分配标准（定额耗用量等）

（3）计算总系数（标准总产量），计算公式为

某产品总系数（标准总产量）＝该产品的实际产量×该产品的系数

（4）计算费用分配率，计算公式为

费用分配率＝待分配原材料实际费用/各产品总系数（标准总产量）之和

（5）计算各种产品应分配费用。

某受益产品承担的费用＝该受益产品总系数（标准总产量）×费用分配率

【例2-5】 工贸公司共生产 A_1、A_2、A_3、A_4、A_5 五种产品，五种产品的单位产品甲材料费用消耗定额分别为30元/件、27.5元/件、25元/件、20元/件、17.5元/件，本月物种产品的实际产量分别为400件、500件、1 000件、200件、160件，本月实际消耗甲材料59 852元，要求以 A_3 产品为标准产品，采用系数比例法分配甲材料费用。

根据例题资料，编制"材料费用分配表"，如表2-7所示。

表2-7 材料费用分配表　　　　　　　　　　　　　　金额单位：元

产品名称	费用定额	总系数	产量/件	标准产量（总系数）/件	费用分配率/（元/件）	应分配材料费
A_1	30	1.2	400	480	26	12 480
A_2	27.5	1.1	500	550	26	14 300
A_3	25	1	1 000	1 000	26	26 000
A_4	20	0.8	200	160	26	4 160
A_5	17.5	0.7	160	112	26	2 912
合计				2 302	26	59 852

（三）原材料费用归集与分配的会计处理

企业耗用的各项原材料，根据审核无误的领、退料凭证进行会计处理，直接用于产品生产的各种原材料费用，计入"基本生产成本"账户；用于辅助生产的原材料费用，计入"辅助生产成本"账户；用于基本生产车间管理的原材料费用，计入"制造费用"账户；用于企业行政部门管理生产经营活动等方面的原材料费用，计入"管理费用"账户；用于产品销售的原材料费用，计入"销售费用"账户；用于在建工程的原材料费用，计入"在建工程"账户。原材料费用的归集与分配，是由会计部门会同相关部门通过编制"原材料费用分配表"完成的。月末，会计部门根据发出材料明细表，结合产量记录、定额资料或投料记录等分配原材料费用，编制"原材料费用分配表"；并根据"原材料费用分配表"和"发出材料明细表"等原始凭证确定会计处理去向，编制记账凭证，登记有关账簿。

【例 2-6】 立新公司设有两个基本生产车间，第一车间只生产 A 产品，第二车间生产 B 产品和 C 产品两种产品，另设有机修和供水两个辅助生产车间提供冷热水及修理劳务，同时设有若干个行政管理部门及福利部门。立新公司按产品品种进行成本核算，并设立"直接材料""直接人工""外购动力""制造费用"4 个成本项目。材料按实际成本计价，2022 年 8 月"发出原材料明细表"，如表 2-8 所示。

表 2-8　立新公司发出原材料明细表

2022 年 8 月　　　　　　金额单位：元（附领料单 25 张）

材料类别	材料名称	发出数量	单位成本	金额	用途
主要材料	B_3 型管材	245 根	150	36 750	A 产品耗用
	A_3 型板材	3 360 千克	35	117 600	B、C 产品耗用
原料	丙种材料	3 000 千克	55	165 000	C 产品耗用
	丙种材料	100 千克	55	5 500	办公室领用
燃料	晋标准煤	35 吨	760	26 600	供水车间领用
辅助材料	润滑剂	100 千克	7.4	740	机修车间领用
	201 合剂	20 合	48	960	机修车间领用
修理用备件	三角皮带	10 条	40	400	第二车间领用
外购件	E 配件	18 只	30	540	第二车间领用
合计				354 090	

主管：王立　　　　　　　复核：张娜　　　　　　　制单：李小梅

原材料消耗原始记录表明：B 和 C 两种产品消耗的 A_3 型板材的数量分别为 33 000 千克和 23 000 千克，材料费按实际耗量比例分配。

根据"发出材料明细表"和原始记录，编制"原材料费用分配表"，如表 2-9 所示。

表 2-9 立新公司原材料费用分配表

2022 年 8 月　　　　　　　　　　　　　　　　　　　　金额单位：元

应借账户		成本费用项目分配标准	直接计入费用	间接计入费用			合计
总账	明细账			耗用量/千克	分配率/（千克/件）	金额	
基本生产成本	A 产品	直接材料	36 750				36 750
	B 产品	直接材料		33 000		69 300	69 300
	C 产品	直接材料	165 000	23 000		48 300	213 300
	小计		201 750	56 000	2.1	117 600	319 350
辅助生产成本	供水车间	材料费	26 600				26 600
	机修车间	材料费	1 700				1 700
	小计		28 300				28 300
管理费用			5 500				5 500
制造费用	二车间	机物料	940				940
合计			236 490			117 600	354 090

会计主管：赵立新　　　　　　　　复核：张平　　　　　　　　制单：吴安娜

根据"原材料费用分配表"及其所附的凭证资料，编制会计分录如下。

借：基本生产成本——A 产品——直接材料　　　　　　　　36 750
　　　　　　　　——B 产品——直接材料　　　　　　　　69 300
　　　　　　　　——C 产品——直接材料　　　　　　　 213 300
　　辅助生产成本——供水车间——材料费　　　　　　　　26 600
　　　　　　　　——机修车间——材料费　　　　　　　　 1 700
　　管理费用　　　　　　　　　　　　　　　　　　　　　 5 500
　　制造费用——第二车间——机物料　　　　　　　　　　　 940
　　贷：银行存款　　　　　　　　　　　　　　　　　　 354 090

四、包装物费用的分配

包装物费用的分配应结合包装物领用的发生环节和计价方式，根据领料单上列明的包装物的领用部门和用途，通过编制包装物费用归集和分配表进行。生产车间领用的包装物是产品成本的组成部分，直接计入"基本生产成本"账户。销售部门领用的随产品出售而单独计价的包装物品，成本计入"其他业务成本"账户；不单独计价的包装物品，成本计入"销售费用"账户。企业对外租借包装物品，出租包装物的成本，在首次领用时计入"其他业务成本"账户处理，出借包装物的成本在首次领用时计入"销售费用"账户处理。

【例 2-7】 2022 年 8 月，根据包装物领料单记录，立新公司仓库本月发出的全新包装物，实际成本为 11 500 元，其发出明细表如表 2-10 所示。

表 2-10　立新公司包装物发出明细表　　　　　　　　　　　　　　金额单位：元

使用部门	第一车间	第二车间	销售部门		合计
	A 产品	B 产品	C 产品	作价出售	出借	
金额	2 240	2 720	2 360	1 180	3 000	11 500

会计主管：王立新　　　　　　　　　复核：张娜　　　　　　　　　制单：李小梅

根据发出明细表及领料单，编制会计分录如下。

借：生产成本——基本生产成本——直接材料——A 产品　　　　　　　　　2 240
　　　　　　　　　　　　　　　——直接材料——B 产品　　　　　　　　　2 720
　　　　　　　　　　　　　　　——直接材料——C 产品　　　　　　　　　2 360
　　其他业务支出——出售包装物　　　　　　　　　　　　　　　　　　　　1 180
　　销售费用——包装物　　　　　　　　　　　　　　　　　　　　　　　　3 000
　　贷：周转材料——包装物　　　　　　　　　　　　　　　　　　　　　 11 500

五、低值易耗品费用的会计处理

计入当期成本费用的低值易耗品的费用金额，取决于低值易耗品的摊销方法。现行的摊销方法有一次摊销法、五五摊销法和分次摊销法三种。一次摊销法是在领用当月将低值易耗品的成本全部计入有关费用项目，报废时的残余价值当作低值易耗品摊销额的减少，冲减报废当月的有关成本费用项目；五五摊销法是在领用当月将一半的成本计入成本费用，在报废当月则将另一半的成本扣除残值后计入成本费用；分次摊销法是在预计受益期内均衡地（报废当月扣除残值后）摊入各期成本费用项目。

【例 2-8】 工贸公司对于某些单位价值较低的生产工具采用一次摊销法摊销。某月领用一批生产工具 1 500 元，其中，锅炉车间 400 元、机修车间 300 元、基本生产车间 800 元。根据以上资料，编制会计分录如下。

借：辅助生产成本——锅炉车间　　　　　　　　　　　　　　　　　　　　　400
　　　　　　　　——机修车间　　　　　　　　　　　　　　　　　　　　　300
　　制造费用——基本生产车间　　　　　　　　　　　　　　　　　　　　　　800
　　贷：周转材料——低值易耗品　　　　　　　　　　　　　　　　　　　 1 500

报废时，基本生产车间的低值易耗品有 100 元残料入库，应编制会计分录如下。

借：周转材料——低值易耗品　　　　　　　　　　　　　　　　　　　　　　100
　　贷：制造费用——基本生产车间　　　　　　　　　　　　　　　　　　　　100

【例 2-9】 工贸公司生产车间领用专用工具一批，成本为 24 000 元，该批低值易耗品采用五五摊销法进行摊销。

（1）领用时，将在库低值易耗品转入在用低值易耗品，同时摊销其价值的一半。

借：周转材料——低值易耗品——在用　　　　　　　　　　　　　　　　24 000
　　贷：周转材料——低值易耗品——在库　　　　　　　　　　　　　　24 000
借：制造费用　　　　　　　　　　　　　　　　　　　　　　　　　　　12 000
　　贷：周转材料——低值易耗品——摊销　　　　　　　　　　　　　　12 000

（2）报废时再摊销其价值的另一半，同时注销报废低值易耗品的价值及其累计摊销额。

借：制造费用　　　　　　　　　　　　　　　　　　　　　　　　　　　12 000
　　贷：周转材料——低值易耗品——摊销　　　　　　　　　　　　　　12 000

　　借：周转材料——低值易耗品——摊销　　　　　　　　　　　　　　　24 000
　　　　贷：周转材料——低值易耗品——在用　　　　　　　　　　　　　　　　24 000

低值易耗品的摊销额在产品成本中所占比重较小，没有专设成本项目。根据现行会计制度，产品生产用的低值易耗品摊销额计入"制造费用"账户，辅助生产车间低值易耗品的摊销额计入"辅助生产成本"账户，销售产品用低值易耗品的摊销额计入"销售费用"账户，厂部管理用低值易耗品的摊销额计入"管理费用"账户。已领用的低值易耗品总额，计入"周转材料"账户的贷方。

【例 2-10】 2022 年 8 月，立新公司根据当月领料单和有关资料编制"低值易耗品费用汇总表"，如表 2-11 所示。

表 2-11 立新公司低值易耗品费用汇总表

编制时间：2022 年 8 月　　　　　　　　　　　　　　　　　　　　　　　　金额单位：元

类别	数量/件	单位成本/（元/件）	总成本	用途	备注
通用工具	10	75	750	第一车间领用	当月领用，一次摊销
通用工具	20	65	1 300	第二车间领用	当月领用，一次摊销
专用工具	10	160	1 600	机修车间领用	以前领用，当月报废，残值 100 元入库，五五摊销
劳防用品	10	120	1 200	供水车间领用	当月领用，五五摊销
管理用具	20	180	3 600	厂部领用	5 月领用，分次摊销，期限半年
合计			8 450		

会计主管：赵立新　　　　　　　　　复核：张平　　　　　　　　　制单：吴安娜

根据低值易耗品费用汇总表及领料单，编制低值易耗品费用分配表，如表 2-12 所示。

表 2-12 立新公司低值易耗品费用分配表

编制时间：2022 年 8 月　　　　　　　　　　　　　　　　　　　　　　　　金额单位：元

应借账户		项目	摊销方法	摊销金额	残值	分配金额
总账	明细账					
辅助生产成本	供水车间	直接材料	五五	600		600
辅助生产成本	机修车间	直接材料	五五	800	100	700
	小计			1 400	100	1 300
管理费用		低值易耗品	分次	600		600
制造费用	第一车间	低值易耗品	一次	750		750
制造费用	第二车间	低值易耗品	一次	1 300		1 300
合计				4 050	100	3 950

会计主管：赵立新　　　　　　　　　复核：张平　　　　　　　　　制单：吴安娜

根据"低值易耗品费用分配表"及其所附的凭证资料，编制会计分录如下。

（1）借：制造费用——第一车间——材料费　　　　　　　　　　　　　　　　750
　　　　贷：周转材料——低值易耗品——在库　　　　　　　　　　　　　　　　　750
（2）借：生产成本——辅助生产成本——机修车间——直接材料　　　　　　　700

　　　　　原材料   100
　　　　　周转材料——低值易耗品——摊销   800
　　　　　贷：周转材料——低值易耗品——在用   1 600
（3）借：周转材料——低值易耗品——在用   1 200
　　　　　贷：周转材料——低值易耗品——在库   1 200
　　　借：生产成本——辅助生产成本——供水车间——直接材料   600
　　　　　贷：周转材料——低值易耗品——摊销   600
（4）借：管理费用——材料费   600
　　　　　贷：周转材料——低值易耗品——摊销   600
（5）借：制造费用——第二车间——材料费   1 300
　　　　　贷：周转材料——低值易耗品——在库   1 300

任务三　外购燃料和动力费用的归集与分配

一、外购燃料费用的分配

燃料费用的分配，具体有以下两种处理方法。

一是在燃料费用占产品成本比重较小的情况下，产品成本明细账中无须单独设置"燃料及动力"成本项目，应将燃料费用直接计入"直接材料"成本项目，或者将生产单位消耗的燃料费计入"制造费用"账户，通过"制造费用"分配后计入产品成本中的"制造费用"成本项目。存货核算中"燃料"可作为"原材料"账户的二级账户核算，燃料费用分配可在材料费用分配表中加以反映。

二是在燃料费用占产品成本比重较大的情况下，产品成本明细账中应单独设置"燃料及动力"成本项目；存货核算应增设"燃料"一级账户，燃料费用分配表应单独编制。

直接用于产品生产的燃料费用，应计入"基本生产成本"账户，车间管理消耗的燃料费用、辅助生产消耗的燃料费用、厂部进行生产经营管理消耗的燃料费用、进行产品销售消耗的燃料费用等，应分别计入"制造费用""辅助生产成本""管理费用""销售费用"等账户。已领用的燃料费用总额，应计入"燃料"账户或"原材料"账户的贷方。

几种产品共同消耗的燃料费用，一般可按产品耗用燃料的定额消耗量或定额费用标准分配，如果所耗燃料费用与各产品所耗的生产工时成正比，也可按各产品的生产工时标准分配。

燃料费用的分配程序和方法与原材料费用的相同，这里不再详细讲解。

二、外购动力费用的归集与分配

动力费用是企业在生产经营过程中消耗电、汽等形成的费用。企业消耗的动力可以通过外购取得，也可以由辅助生产部门提供。由辅助生产部门提供的动力费用分配在辅助生产费用分配项目中说明，这里仅讲解外购动力费用的会计处理。

支付外购动力费用有两种核算方法：一是在支付外购动力费用时，就按其用途和相关原始记录分配，借记有关成本、费用账户，贷记"银行存款"账户；二是通过"应付账款"账户核算，即在付款时先借记"应付账款"账户，贷记"银行存款"账户，待月末再按照外购动力的用途和相关原始记录分配，借记各成本、费用账户，贷记"应付账款"账户。

外购动力费用分配通常在月末进行，有仪表记录的应根据仪表所示耗用动力的数量、动力单价计算；没有仪表记录的可按生产工时比例、机器工时比例或定额耗用量比例分配。分配后直接由产品成本负担的动力费用，计入"燃料与动力"成本项目。

动力费用分配率＝车间动力费用总额/各种产品动力费用分配标准之和

某种产品应负担的动力费用＝该产品动力费用分配标准×动力费用分配率

直接用于产品生产的动力费用，应计入"基本生产成本"账户；直接用于辅助生产的动力费用，应计入"辅助生产成本"账户；用于车间管理的动力费用，应计入"制造费用"账户；用于厂部管理的动力费用，应计入"管理费用"账户；用于销售机构的动力费用，应计入"销售费用"账户。外购动力费用总额计入"应付账款"账户或"银行存款"账户的贷方。

动力费用较少的企业，也可以不单独设立"燃料与动力"成本项目，将生产单位消耗的动力费用直接计入"制造费用"账户，经过"制造费用"分配后计入产品成本中的"制造费用"成本项目。

【例 2-11】 工贸公司本月耗用外购电力共计 5 700 元，各部门、车间的电表记录情况：行政管理部门耗电 600 元；机修车间、供水车间耗电分别为 500 元、1 000 元；基本生产车间耗电共计 3 600 元，其中，一般照明用电 600 元，其余为生产产品用电（A_1 产品生产工时为 900 小时，A_2 产品生产工时为 600 小时）。根据上述资料编制"外购动力费用分配表"，如表 2-13 所示。

表 2-13 工贸公司外购动力费用分配表

2022 年 3 月　　　　　　　　　　　　　　　　　　金额单位：元

用途		成本项目	生产工时/小时	分配率/（元/小时）	分配金额
基本生产车间	A_1 产品	燃料及动力	900	2	1 800
	A_2 产品	燃料及动力	600		1 200
	小计		1 500		3 000
辅助生产车间	机修车间	燃料及动力			500
	供水车间	燃料及动力			1 000
	小计				1 500
基本生产车间一般耗用		燃料及动力			600
管理部门耗用		燃料及动力			600
合计			1 500		5 700

表 2-13 中，A_1 产品、A_2 产品共同耗用电费的分配如下：

分配率＝（3 600 － 600）/（900 ＋ 600）＝ 2（元/小时）

A_1 产品应分配的动力费用＝ 900×2 ＝ 1 800（元）

A_2 产品应分配的动力费用＝ 600×2 ＝ 1 200（元）

根据"外购动力费用分配表"，编制会计分录如下。

借：基本生产成本——A_1 产品　　　　　　　　　　　　　　　　　1 800
　　　　　　　　——A_2 产品　　　　　　　　　　　　　　　　　1 200
　　辅助生产成本——机修车间　　　　　　　　　　　　　　　　　　500
　　　　　　　　——供水车间　　　　　　　　　　　　　　　　　1 000
　　制造费用　　　　　　　　　　　　　　　　　　　　　　　　　　600
　　管理费用　　　　　　　　　　　　　　　　　　　　　　　　　　600

贷：应付账款　　　　　　　　　　　　　　　　　　　　　　　　　　　　　　　　5 700

【例 2-12】立新公司 2022 年 8 月底支付给电力公司电费总计 17 340 元。电表记录的各部门用电情况如表 2-14 所示。

表 2-14　立新公司用电量统计表

2022 年 8 月　　　　　　　　　　　　　　　　　　　　　　　　　　　单位：度

项目	第一车间	第二车间		供水车间	机修车间	行管部门	合计
		产品生产	车间照明				
用电量	3 250	8 200	1 330	2 150	2 800	2 670	20 400

产品生产过程中共同耗用的动力费用，采用工时比例法分配。2022 年 8 月，第二车间 B 和 C 两种产品实际消耗的生产工时分别为 1 600 小时和 2 400 小时。

根据公司用电资料和分配方法，编制"动力费用分配表"，如表 2-15 所示。

表 2-15　立新公司动力费用分配表

2022 年 8 月　　　　　　　　　　　　　　　　　　　　　　　　　金额单位：元

应借账户		成本费用项目	费用分配率/（元/度）	电力耗用量			合计
总账	明细账			实际工时/小时	分配率/（度/小时）	电表记录/度	
基本生产成本	A 产品	外购动力				3 250	2 762.5
	B 产品	外购动力		1 600		3 280	2 788.0
	C 产品	外购动力		2 400		4 920	4 182.0
	小计			4 000	2.05	8 200	6 970.0
	合计					11 450	9 732.5
辅助生产成本	供水车间	制造费用				2 150	1 827.5
	机修车间	制造费用				2 800	2 380.0
	合计					4 950	4 207.5
管理费用		电费				2 670	2 269.5
制造费用	第二车间	电费				1 330	1 130.5
总计			0.85			20 400	17 340

会计主管：赵立新　　　　　　　复核：张平　　　　　　　制单：吴安娜

电力耗用量分配率＝8 200÷4 000＝2.05（度/小时）
动力费用分配率＝17 340÷20 400＝0.85（元/度）

借：基本生产成本——A 产品——外购动力　　　　　　　　　　　2 762.5
　　　　　　　　——B 产品——外购动力　　　　　　　　　　　2 788
　　　　　　　　——C 产品——外购动力　　　　　　　　　　　4 182
　　辅助生产成本——供水车间——制造费用　　　　　　　　　　1 827.5
　　　　　　　　——机修车间——制造费用　　　　　　　　　　2 380

管理费用——电费	2 269.5
制造费用——第二车间——电费	1 130.5
贷：原材料	17 340

任务四　归集与分配职工薪酬费用

一、职工薪酬费用的组成内容及核算基础工作

职工薪酬，是指企业为获得职工提供的服务而给予其各种形式的报酬以及其他相关支出，包括职工在职期间和离职后企业提供给职工的全部货币性薪酬与非货币性福利。其中，职工是指以下三类人员：①与企业订立劳动合同的所有人员，含全职、兼职和临时职工等；②未与企业订立劳动合同，但由企业任命的管理人员，如董事会成员、监事会成员等；③为企业提供与职工类似服务的人员，如接受的劳务派遣人员。

职工薪酬包括：短期薪酬、离职后福利、辞退福利和其他长期职工福利，以及为职工配偶、子女、受赡养人、已故员工遗属和其他受益人等提供的福利。

（一）短期薪酬

短期薪酬，是指企业在职工提供相关服务的年度报告期结束后 12 个月内需要全部予以支付的职工薪酬（因解除与职工的劳动关系给予的补偿除外）。具体包括：职工工资、奖金、津贴和补贴，职工福利费，医疗保险费、工伤保险费和生育保险费等社会保险费，住房公积金，工会经费和职工教育经费，短期带薪缺勤，短期利润分享计划，非货币性福利以及其他短期薪酬。

（二）离职后福利

离职后福利，是指企业为获得职工提供的服务而在职工退休或与企业解除劳动关系后，提供的各种形式的报酬和福利，短期薪酬和辞退福利除外。

职工离职后，福利计划按照企业承担的风险和义务情况，可分为设定提存计划和设定受益计划。

（1）设定提存计划，是指在向独立基金缴存固定费用后，企业不再承担进一步支付义务的离职后福利计划，包括基本养老保险、补充养老保险（企业年金）、失业保险等。

（2）设定受益计划，是指除设定提存计划以外的离职后福利计划，如企业承担的补充养老保险等。

（三）辞退福利

辞退福利，是指企业在职工劳动合同到期之前解除与职工的劳动合同关系，或者为鼓励职工自愿接受裁减而给予职工的补偿（包括"内退"，在正式退休日期之前比照辞退福利处理）。

对劳动合同期满终止固定期限合同依法支付的经济补偿，可比照辞退福利处理。

（四）其他长期职工福利

其他长期职工福利，是指除短期薪酬、离职后福利、辞退福利以外的其他所有职工福利，包括长期带薪缺勤、长期残疾福利、其他长期服务福利、长期利润分享计划和长期奖金计划等。

二、职工薪酬费用的原始记录

职工薪酬中的很多项目是按工资总额的一定比例计提的，因此其关键是工资计算，而工资计算

离不开相关的原始资料，健全的原始记录是职工薪酬费用会计核算的前提，这些记录主要有考勤记录、产量和工时记录等。

(一) 考勤记录

考勤记录是反映职工出勤和缺勤情况的原始记录，按照考勤制度的要求设置并逐日逐人登记，是分析和考核职工工作时间利用情况的原始记录，也是计算职工工资的重要原始资料。考勤记录是计算计时工资的依据，企业的各级生产组织都要设置考勤记录，逐日逐人对职工的出勤、缺勤（工伤、事假、病假等）、迟到、早退等情况进行记录，月终根据考勤记录统计每个职工的月度出缺勤情况，并以此为依据计算职工的当月工资额。

(二) 产量和工时记录

产量和工时记录是登记各个生产组织或生产工人出勤时间内完成的产量及耗用工时的原始记录。产量和工时记录是很多费用分配的依据，也是计算计件工资的依据。企业应根据生产类型和劳动组织特点，分车间、班组或个人登记产量及工时，月终根据这些记录资料计算工资额。

三、职工薪酬费用的归集

(一) 工资费用的计算

工资是指企业支付给职工的基本劳动报酬。工资费用的计算是企业人工费用归集与分配的基础，也是企业与职工之间进行工资结算的依据。根据常用的工资结算制度，企业工资的计算通常包括计时工资和计件工资两种。

除计时工资和计件工资外，作为工资总额构成内容的各种奖金、津贴和补贴、加班加点工资和特殊情况下支付的工资，按照国家有关规定和企业内部管理制度计算确定。而作为职工薪酬费用重要组成部分的职工福利费、社会保险费、住房公积金、工会经费、职工教育经费等，也应该按照国家统一规定和企业内部管理制度进行计算。

1. 计时工资的计算

计时工资，是指企业以职工工资级别规定的计时工资标准为基础，按其实际参加劳动的时间计算支付给职工的劳动报酬。计时工资的计算以考勤记录为主要依据。计时工资标准是按每个职工从事的工作岗位及其技术熟练程度确定的，在单位工作时间内应得的工资额。

计时工资标准一般有月薪制和日薪制两种，特殊情况还有小时工资制。日薪制和小时工资制计算简单，即用实际工作时间乘以工资标准，本教材不做详细讲解。月薪制计算方法具体有两种：一是缺勤法，即按月标准工资扣减缺勤工资，计算计时工资；二是出勤法，即按出勤天数换算的日工资率计算计时工资。计算方法一经确定，便不得随意变更。

我国法律规定年标准工作日为 250 天，即一年 365 天减去 52 周的双休日 104 天，再减去法定假日 11 天。月标准工作日为 20.83 天，即 250 天除以 12 个月。法定节假日属带薪假日，即月工资折算为日工资时不剔除 11 天法定节假日。

$$日工资 = 月工资 \div 月计薪天数$$
$$月计薪天数 = (365 - 104) \div 12 = 21.75（天）$$

(1) 缺勤法下应付计时工资的计算公式。

$$月应付工资 = 月标准工资 - 事假天数 \times 日工资率 - 病假天数 \times 日工资率 \times 病假扣款率$$

(2) 出勤法下应付计时工资的计算公式。

$$月应付工资 = 出勤天数 \times 日工资率 + 病假天数 \times 日工资率 \times (1 - 病假扣款率)$$

【例 2-13】 职工王某的月工资标准为 10 875 元，另外本月随工资发放的各种奖金、津贴、补贴共计 600 元。4 月，王某出勤情况为病假 3 天、事假 2 天、双休日 9 天、法定假日 1 天。根据王某的工龄，其病假工资支付比率按工资标准的70%计算。根据以上资料，计算王某4月的应付工资。

（1）按缺勤法计算。

日工资率＝10 875÷21.75＝500（元／天）

应扣缺勤事假工资＝2×500＝1 000（元）

应扣缺勤病假工资＝3×500×（1－70%）＝450（元）

应付工资＝10 875＋600－1 000－450＝10 025（元）

（2）按出勤法计算，该月王立新出勤16（30－9－3－2）天。

日工资率＝10 875÷21.75＝500（元／天）

应算出勤工资＝16×500＝8 000（元）

应算病假工资＝3×500×70%＝1 050（元）

应付工资＝8 000＋1 050＋600＝9 650（元）

课堂讨论

什么情况下按缺勤法计算的工资比按出勤法计算的工资高，什么情况下按缺勤法计算的工资比按出勤法计算的工资低，为什么？

另外，固定每月按30天计算月计薪天数：日工资＝月标准工资÷30天。固定每月按照30天计算月计薪天数，出勤期间的节假日按出勤计算，缺勤期间的节假日按缺勤计算。

【例2-14】 职工刘某的月标准工资为8 400元。8月刘某出勤情况为病假2天、事假4天、双休日10天、出勤15天，病假工资按工资标准的90%计算，刘某的病事假期间没有节假日。该企业固定每月按照30天计算月计薪天数，计算刘某8月的工资。

（1）按缺勤天数扣月工资。

日工资率＝8 400÷30＝280（元）

应扣缺勤病假工资＝280×2×（1－90%）＝56（元）

应扣缺勤事假工资＝280×4＝1 120（元）

应付工资＝8 400－56－1 120＝7 224（元）

（2）按出勤天数算月工资。

日工资率＝8 400÷30＝280（元）

应算出勤工资＝280×25＝7 000（元）

应算病假工资＝280×2×90%＝504（元）

应付工资＝7 000＋504＝7 504（元）

注意：在按30天计算日工资率时，节假日也算工资；按21.75天计算日工资率时，节假日不算工资。因此，在按30天计算日工资率的企业中，由于节假日也算工资，出勤期间的节假日按出勤日算工资，事假、病假等缺勤期间的节假日按缺勤日扣工资。在按21.75天计算日工资率的企业中，节假日不算，不扣工资。

2．计件工资的计算

计件工资，是指依据劳动定额预先规定的计件单价和职工完成的工作量计算支付给职工的劳动报酬。计件单价，是指完成单位工作量应得的工资额。

$$应付计件工资＝\sum（合格品数量＋废品数量）\times 该种产品的计件单价$$

废品有工废品和料废品两种。在计算工资时，料废品要支付工资，而工废品则不再支付工资。

一般产品的计件单价是根据工人生产单位产品的工时定额乘以该级别工人的小时工资率得出的。也可以不按级别，所有人执行统一的单件产品计件价格。

【例2-15】 一车间工人陈某为四级工，月标准工资为8 700元。其5月完成的合格品产量分别为A产品150件、B产品100件。A、B产品的工时定额分别为0.5小时／件、1小时／件。试计算5月应付陈某的计件工资。

陈某的小时工资率＝8 700÷（21.75×8）＝50（元／小时）

A产品计件单价＝50×0.5＝25（元／件）

B产品计件单价＝50×1＝50（元／件）

应付计件工资＝150×25＋100×50＝8 750（元）

3．加班加点工资、奖金、津贴和补贴以及特殊情况下支付的工资的计算

（1）加班加点工资，是指按加班加点的工资标准及职工的加班加点工作时间计算支付给职工的工资。

加班，是指在法定休息时间（包括双休日和节假日）工作；加点，是指在法定工作时间（8小时外）工作。按照规定，加点按照工资标准的150%支付加点工资；双休日加班按照工资标准的200%支付加班工资；法定假日加班，按照工资标准的300%支付加班工资。

（2）奖金，是指支付给职工超额劳动的报酬和增收节支的奖励，包括生产奖、节约奖、劳动竞赛奖、年终奖和其他经常性奖等内容。

（3）津贴和补贴，是指为补偿特殊或额外劳动消耗支付给职工的报酬，以及为保证职工的工资水平不受物价上涨影响支付给职工的物价补贴。如岗位津贴、特殊工种（高温、高空、高山、有毒、有害、井下、野外、远航等）津贴、伙食津贴、冬煤补贴等。

（4）特殊情况下支付的工资，是指对职工的非劳动时间支付的工资，主要包括职工工伤假、婚丧假、探亲假、产假、计划生育假等期间支付的工资，以及职工外出学习、参观、进修、考察、开会等期间支付的工资。病假按病假长短和工龄长短，分别按一定的比例支付。

应发工资＝应付计件工资＋应付计时工资＋奖金＋津贴补贴＋加班加点工资＋特殊情况下支付的工资

实发工资＝应发工资－代扣款项

作为职工薪酬费用重要组成部分的职工福利费、社会保险费、住房公积金、工会经费、职工教育经费等，也应该按照国家统一规定和企业内部管理制度计算。这部分内容在财务会计专业课程会进行详细讲解，这里不再讲述。

（二）工资费用的结算

要正确归集职工薪酬，先要进行工资费用的结算，即正确计算职工工资，核算和监督企业与职工之间的工资结算情况。工资费用的结算是企业与职工之间进行的以工资费用为主的有关款项与代扣款项的结算。工资费用结算一般按月进行，包括应付职工工资的计算、各种非工资性津贴的计算、代扣款项的计算以及实发金额的计算与发放等内容。

工资费用的结算，是通过工资结算单和工资结算汇总表进行的。

1．工资结算单

工资结算单是以职工个人为单位，按工资内容构成进行计算，并据以向每个职工发放工资和津贴的原始凭证，是企业工资结算必不可少的原始记录，经职工签收后又成为领取工资的原始凭证。每到工资结算期，工资核算员应根据考勤记录、产量和工时记录，以及应发的非工资性津贴和有关扣款等资料，根据职工的工资标准分别计算出职工的应得工资和实发金额。工资结算单也是企业编制"工资结算汇总表"的依据。"工资结算单"的格式如表2-16所示。

表 2-16 立新公司工资结算单

车间或部门：第一车间　　　　　　　　　2022 年 8 月　　　　　　　　　金额单位：元

编号	姓名	应付工资							代发福利费			代扣款			实发金额
		基本工资	加班工资	奖金	津贴补贴	病假扣款	事假扣款	应发合计	交通补贴	……	合计	医疗保险	……	合计	
1	王立新	8 500	1 500	1 800	1 200	450		12 550	900	…	900	210	…	210	13 240
2	张平	7 450	1 860	1 800	1 060		300	11 870	400		400	180	…	180	12 090
3	李小梅	9 210		1 800	500			11 510	700		700	230		230	11 980
4	吴安娜	7 800	1 640	1 800	500	180	360	11 200	800		800	200		200	11 800
…															
	合计	213 450	21 000	45 000	30 540	9 860	6 500	293 630	18 600	…	18 600	8 530	…	8 530	303 700

会计主管：赵立新　　　　　　　复核：刘小雪　　　　　　　制单：刘英

2．工资结算汇总表

为了全面反映企业工资结算情况，便于会计核算，需要进行工资费用的归集。归集时将按单位和部门编制的工资结算单汇总，编制"工资结算汇总表"。"工资结算汇总表"是以单位和部门编制的工资结算单为依据汇总的核算资料，是工资结算总分类核算的依据，也是企业进行工资费用分配的依据。"工资结算汇总表"的一般格式如表 2-17 所示。

表 2-17 立新公司工资结算汇总表

2022 年 8 月　　　　　　　　　金额单位：元

车间或部门	应付工资							非工资津贴			代扣款			实发金额
	基本工资	加班工资	奖金	津贴补贴	病假扣款	事假扣款	应发合计	交通补贴	……	合计	医疗保险	……	合计	
第一车间	213 450	21 000	45 000	30 540	9 860	6 500	293 630	18 600	…	18 600	8 530	…	8 530	303 700
生产工人	178 310	19 500	42 000	25 300	6 500	3 250	255 360	13 500	…	13 500	6 520	…	6 520	262 340
管理人员	35 140	1 500	3 000	5 240	3 360	3 250	38 270	5 100	…	5 100	2 010	…	2 010	41 360
第二车间	172 530	20 600	23 200	17 090	7 320	3 360	222 740	13 200	…	13 200	8 710	…	8 710	227 230
生产工人	140 280	18 600	20 980	13 820	6 320	3 360	184 000	9 800	…	9 800	6 880	…	6 880	186 920
管理人员	32 250	2 000	2 220	3 270	1 000		38 740	3 400	…	3 400	1 830	…	1 830	40 310
辅助车间	116 100	15 590	30 100	16 610	7 500	7 500	163 400	5 300	…	5 300	3 450	…	3 450	165 250
供水车间	63 600	8 330	18 000	8 970	4 630	5 300	88 970	3 200	…	3 200	1 920	…	1 920	90 250

续表

车间或部门	应付工资							非工资津贴			代扣款			实发金额
	基本工资	加班工资	奖金	津贴补贴	病假扣款	事假扣款	应发合计	交通补贴	……	合计	医疗保险	……	合计	
机修车间	52 500	7 260	12 100	7 640	2 870	2 200	74 430	2 100		2 100	1 530		1 530	75 000
管理部门	73 640		25 000	12 500	2 570	1 500	107 070	7 210		7 210	1 940		1 940	112 340
福利部门	38 400	6 350	6 600	8 660		3 680	56 330	3 000		3 000	1 850		1 850	57 480
外借人员	12 000						12 000				1 500		1 500	10 500
合计	626 120	63 540	129 900	85 400	27 250	22 540	855 170	47 310		47 310	25 980		25 980	876 500

会计主管：赵立斯　　　　　　　复核：刘小雪　　　　　　　制单：刘英

四、职工薪酬费用的分配

职工薪酬计入产品成本的方法有两种：一是只生产一种产品的生产单位，生产工人的职工薪酬费用属于直接计入费用，直接计入产品成本的"直接人工"成本项目；二是同时生产几种产品的生产单位，生产工人的职工薪酬费用属于间接计入费用，需通过分配计入各受益产品的"直接人工"成本项目。

对职工薪酬费用进行分配通常采用工时比例分配法。工时比例分配法，是指以生产工时为分配标准，将归集的职工薪酬费用分配到各种产品成本中。在这种方法下，生产工时是分配基础，一般把实际生产工时或定额工时作为标准分配。以实际工时为分配标准可将费用分配与劳动生产率相联系，因而分配结果比较合理；在取得实际工时比较困难时，也可以按产品生产的定额工时分配职工薪酬费用。其计算公式如下：

工资费用分配率＝待分配实际工资费用总额／各产品生产工时总数

某产品应负担的实际工资费用＝该产品耗用的生产工时数×工资分配率

【例 2-16】　工贸公司生产甲、乙两种产品，采用计时工资，共计 50 000 元。甲、乙两种产品的生产工时分别为 2 000 小时和 8 000 小时，按生产工时比例分配工资费用。

工资费用分配率＝50 000／（2 000＋8 000）＝5（元／小时）

甲产品应分配的工资费用＝2 000×5＝10 000（元）

乙产品应分配的工资费用＝8 000×5＝40 000（元）

【例 2-17】　工贸公司的基本生产车间生产 A、B、C 三种产品，工时定额分别为 A 产品 15 分钟／件、B 产品 18 分钟／件、C 产品 12 分钟／件；本月产量分别为 A 产品 140 000 件、B 产品 100 000 件、C 产品 135 000 件。本月该企业工资总额分别为基本生产车间工人计时工资 2 300 000 元，管理人员工资 300 000 元。要求：按定额工时比例分配法将基本生产车间工人工资分别在 A、B、C 三种产品间分配。

A 产品定额工时＝15／60×140 000＝35 000（小时）

B 产品定额工时＝18/60×100 000＝30 000（小时）

C 产品定额工时＝12/60×135 000＝27 000（小时）

工资费用分配率＝2 300 000／（35 000＋30 000＋27 000）＝25（元／小时）

A 产品应分配的工资费用＝25×35 000＝875 000（元）
B 产品应分配的工资费用＝25×30 000＝750 000（元）
C 产品应分配的工资费用＝25×27 000＝675 000（元）

在实际工作中，职工薪酬费用的分配是通过职工"工资费用分配汇总表"完成的，其格式如表 2-18 所示。

表 2-18　立新公司工资费用分配汇总表

2022 年 8 月　　　　　　　　　　　　　　　　　　　　　　　金额单位：元

应借账户		成本费用项目	工时/小时	分配率/（元/小时）	金额
总账	明细账				
基本生产成本	A 产品	直接人工			255 360
	B 产品	直接人工	1 600		7 360
	C 产品	直接人工	2 400		11 040
	小计		4 000	4.6	18 400
辅助生产成本	供水车间	直接人工			88 970
	机修车间	直接人工			74 430
	小计				163 400
制造费用	第一车间	职工薪酬			38 270
	第二车间	职工薪酬			38 740
管理费用		职工薪酬			175 400
	合计				855 170

会计主管：赵立新　　　　　　　　复核：张平　　　　　　　　制单：吴安娜

根据"工资费用分配汇总表"及所附的凭证资料，编制会计分录如下。

借：生产成本——基本生产成本——A 产品——直接人工　　　255 360
　　　　　　　　　　　　　　　——B 产品——直接人工　　　7 360
　　　　　　　　　　　　　　　——C 产品——直接人工　　　11 040
　　　　辅助生产成本——供水车间——直接人工　　　　　　　88 970
　　　　　　　　　　——机修车间——直接人工　　　　　　　74 430
　　管理费用　　　　　　　　　　　　　　　　　　　　　　　175 400
　　制造费用——第一车间——职工薪酬　　　　　　　　　　　38 270
　　　　　——第二车间——职工薪酬　　　　　　　　　　　　38 740
　　贷：应付职工薪酬——工资　　　　　　　　　　　　　　　855 170

五、应付职工薪酬分配的账务处理

设置"应付职工薪酬"账户。本账户按工资、职工福利、社会保险费、住房公积金、工会经费、职工教育经费、非货币性福利、辞退福利、股份支付、特殊工种保险、设定提存计划、设定受益计划、离职后福利、其他短期薪酬、其他长期职工福利等明细账户核算。在职工为企业提供服务的会计期间，应据职工提供服务的受益对象将应确认的职工薪酬计入相关资产成本或当期损益，同时确认应付职工薪酬。国家规定了计提基础和比例的薪酬项目，应按规定标准计量企业承担的职工薪酬、义务和计入成本费用的职工薪酬。

直接从事产品生产人员的各种职工薪酬费用，计入"基本生产成本"账户；从事辅助生产人员的职工薪酬费用，计入"辅助生产成本"账户；基本生产车间管理人员的职工薪酬费用，计入"制造费用"账户；企业行政部门管理人员的职工薪酬费用，计入"管理费用"账户；专设销售机构人员的职工薪酬费用，计入"销售费用"账户；从事研发人员的职工薪酬费用，计入"研发支出"账户。从事在建工程人员的职工薪酬费用，计入"在建工程"账户。

辞退福利和长期病假人员的职工薪酬全部计入"管理费用"账户。长期病假人员指病假在6个月以上的人员。

任务五　归集与分配其他要素费用

一、折旧费用的归集与分配

固定资产在长期使用过程中虽然保持其实物形态不变，但是其价值会随着损耗逐渐减少，因损耗而减少的价值就是折旧。因此，企业固定资产在使用过程中发生的耗费，必须计入相关的成本费用。企业应该根据自身特点和固定资产的性质，选择适合企业的折旧方法。可供企业选用的折旧方法有平均年限法、工作量法、双倍余额递减法和年数总和法，折旧方法一经选定，不得随意变动。这部分内容财务会计专业课程会进行详细讲解，这里不再详细讲解。

想一想： 1.固定资产折旧额的大小取决于哪几个因素？

2.各种折旧方法有何特点，又是如何确定其折旧金额的？

因为一种产品的生产往往要使用多种机器设备，而每种机器设备又生产多种产品，所以机器设备的折旧费用虽然属于产品直接生产的费用，但分配工作比较复杂，通常在将这种耗费计入各有关产品的成本和费用时，先按使用单位进行归集，然后采用一定的方法分配计入各有关产品的成本和费用。折旧费用的归集通常采用"固定资产折旧计算表"的形式进行，而折旧费用的分配则是通过"固定资产折旧费用分配表"完成。为简化核算工作，也可以将两者结合起来，组成"固定资产折旧费用计算分配表"。

企业应当按月编制"固定资产折旧费用计算分配表"，对固定资产折旧的计提，可以以月初可提取折旧的固定资产账面原值为依据。当月增加的固定资产，当月不计提折旧，从下月起计提折旧；当月减少或者停用的固定资产，当月仍计提折旧，从下月起停止计提折旧。因此，企业在各月计算提取折旧时，可以在上月计提折旧的基础上，对上月固定资产的增减情况进行调整后再计算当月应计提的折旧额，即

当月固定资产应计提的折旧额＝上月固定资产计提的折旧额＋上月增加固定资产应计提的折旧额－上月减少固定资产应计提的折旧额

企业的折旧费用，应当根据固定资产的用途和使用地点，分别计入相关资产成本和当期费用。一般而言，企业基本生产车间使用的固定资产计提的折旧额，应计入"制造费用"账户；辅助生产车间使用的固定资产计提的折旧额，应计入"辅助生产成本"账户；企业管理部门使用的固定资产计提的折旧额，应计入"管理费用"账户；企业销售部门使用的固定资产计提的折旧额，应计入"销售费用"账户；企业经营租赁方式租出的固定资产计提的折旧额，应计入"其他业务成本"账户。

全部折旧额为固定资产价值的减少，应计入"累计折旧"账户。

"固定资产折旧费用计算分配表"如表2-19所示。

表2-19　立新公司固定资产折旧费用计算分配表

2022年8月　　　　　　　　　　　　　　　　　　　金额单位：元

应借账户		上月折旧额	上月增加折旧额	上月减少折旧额	本月应计折旧额
总账	明细账				
制造费用	第一车间	3 800	163.68		3 963.68
	第二车间	4 000	133.14		4 133.14
辅助生产成本	供水车间	2 600		163.08	2 436.92
	机修车间	4 000	166.98		4 166.98
管理费用	折旧额	5 123.14		200	4 923.14
合计					19 623.86

根据表2-19，编制会计分录如下。

借：辅助生产成本——供水车间——折旧额　　　　　　　　　　2 436.92
　　　　　　　　——机修车间——折旧额　　　　　　　　　　4 166.98
　　管理费用　　　　　　　　　　　　　　　　　　　　　　　4 923.14
　　制造费用——第一车间——折旧额　　　　　　　　　　　　3 963.68
　　　　　　——第二车间——折旧额　　　　　　　　　　　　4 133.14
　贷：累计折旧　　　　　　　　　　　　　　　　　　　　　　19 623.86

二、维修费用的归集与分配

维修费用是为保证固定资产的正常运转，充分发挥其使用效能而对其进行必要维护发生的耗费，是固定资产维护过程中发生的人力、物力与财力消耗的总和。

（一）经常性修理费用

经常性修理是生产单位为维持固定资产正常工作状态的修理。经常性修理每次修理的范围和规模较小，修理费用较低、修理次数频繁。因此，经常性修理费用一般都是作为当期损耗直接计入"管理费用"账户。

（二）大修理费用的核算

大修理是为恢复固定资产原生产能力的修理，在固定资产整个使用期内大修理次数较少，每次修理的范围和规模较大且支出费用较高。通常，固定资产大修理发生的时间间隔都在一年以上，发生大修理费用时，借记"长期待摊费用"账户，贷记"银行存款"账户等；摊销时，借记"管理费用"账户，贷记"长期待摊费用"账户。

【例2-18】　工贸公司有10辆汽车，2022年3月企业进行两年一次的大修理，花费大修理费用3 600 000元，以银行存款支付。修理费用按月摊销，两年摊完。

每月应摊销大修理费用＝3 600 000÷（2×12）＝150 000（元）

发生大修理费用时：

借：长期待摊费用——大修理费用　　　　　　　　　　　　　　3 600 000
　贷：银行存款　　　　　　　　　　　　　　　　　　　　　　3 600 000

每月摊销时：

借：管理费用 150 000
　　贷：长期待摊费用——大修理费用 150 000

三、无形资产的摊销归集与分配

按现行企业会计准则规定，除使用寿命不确定的无形资产不应该摊销外，其他无形资产都应计摊销额，并自取得之日起在预计可使用年限内，采用合理方法摊销。

计算分配无形资产摊销额是通过编制"无形资产价值摊销分配表"进行的。月末，首先根据无形资产明细资料或汇总表编制"无形资产价值摊销分配表"，再根据该表将本月摊销的各项无形资产价值分别计入有关的"基本生产成本""制造费用""管理费用"账户。

【例 2-19】 2022 年 8 月，工贸公司各项无形资产价值摊销如表 2-20 所示。

表 2-20　无形资产价值摊销分配表　　　　　　　金额单位：元

类别和名称	初始成本	取得日期	终止日期	年摊销额	月摊销额	备注
专利技术	3 600 000	2022-01-05	2025-01-04	1 200 000	100 000	A 产品专用
土地使用权	60 000 000	2022-01-01	2041-12-31	3 000 000	250 000	
合计						

根据表 2-20，编制会计分录如下。
借：基本生产成本 100 000
　　管理费用 250 000
　　贷：制造费用——无形资产——专利技术 100 000
　　　　　　　　　　　　　　——土地使用权 250 000

四、其他要素费用归集与分配

其他费用，是指除上述各项费用之外的其他费用支出，如差旅费、保险费、水电费、办公费、运输费、排污费、职工技术培训费、图书报纸杂志费等。这些费用有的是产品成本的组成部分，有的则属于期间费用。其他要素费用在发生时，按照发生的时间、地点和经济用途归集到相应的成本费用计算对象中。归属于产品成本组成部分的其他费用，由于数额较小，不专设成本项目，而是直接根据有关的付款凭证，按照费用的用途归类。

【例 2-20】 2022 年 8 月，工贸公司以银行存款支付半年报刊订阅费 18 000 元。其中，车间应负担 5 000 元，企业管理部门应负担 13 000 元。
借：管理费用 13 000
　　制造费用 5 000
　　贷：银行存款 18 000

【例 2-21】 2022 年 8 月 10 日，工贸公司以银行存款支付车间设备租金 60 000 元。
借：制造费用 60 000
　　贷：银行存款 60 000

【例 2-22】 总经理张某于 8 月 28 日出差归来，报销差旅费 4 000 元，借款余额 1 000 元以现金交回。
借：管理费用 4 000
　　库存现金 1 000

贷：其他应收款——张某　　　　　　　　　　　　　　　　　　　5 000

【例 2-23】 某企业就一项产品的设计方案向有关专家咨询，以银行存款支付咨询费 30 000 元。

借：管理费用——咨询费　　　　　　　　　　　　　　　　　　30 000
　　贷：银行存款　　　　　　　　　　　　　　　　　　　　　　　30 000

【例 2-24】 工贸有限公司于 2022 年 8 月 5 日以现金支票 10 000 元支付本月产品广告费。

借：销售费用　　　　　　　　　　　　　　　　　　　　　　　　10 000
　　贷：银行存款　　　　　　　　　　　　　　　　　　　　　　　10 000

【例 2-25】 某企业于 2022 年 8 月 1 日向银行借入生产经营用短期借款 360 000 元，期限 6 个月，年利率 5%，该借款本金到期后一次性归还，利息分月预提，按季支付。假定所有利息均不符合利息资本化条件。有关利息支出的会计处理如下。

8 月末，预提当月应计利息：360 000×5%/12 = 1 500（元）

借：财务费用　　　　　　　　　　　　　　　　　　　　　　　　 1 500
　　贷：应付利息　　　　　　　　　　　　　　　　　　　　　　　 1 500

【例 2-26】 企业购买材料采用银行承兑汇票结算，支付银行承兑汇票手续费 2 000 元。

借：财务费用　　　　　　　　　　　　　　　　　　　　　　　　 2 000
　　贷：银行存款　　　　　　　　　　　　　　　　　　　　　　　 2 000

项目小结

本项目主要介绍了要素费用的归集与分配，材料费用的归集与分配，外购燃料和动力费用的归集与分配，归集与分配职工薪酬费用，归集与分配其他要素费用。

无论是外购的，还是自制的，当发生材料、燃料和动力等各项要素费用时，直接用于产品生产、构成产品实体的材料、燃料和动力，一般能分产品领用的，都应根据领退料凭证直接计入相应产品成本的"直接材料"项目。不能分产品领用的，都需要采用适当的分配方法，分配计入各相关产品成本的"直接材料"成本项目。在消耗定额比较准确的情况下，原材料、燃料也可按照产品的材料定额消耗量比例或材料定额费用比例进行分配。职工薪酬是企业在生产产品或提供劳务活动过程中发生的各种直接人工费用和间接人工费用的总和，一般按车间、部门分别填制，是职工薪酬分配的依据。直接进行产品生产的工人的薪酬，直接计入产品成本的"直接人工"成本项目，而不能直接计入产品成本的"职工薪酬"，按工时、产品产量、产值比例等方式进行合理分配，计入各有关产品成本的"直接人工"项目。如果取得各种产品的实际生产工时数据比较困难，而各种产品的单件工时定额比较准确，则可按产品的定额工时比例分配职工薪酬。

复习与训练

一、单项选择题

1. 下列各项中，属于直接生产费用的是（　　）。

　A. 生产车间厂房的折旧费　　　　　　B. 产品生产专用设备的折旧费
　C. 企业行政管理部门固定资产的折旧费　D. 生产车间的办公费用

2. 基本生产车间应负担照明电费 5 000 元，应计入（　　）账户。
A. "基本生产成本"　　　　　　　　　　B. "制造费用"
C. "辅助生产成本"　　　　　　　　　　D. "管理费用"
3. 企业为生产产品发生的原料及主要材料的耗费，应通过（　　）账户核算。
A. "基本生产成本"　　　　　　　　　　B. "辅助生产成本"
C. "管理费用"　　　　　　　　　　　　D. "制造费用"
4. 用来核算企业为生产产品发生的各项间接费用的账户是（　　）。
A. "基本生产成本"账户　　　　　　　　B. "制造费用"账户
C. "管理费用"账户　　　　　　　　　　D. "销售费用"账户
5. "基本生产成本"账户月末借方余额表示（　　）。
A. 本期发生的生产费用　　　　　　　　B. 完工产品成本
C. 月末在产品成本　　　　　　　　　　D. 累计发生的生产费用
6. 核算职工的应得计件工资，主要依据（　　）的记录。
A. 工资卡片　　　B. 考勤　　　C. 产量工时　　　D. 工资单
7. 某职工 5 月病假 3 天、事假 2 天、出勤 17 天、双休日 9 天。若日工资率按 30 天计算，按出勤日数计算月工资，则该职工应得出勤工资按（　　）天计算。
A. 17　　　　　　B. 20　　　　　　C. 23　　　　　　D. 26

二、多项选择题

1. 应计入产品成本的各种材料费用，按其用途分配，应计入的账户有（　　）。
A. "管理费用"账户　　　　　　　　　　B. "基本生产成本"账户
C. "制造费用"账户　　　　　　　　　　D. "财务费用"账户
2. 要素费用中的税金包括（　　）。
A. 房产税　　　　B. 增值税　　　　C. 印花税　　　　D. 所得税
3. 下列支出在发生时被直接确认为当期费用的是（　　）。
A. 行政人员工资　　　　　　　　　　　B. 支付的本期广告费
C. 预借差旅费　　　　　　　　　　　　D. 固定资产折旧费
4. "财务费用"账户核算的内容包括（　　）。
A. 财会人员工资　　　　　　　　　　　B. 利息支出
C. 汇兑损益　　　　　　　　　　　　　D. 财务人员业务培训费
5. 计提固定资产折旧，应借记的账户可能是（　　）。
A. "基本生产成本"账户　　　　　　　　B. "辅助生产成本"账户
C. "制造费用"账户　　　　　　　　　　D. "固定资产"账户
6. 用于几种产品生产的共同耗用材料费用的分配，常用的分配标准有（　　）。
A. 工时定额　　　　　　　　　　　　　B. 生产工人工资
C. 材料定额费用　　　　　　　　　　　D. 材料定额消耗量
7. 根据有关规定，下列不属于工资总额内容的是（　　）。
A. 退休金　　　　　　　　　　　　　　B. 差旅费
C. 福利人员工资　　　　　　　　　　　D. 长病假人员工资
8. 职工的计件工资，可能计入（　　）账户借方。
A. "基本生产成本"　　　　　　　　　　B. "辅助生产成本"
C. "制造费用"　　　　　　　　　　　　D. "管理费用"

9. 下列固定资产中，折旧额应作为产品成本构成内容的是（　　）。
   A. 生产车间房屋　　　　　　　　B. 企业管理部门房屋
   C. 生产用设备　　　　　　　　　D. 专设销售机构用卡车
10. 以下各账户归集的支出，最终可能应由产品成本负担的是（　　）。
    A. "辅助生产成本"账户　　　　　B. "制造费用"账户
    C. "待摊费用"账户　　　　　　　D. "预提费用"账户

三、判断题

1. 一个要素费用按经济用途可能计入几个成本项目，一个成本项目可以归集同一经济用途的几个要素费用。（　　）
2. 预提费用是指企业预先支出但应由本期和以后各期分别负担的费用。（　　）
3. 基本生产车间发生的各种费用均应直接计入"基本生产成本"账户。（　　）
4. 企业固定资产折旧费应全部计入产品成本。（　　）
5. 不设"燃料及动力"成本项目的企业，其生产消耗的燃料可计入"直接材料"成本项目。（　　）
6. 凡是发放给企业职工的货币，均作为工资总额的组成部分。（　　）
7. 计件工资只能按职工完成的合格品数量乘以计件单价计算发放。（　　）
8. 职工福利费应按实发工资的14%计算提取。（　　）

四、实务操作题

（一）练习材料费用的分配

资料：2022年7月，工贸公司生产的甲、乙两种产品共同耗用A、B两种原材料，耗用量无法按产品直接划分，具体资料如下。

1. 甲产品投产400件，原材料消耗定额为A材料8千克/件、B材料3千克/件。
2. 乙产品投产200件，原材料消耗定额为A材料5千克/件、B材料4千克/件。
3. 甲、乙两种产品实际消耗总量为A材料4 116千克、B材料2 060千克。
4. 材料实际单价为A材料8元/千克、B材料6元/千克。

要求：根据定额消耗量的比例，分配甲、乙两种产品原材料费用，填入表2-21，并编制相应会计分录。

表2-21　原材料费用分配表

2022年7月　　　　　　　　　　　　　　　　　　金额单位：元

原材料		A材料	B材料	原材料实际成本
甲产品投产（　）件	耗用定额/（千克/件）			
	定额耗用量/千克			
乙产品投产（　）件	耗用定额/（千克/件）			
	定额耗用量/千克			
定额耗用总量/千克				
实际耗用总量/千克				
耗用量分配率/（千克/件）				
实际耗用量的分配	甲产品			
	乙产品			
原材料实际单位成本				

续表

原材料		A 材料	B 材料	原材料实际成本
原材料费用	甲产品			
	乙产品			
	合计			

（二）练习材料费用、人工费用的分配

资料：工贸公司有两个基本生产车间和一个供电车间、一个机修车间。第一车间生产 A 产品和 B 产品，第二车间生产 C 产品。

1. 耗用材料的分配。

（1）2022 年 7 月，公司材料成本差异率为 4%（包括燃料）。

（2）第一车间 A、B 两种产品共同耗用原材料按定额费用的比例分配，共同耗用燃料按 A、B 两种产品的产量比例分配（原材料、燃料耗用情况见表 2-22、表 2-23）。两种产品的产量及定额资料为 A 产品产量 1 000 件，原材料单件消耗定额 30 元 / 件；B 产品产量 1 400 件，原材料单件消耗定额 25 元 / 件。

2. 人工费用的资料。

（1）公司 2022 年 7 月各车间、部门的工资费用汇总表见表 2-24。

（2）第一车间生产工人的工资及福利费，按 A、B 两种产品的生产工时分配，A 产品的生产工时为 28 000 小时，B 产品的生产工时为 30 000 小时；第二车间只生产 C 产品，所以其生产工人的工资及福利费全部计入 C 产品的成本（假设职工福利费发生额是工资额的 14%）。

表 2-22　原材料耗用汇总表

2022 年 7 月　　　　　　　　　　　　　　　　金额单位：元

领料车间、部门	用途	计划成本
第一车间	制造 A 产品	39 000
	制造 B 产品	31 000
	制造 A、B 产品共同耗用	78 000
	机器设备维修用	2 600
	劳动保护用	800
	一般性消耗	1 600
第二车间	制造 C 产品	46 000
	机器设备维修用	1 300
	劳动保护用	730
	一般性消耗	1 100
供电车间	生产用	12 000
机修车间	生产用	13 500
企业管理部门	固定资产经常维修用	900
合计		228 530

表 2-23　燃料耗用汇总表
2022 年 7 月　　　　　　　　　　　金额单位：元

领料车间	用途	计划成本
第一车间	制造 A、B 产品共同耗用	9 600
第二车间	制造 C 产品	6 800
合计		16 400

表 2-24　工资费用汇总表
2022 年 7 月　　　　　　　　　　　金额单位：元

车间、部门	各类人员	工资
第一车间	生产工人	12 400
	管理人员	900
第二车间	生产工人	5 800
	管理人员	700
供电车间	车间人员	1 400
机修车间	车间人员	2 600
企业管理部门	管理人员	4 500
合计		28 300

要求：

1. 根据资料 1，编制"燃料费用分配表"（填入表 2-25）和"原材料费用分配表"（填入表 2-26）；

2. 根据资料 2，编制"工资及福利费用分配汇总表"（填入表 2-27）；

3. 根据以上各分配汇总表编制会计分录。

表 2-25　燃料费用分配表
年　　月　　　　　　　　　　　金额单位：元

分配对象	产量/件	燃料				
		间接分配部分（计划成本）	直接计入部分（计划成本）	计划成本合计金额	材料成本差异/%	实际成本合计
A 产品						
B 产品						
小计						
C 产品						
小计						
合计						

表 2-26 原材料费用分配表

年　　月　　　　　　　　　　　　　　　　　　　　　金额单位：元

应借科目		成本项目	产量/件	本月消耗			计划价格	直接耗用（计划成本）	原材料计划成本合计	材料成本差异	原材料实际成本合计
				单耗定额/(千克/件)	耗用总额/千克	分配率/(千克/件)					
基本生产成本	A产品	原材料									
	B产品	原材料									
	小计										
	C产品	原材料									
制造费用	第一车间	消耗材料									
		修理费									
		劳动保护费									
	第二车间	消耗材料									
		修理费									
		劳动保护费									
辅助生产成本	供电车间	材料费									
	机修车间	材料费									
管理费用											
合计											

表 2-27 工资及福利费用分配汇总表

年　　月　　　　　　　　　　　　　　　　　　　　　金额单位：元

应借账户		实际工时/小时	工资		福利费		合计
			分配率/(元/小时)	分配费用	分配率/(元/小时)	分配费用	
基本生产成本	A产品						
	B产品						
	小计						
	C产品						
小计							
制造费用	第一车间						
	第二车间						

续表

应借账户		实际工时/小时	工资		福利费		合计
			分配率/（元/小时）	分配费用	分配率/（元/小时）	分配费用	
小计							
辅助生产车间	供电车间						
	机修车间						
小计							
管理费用							
合计							

项目实训

实训二：材料费用的归集与分配实训

（一）实训目的

通过实训，让学生熟悉材料费用会计处理的基本原理和一般程序，掌握材料费用归集与分配的基本技能和主要方法。

（二）实训资料

1. 立新公司是一家以生产低压电器系列产品为主的企业，下设一个基本生产制造车间和供水、机修两个辅助生产车间，基本生产车间生产甲、乙、丙3种产品。试根据该公司2022年7月发生的经济业务进行会计处理。

2. 会计处理相关规定。

企业会计处理上按产品品种设基本生产明细账，按车间设辅助生产明细账，辅助生产车间的制造费用不单独设"制造费用"科目，直接计入"辅助生产成本"账户。

企业在基本生产过程中共同耗用的材料，按原材料定额耗用量比例分配，有关资料：当月，生产甲产品300件，单位消耗定额为4千克/件；生产乙产品200件，单位消耗定额为3千克/件；生产丙产品75件，单位消耗定额为1千克/件。

企业领用的低值易耗品从领用当月起分4个月平均摊销。

3. 企业领料单如表2-28至表2-44所示。

表2-28 立新公司领料单（一）

领料单位：生产车间　　　　　2022年7月2日　　　　　发料仓库：NO.2

编号	材料名称	规格	计量单位	数量		单价/（元/千克）	金额/元
				请领	实发		
	A		千克	1 100	1 100	40	44 000
用途		甲产品耗用		备注			
主管：李欣		审批：顺虎			领料：张安		制单：建勋

二联　交会计

表2-29 立新公司领料单（二）

领料单位：生产车间　　　　　　2022年7月2日　　　　　　发料仓库：NO.2

编号	材料名称	规格	计量单位	数量		单价/（元/千克）	金额/元
				请领	实发		
	B		千克	900	900	60	54 000
用途	乙产品耗用			备注			

主管：李欣　　　审批：顺虎　　　领料：张安　　　制单：建勋

二联 交 会 计

表2-30 立新公司领料单（三）

领料单位：生产车间　　　　　　2022年7月4日　　　　　　发料仓库：NO.2

编号	材料名称	规格	计量单位	数量		单价/（元/千克）	金额/元
				请领	实发		
	C		千克	650	650	20	13 000
用途	丙产品耗用			备注			

主管：李欣　　　审批：顺虎　　　领料：张安　　　制单：建勋

二联 交 会 计

表2-31 立新公司领料单（四）

领料单位：生产车间　　　　　　2022年7月4日　　　　　　发料仓库：NO.2

编号	材料名称	规格	计量单位	数量		单价/（元/千克）	金额/元
				请领	实发		
	D		千克	1 250	1 250	30	37 500
用途	甲、乙、丙产品共同耗用			备注			

主管：李欣　　　审批：顺虎　　　领料：张安　　　制单：建勋

二联 交 会 计

表2-32 立新公司领料单（五）

领料单位：机修车间　　　　　　2022年7月5日　　　　　　发料仓库：NO.2

编号	材料名称	规格	计量单位	数量		单价/（元/千克）	金额/元
				请领	实发		
	E		千克	250	250	10	2 500
用途	机物料消耗			备注			

主管：李欣　　　审批：顺虎　　　领料：张安　　　制单：建勋

二联 交 会 计

表 2-33　立新公司领料单（六）

领料单位：供水车间　　　　　　2022 年 7 月 6 日　　　　　　发料仓库：NO.2

编号	材料名称	规格	计量单位	数量 请领	数量 实发	单价/（元/千克）	金额/元
	F		件	100	100	40	4 000
用途	低值易耗品		备注				

主管：李欣　　　审批：顺虎　　　领料：张安　　　制单：建勋

二联　交会计

表 2-34　立新公司领料单（七）

领料单位：供水车间　　　　　　2022 年 7 月 12 日　　　　　　发料仓库：NO.2

编号	材料名称	规格	计量单位	数量 请领	数量 实发	单价/（元/千克）	金额/元
	E		千克	100	100	10	1 000
用途	机物料消耗		备注				

主管：李欣　　　审批：顺虎　　　领料：张安　　　制单：建勋

二联　交会计

表 2-35　立新公司领料单（八）

领料单位：机修车间　　　　　　2022 年 7 月 15 日　　　　　　发料仓库：NO.2

编号	材料名称	规格	计量单位	数量 请领	数量 实发	单价/（元/千克）	金额/元
	F		件	200	200	40	8 000
用途	低值易耗品		备注				

主管：李欣　　　审批：顺虎　　　领料：张安　　　制单：建勋

二联　交会计

表 2-36　立新公司领料单（九）

领料单位：生产车间　　　　　　2022 年 7 月 18 日　　　　　　发料仓库：NO.2

编号	材料名称	规格	计量单位	数量 请领	数量 实发	单价/（元/千克）	金额/元
	E		千克	200	200	10	2 000
用途	机物料消耗		备注				

主管：李欣　　　审批：顺虎　　　领料：张安　　　制单：建勋

二联　交会计

表 2-37　立新公司领料单（十）

领料单位：供水车间　　　　　　　　2022 年 7 月 19 日　　　　　　　　发料仓库：NO.2

编号	材料名称	规格	计量单位	数量		单价/（元/千克）	金额/元
				请领	实发		
	A		千克	50	50	40	2 000
用途		生产耗用		备注			

主管：李欣　　　　审批：顺虎　　　　领料：张安　　　　制单：建勋

二联　交会计

表 2-38　立新公司领料单（十一）

领料单位：机修车间　　　　　　　　2022 年 7 月 20 日　　　　　　　　发料仓库：NO.2

编号	材料名称	规格	计量单位	数量		单价/（元/千克）	金额/元
				请领	实发		
	B		千克	50	50	60	3 000
用途		生产耗用		备注			

主管：李欣　　　　审批：顺虎　　　　领料：张安　　　　制单：建勋

二联　交会计

表 2-39　立新公司领料单（十二）

领料单位：机修车间　　　　　　　　2022 年 7 月 21 日　　　　　　　　发料仓库：NO.2

编号	材料名称	规格	计量单位	数量		单价/（元/千克）	金额/元
				请领	实发		
	G		千克	100	100	20	2 000
用途		修理耗用		备注			

主管：李欣　　　　审批：顺虎　　　　领料：张安　　　　制单：建勋

二联　交会计

表 2-40　立新公司领料单（十三）

领料单位：生产车间　　　　　　　　2022 年 7 月 21 日　　　　　　　　发料仓库：NO.2

编号	材料名称	规格	计量单位	数量		单价/（元/千克）	金额/元
				请领	实发		
	G		千克	50	50	20	1 000
用途		修理耗用		备注			

主管：李欣　　　　审批：顺虎　　　　领料：张安　　　　制单：建勋

二联　交会计

表 2-41　立新公司领料单（十四）

领料单位：行管科　　　　　　　2022 年 7 月 25 日　　　　　　　发料仓库：NO.2

编号	材料名称	规格	计量单位	数量		单价/（元/千克）	金额/元
				请领	实发		
	G		千克	400	400	20	8 000
用途		修理耗用		备注			

二联　交会计

主管：李欣　　　　审批：顺虎　　　　　　　　　领料：张安　　　　制单：建勋

表 2-42　立新公司领料单（十五）

领料单位：供水车间　　　　　　2022 年 7 月 25 日　　　　　　　发料仓库：NO.2

编号	材料名称	规格	计量单位	数量		单价/（元/千克）	金额/元
				请领	实发		
	G		千克	200	200	20	4 000
用途		修理耗用		备注			

二联　交会计

主管：李欣　　　　审批：顺虎　　　　　　　　　领料：张安　　　　制单：建勋

表 2-43　立新公司领料单（十六）

领料单位：生产车间　　　　　　2022 年 7 月 27 日　　　　　　　发料仓库：NO.2

编号	材料名称	规格	计量单位	数量		单价/（元/件）	金额/元
				请领	实发		
	F		件	150	150	40	6 000
用途		低值易耗品		备注			

二联　交会计

主管：李欣　　　　审批：顺虎　　　　　　　　　领料：张安　　　　制单：建勋

表 2-44　立新公司领料单（十七）

领料单位：行管科　　　　　　　2022 年 7 月 28 日　　　　　　　发料仓库：NO.2

编号	材料名称	规格	计量单位	数量		单价/（元/件）	金额/元
				请领	实发		
	F		件	100	100	40	4 000
用途		低值易耗品		备注			

二联　交会计

主管：李欣　　　　审批：顺虎　　　　　　　　　领料：张安　　　　制单：建勋

（三）实训要求

1. 根据领料单，填制"领料凭证汇总表"。
2. 根据"领料凭证汇总表"，填写"周转材料摊销计算表"。
3. 根据"领料凭证汇总表"，填写"材料费用分配表"。
4. 填制相关的会计凭证（或编写相关的会计分录），进行相应的会计处理（相关账簿的登记）。
5. 计算结果保留两位小数。

（四）实训准备

1. 结合教材内容，熟悉和掌握材料费用会计处理的基本原理、技能、方法与操作流程。
2. 会计信息载体资料："领料凭证汇总表""周转材料摊销计算表""材料费用分配表"各1张，会计记账凭证若干及相关的明细账。

（五）实训过程

1. 对表2-28至表2-44的领料单进行汇总，填制"领料凭证汇总表"，如表2-45所示。

表 2-45　领料凭证汇总表

2022年7月　　　　　　　　　　　　　　　　　　　　　　金额单位：元

项目	生产车间		辅助生产车间		管理部门	合计
	产品用	车间用	供水车间	机修车间		
A						
B						
C						
D						
E						
F						
G						
合计						

2. 根据材料费用分配结果，编制"周转材料摊销计算表"，对低值易耗品进行摊销，如表2-46所示。

表 2-46　周转材料摊销计算表

2022年7月　　　　　　　　　　　　　　　　　　　　　　金额单位：元

使用部门	应摊销金额	摊销期限	本月摊销金额	尚未摊销金额
生产车间				
供水车间				
机修车间				
管理部门				
合计				

3. 根据"领料凭证汇总表"，运用材料费用分配方法和技能，通过填制"材料费用分配表"对材料费用进行分配，如表2-47所示。

表 2-47 材料费用分配表

2022年7月　　　　　　　　　　　　　　　　　　　　　　　金额单位：元

应借账户			成本费用项目	直接计入费用标准	间接计入费用			合计
总账	二级账	明细账			标准	分配率	金额	
生产成本	基本生产成本	甲产品	直接材料					
		乙产品	直接材料					
		丙产品	直接材料					
			小计					
生产成本	辅助生产成本	供水车间	材料费用					
			制造费用					
		机修车间	材料费用					
			制造费用					
			小计					
制造费用	生产车间		修理费					
			物耗费					
			小计					
管理费用			修理费					
合计								

4. 根据"材料费用分配表"的分配结果，填制记账凭证或做出会计分录，并登记相应的明细账。

实训三：外购动力费用的归集与分配实训

（一）实训目的

通过实训，让学生熟悉外购动力费用会计处理的基本原理和一般程序，掌握外购动力费用归集与分配的基本技能和主要方法。

（二）实训资料

1. 企业基本情况同实训二资料。

公司生产用电按照生产工时在甲、乙、丙3种产品间进行数量分配。

2. 企业用电记录资料，如表2-1所示。

表 2-48 立新公司用电汇总表

2022年7月　　　　　　　　　　　　　　　　　　　　　　　单位：度

用电类型	生产车间	供水车间	机修车间	管理部门	合计
生产用电	2 500	1 500	1 200		5 200
其他用电	500	250	240	300	1 290
合计	3 000	1 750	1 440	300	6 490

3. 企业电费付款凭证，如表 2-49 所示。

表 2-49　同城委托收款凭证（付款通知）

委托日期：2022 年 7 月 26 日　　　　　　　　　　　　　第 Q0001573 号

付款人	全称	立新公司	收款人	全称	东欧市电力公司
	账号或地址	4230413870498		账号	4223676869619
	开户银行	工商银行东欧分行		开户银行	工商银行东欧分行二支行

委托金额	人民币 （大写）伍仟壹佰玖拾贰元正	千	百	十	万	千	百	十	元	角	分
					￥	5	1	9	2	0	0

款项内容	电费	委托收款凭证名称	附寄单证张数	
备注	章		付款单位注意： 1．劳务供应双方签订协议后方能办理； 2．如无协议，可说明情况，向收款单位办理委托收款，将原款划回。	

单位主管：　　会计：　　复核：　　记账：　　付款人：　　开户行收到日期：2022 年 7 月 29 日

4. 企业生产工时统计表，如表 2-50 所示。

表 2-50　立新公司生产工时统计表

2022 年 7 月　　　　　　　　　　　　　　　　　　　　　　单位：小时

项目	甲产品	乙产品	丙产品	合计
生产工时	2 500	1 400	1 225	5 125

（三）实训要求

1. 根据公司用电汇总表、企业电费付款凭证及企业生产工时统计表等资料，填写"外购动力费用分配表"。

2. 填制相关的会计凭证（或编写相关的会计分录），进行相应的会计处理（账簿登记）。

3. 费用分配率结果保留四位小数，金额保留两位小数，尾差计入丙产品。

（四）实训准备

1. 结合教材内容，熟悉和掌握外购动力费用会计处理的基本原理、技能、方法与操作流程。

2. 会计信息载体资料："外购动力费用分配表" 1 张，会计记账凭证若干及相关的明细账。

（五）实训过程

1. 对公司电费支出和用电情况进行分析，根据相应会计事项的资料填制"外购动力费用分配表"，如表 2-51 所示。

表 2-51 外购动力费用分配表

2022 年 7 月 金额单位：元

应借账户			成本费用项目	费用分配率/（元/度）	电力耗用量			合计
总账	二级账	明细账			实际工时/小时	分配率/（度/小时）	用电记录/度	
生产成本	基本生产成本	甲产品	外购动力					
		乙产品	外购动力					
		丙产品	外购动力					
		小计						
		合计						
生产成本	辅助生产成本	供水车间	外购动力					
			制造费用					
		机修车间	外购动力					
			制造费用					
		合计						
管理费用			电费					
制造费用		生产车间	电费					
总计								

2. 根据"外购动力费用分配表"的分配结果，填制记账凭证或编制会计分录，并登记相应的明细账。

实训四：职工薪酬费用的分配实训

（一）实训目的

通过实训，让学生知晓职工薪酬会计处理的基本原理和主要方法，熟悉其费用分配的一般程序，掌握职工薪酬费用归集与分配的基本操作技能。

（二）实训资料

1. 企业基本情况同实训二资料。
2. 生产车间职工薪酬按实际生产工时在 3 种产品间进行分配。
3. 企业职工薪酬结算汇总资料，如表 2-52 所示。

表 2-52 立新公司职工薪酬结算汇总表

2022 年 7 月 金额单位：元

部门人员		职工人数/人	基本工资	奖金	津补贴		应扣工资		应付工资	代扣款项				实发金额
部门	人员				岗津	夜补	病假	事假		医疗保险	公积金	其他	小计	
生产车间	生产	8	8 000	1 000	100	100	10	10	9 180	350	250	50	650	8 530
	管理	4	3 000	500	30	20	10		3 540	50	40	10	100	3 440
	小计	12	11 000	1 500	130	120	20	10	12 720	400	290	60	750	11 970
供水车间	生产	3	2 500	500	30	20		10	3 040	50	40	10	100	2 940
	管理	2	1 000	400	10		10		1 400	25	11	4	40	1 360
	小计	5	3 500	900	40	20	10	10	4 440	75	51	14	140	4 300

续表

部门人员		职工人数/人	基本工资	奖金	津补贴		应扣工资		应付工资	代扣款项				实发金额
部门	人员				岗津	夜补	病假	事假		医疗保险	公积金	其他	小计	
机修车间	生产	3	2 500	500	30	20	10		3 040	50	40	10	100	2 940
	管理	2	1 700	400	10	20	10	10	2 110	30	20	10	60	2 050
	小计	5	4 200	900	40	40	20	10	5 150	80	60	20	160	4 990
管理部门		4	4 000	500	15	10	20		4 505	50	40	10	100	4 405
合计		26	22 700	3 800	225	190	70	30	26 815	605	441	104	1 150	25 665

4. 企业生产工时统计表，如表2-53所示。

表2-53 立新公司生产工时统计表

2022年7月　　　　　　　　　　　　　　　　　　　　　　　　　　　　单位：小时

项目	甲产品	乙产品	丙产品	合计
生产工时	2 500	1 400	1 225	5 125

（三）实训要求

1. 根据公司提供的职工薪酬结算汇总资料和生产工时统计表等资料，编制"职工薪酬（工资）费用分配表"。

2. 根据"职工薪酬（工资）费用分配表"的计算分配结果，填写"职工薪酬（福利）费用分配表"（假设职工福利费发生额为工资总额的14%）。

3. 根据两张分配表，填制相关的会计凭证（或编写相关的会计分录），并进行相应的会计处理（相关账簿的登记）。

4. 费用分配过程中，分配率的计算结果保留四位小数，金额计算结果保留两位小数。

（四）实训准备

1. 熟读教材内容，了解和掌握职工薪酬费用会计处理的基本原理、技能、方法与操作流程。

2. 会计信息载体资料："职工薪酬（工资）费用分配表""职工薪酬（福利）费用分配表"各1张，会计记账凭证若干及相关的明细账。

（五）实训过程

1. 根据"职工薪酬结算汇总表"对公司工资支出情况进行分析，填制"职工薪酬（工资）费用分配表"，如表2-54所示。

表2-54 职工薪酬（工资）费用分配表

2022年7月　　　　　　　　　　　　　　　　　　　　　　　　　　　金额单位：元

应借账户			成本费用项目	间接工资费用			直接工资费用	合计
总账	二级账	明细账		工时/小时	分配率/（元/小时）	金额		
生产成本	基本生产成本	甲产品	直接人工					
		乙产品	直接人工					
		丙产品	直接人工					
			小计					

续表

应借账户			成本费用项目		间接工资费用			直接工资费用	合计
总账	二级账	明细账			工时/小时	分配率/（元/小时）	金额		
生产成本	辅助生产成本		供水车间	直接人工					
				制造费用					
			机修车间	直接人工					
				制造费用					
			小计						
管理费用				工资					
制造费用			生产车间	工资					
合计									

2. 根据"职工薪酬（工资）费用分配表"，填制"职工薪酬（福利）费用分配表"，如表2-55所示。

表2-55 职工薪酬（福利）费用分配表

2022年7月　　　　　　　　　　　　　　　　　　　　　　　金额单位：元

应借账户			成本费用项目		工资总额	计提比例/%	金额
总账	二级账	明细账					
生产成本	基本生产成本	甲产品	直接人工				
		乙产品	直接人工				
		丙产品	直接人工				
		小计					
生产成本	辅助生产成本		供水车间	直接人工			
				制造费用			
			机修车间	直接人工			
				制造费用			
			小计				
管理费用				工资			
制造费用			生产车间	工资			
合计							

3. 根据"职工薪酬（工资）费用分配表"的分配情况及结果，填制记账凭证或编制会计分录，并登记相应的明细账。

实训五：折旧费用的归集与分配实训

（一）实训目的

通过实训，让学生熟悉并掌握固定资产折旧费用会计处理的基本原理、主要方法、一般流程，学会并能熟练运用对其进行归集与分配的操作技能。

（二）实训资料

1. 企业基本情况同实训二资料。
2. 企业固定资产的基本情况资料，如表2-56所示。

表 2-56 立新公司固定资产情况一览表

2022 年 7 月　　　　　　　　　　　　　　　　　　　　　　　金额单位：元

部门	固定资产类别	原值	月折旧率 /%
生产车间	机器设备	200 000	1.6
	房屋与建筑物	300 000	0.4
供水车间	机器设备	50 000	1.8
	房屋与建筑物	60 000	0.8
机修车间	机器设备	30 000	1.4
	房屋与建筑物	40 000	0.6
管理部门	机器设备	50 000	1.4
	房屋与建筑物	300 000	0.8
合计		1 030 000	

（三）实训要求

1. 根据"公司固定资产情况一览表"，编制"固定资产折旧费用分配表"。

2. 根据"固定资产折旧费用分配表"，填制相关的会计凭证（或编制相关的会计分录），并进行相应的会计处理（相关账簿的登记）。

（四）实训准备

1. 结合教材内容，熟悉和掌握折旧费用会计处理的主要要点、基本技能、常用方法和操作流程。

2. 会计信息载体资料："固定资产折旧费用分配表"1 张，会计记账凭证若干及相关的明细账。

（五）实训过程

1. 根据"公司固定资产情况一览表"提供的资料，填制"固定资产折旧费用分配表"，如表 2-57 所示。

表 2-57 固定资产折旧费用分配表

2022 年 7 月　　　　　　　　　　　　　　　　　　　　　　　金额单位：元

会计科目	成本费用项目		固定资产类别	原值	月折旧率 /%	金额	合计
制造费用	生产车间	折旧费用	机器设备	200 000	1.6		
			房屋建筑物	300 000	0.4		
辅助生产成本	供水车间	制造费用	机器设备	50 000	1.8		
			房屋建筑物	60 000	0.8		
	机修车间	制造费用	机器设备	30 000	1.4		
			房屋建筑物	40 000	0.6		
管理费用	管理部门	折旧费用	机器设备	50 000	1.4		
			房屋建筑物	300 000	0.8		
合计				1 030 000			

2. 根据"固定资产折旧费用分配表"的分配结果，填制记账凭证或编制会计分录，并登记相应的明细账。

项目三 辅助生产费用的归集与分配

ITEM 3

学习目标
○ 掌握辅助生产费用的归集程序和分配方法
○ 理解辅助生产费用分配的交互分配法、计划成本法的应用及账务处理，掌握制造费用的归集程序和分配方法

能力目标
○ 能分清辅助生产费用各分配方法的特点和适用范围
○ 能正确归集与分配辅助生产费用

思政目标
○ 具有团队精神和协作精神
○ 具有谨慎的工作态度和较强的成本费用核算意识
○ 培养良好的职业判断能力

任务一 辅助生产费用的归集

一、辅助生产与辅助生产费用的概念

（一）辅助生产的概念

辅助生产，是指为基本生产车间、行政管理部门等单位服务进行的产品生产和劳务供应。在一些大中型企业中，有为保证产品生产正常进行，面向基本生产提供产品或劳务的生产车间，如供电车间、供水车间，以及生产材料、周转材料、工具、模具的车间。

相比较而言，基本生产车间生产的产品或提供的劳务主要是对外销售，而辅助生产车间生产的产品或提供的劳务主要是为企业内部服务。

（二）辅助生产的分类

根据辅助生产车间生产的产品和提供的劳务状况，可将其分为两种类型。

1. 单一型辅助生产车间

单一型辅助生产车间，是指只生产一种产品或只提供一种劳务以及只进行同一性质作业的辅助生产车间，如供水、供电、供气、机修、运输、模具等车间，这类辅助生产车间也称为"单品种辅助生产车间"。

2. 复合型辅助生产车间

复合型辅助生产车间，是指生产多种产品或提供多种劳务的辅助生产车间，如从事工具、模具、修理用备件和夹具的制造等，这类辅助生产车间也称为"多品种辅助生产车间"。

对于不同类型的辅助生产车间，辅助生产费用在归集程序和分配方法以及辅助生产成本计算的方法上不尽相同。

（三）辅助生产费用

企业辅助生产车间在提供产品或劳务时发生的各项费用总和称为"辅助生产费用"。辅助生产车间在提供产品或劳务过程中，会发生各种资源的耗费，如材料费、职工薪酬、折旧费、水电费、劳保费、办公费等，这些费用构成了辅助生产的成本。所以，辅助生产费用就是辅助生产车间在生产产品或提供劳务时发生的各项耗费。这些耗费构成了辅助生产车间提供劳务和产品的成本。

（四）辅助生产会计处理程序

辅助生产费用的会计处理是由两个步骤完成的：一是费用的归集，即通过"辅助生产成本"账户对辅助生产车间在生产产品或提供劳务过程中发生的料工费进行汇集；二是费用的分配，即对汇集的费用在受益单位或对象间按受益数量进行合理的分配。辅助生产成本会计处理程序如图 3-1 所示。

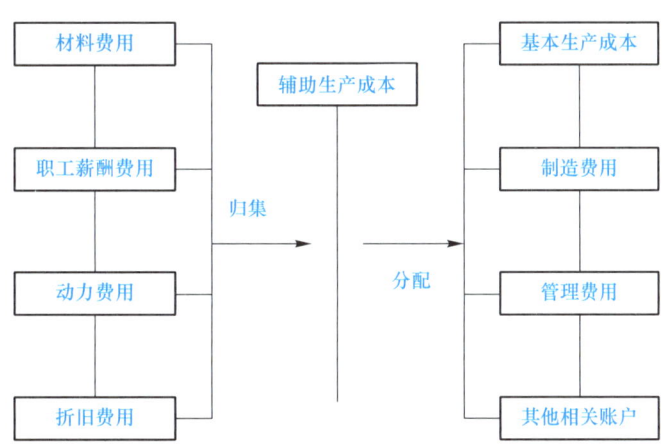

图 3-1 辅助生产成本会计处理程序

二、辅助生产费用的归集

辅助生产费用的正确归集是辅助生产费用分配的前提，也是正确计算产品成本的基础。辅助生产费用的归集是将辅助生产车间发生的各种费用，根据有关付款凭证、转账凭证和各种费用分配表计入"辅助生产成本"账户的借方，通过登记把发生的费用归集起来。

（一）设置的账户

辅助生产费用的归集和分配是通过"辅助生产成本"账户进行的。"辅助生产成本"是一个成本类账户，辅助生产成本明细账，一般是按车间以及产品或劳务的种类设置，账内可按成本项目设置专栏，也可以按费用项目设置专栏。辅助生产车间发生的各项费用，应计入该账户的借方；辅助生产完工产品和劳务的成本，应从该账户的贷方转出。该账户如果有余额，则余额在借方，为辅助生产车间的在产品成本。

（二）辅助生产制造费用的处理

辅助生产车间发生的制造费用有两种处理方法：一种是通过"制造费用"成本项目进行处理，另一种是直接计入"辅助生产成本"账户。

通常情况下，辅助生产车间发生的制造费用，应该与基本生产车间发生的制造费用一样，先通过"制造费用"总账账户和所属辅助生产制造费用明细账归集，然后转入"辅助生产成本"，计入辅助生产产品或劳务的成本。在这种处理方法下，辅助生产成本明细账如表3-1所示。

表 3-1 辅助生产成本明细账（一）

车间： 年 月

年		凭证字号	摘要	直接材料	直接人工	燃料及动力	制造费用	合计
月	日							

辅助生产车间规模很小、制造费用很少，而且辅助生产基本不对外提供商品，为了简化核算工作，辅助生产车间发生的制造费用也可以不通过"制造费用"归集，而直接计入"辅助生产成本"账户的借方，计入辅助生产产品或劳务的成本。在这种处理方法下，辅助生产成本明细账可采用如表3-2所示的格式。

表 3-2 辅助生产成本明细账（二）

车间： 年 月

年		凭证字号	摘要	材料费用	人工费用	折旧费用	办公费用	……	合计
月	日								

（三）辅助生产费用归集的会计处理

辅助生产费用归集的会计处理就是将生产经营过程中发生的辅助生产费用，通过会计记账凭证汇集到辅助生产明细账上的过程。

【例3-1】 2022年8月，立新公司用现金支付两个辅助车间零星开支961元。其中，供水车间393元，机修车间568元。

根据上述资料，编制会计分录如下。

借：辅助生产成本——供水车间　　　　　　　　　　　　　　393
　　　　　　　　——机修车间　　　　　　　　　　　　　　568
　　贷：库存现金　　　　　　　　　　　　　　　　　　　　　　961

将发生费用登记到辅助生产成本明细分类账户中，登记结果见表3-3和表3-4。

表 3-3　辅助生产成本明细账（三）

生产车间：供水车间　　　　　　　　　　　　产品：水　　　　　　　　　　　　金额单位：元

2022 年		凭证字号	摘要	成本项目			合计
月	日			直接材料	直接人工	制造费用	
8		1	分配原材料费用	26 600			26 600
		2	分配动力费用			1 827.5	1 827.5
		3	领用低值易耗品	600			600
		4	分配工资费用		8 897		8 897
		5	分配福利费用		1 245.58		1 245.58
		6	计提折旧			2 436.92	2 436.92
		7	支付零星费用			393	393
8	30		本月合计	27 200	10 142.58	4 657.42	42 000
		8	分配辅助生产费用	27 200	10 142.58	4 657.42	42 000

表 3-4　辅助生产成本明细账（四）

生产车间：机修车间　　　　　　　　　　　　产品：修理劳务　　　　　　　　　金额单位：元

2022 年		凭证字号	摘要	成本项目			合计
月	日			直接材料	直接人工	制造费用	
8		1	分配原材料费用	1 700			1 700
		2	分配动力费用			2 380	2 380
		3	领用低值易耗品	700			700
		4	分配工资费用		7 443		7 443
		5	分配福利费用		1 042.02		1 042.02
		6	计提折旧			4 166.98	4 166.98
		7	支付零星费用			568	568
8	30		本月合计	2 400	8 485.02	7 114.98	18 000
		8	分配辅助生产费用	2 400	8 485.02	7 114.98	18 000

由表 3-3 和表 3-4 可知，供水车间和机修车间当月发生的费用总额分别为 42 000 元和 18 000 元。

任务二　辅助生产费用的分配

归集在"辅助生产成本"账户的辅助生产费用，由于辅助生产车间生产的产品和劳务种类不同，费用转出、分配程序也不一样。根据配比原则，其发生的费用应由各受益部门承担，即应将辅助生产发生的费用向各个受益部门分配。

辅助生产费用有两种类型，不同类型的辅助生产费用分别采用不同的分配方法进行分配。

（1）生产多种产品的辅助生产车间，如工具、模具等最终形成存货的辅助生产，辅助生产费用的分配方法同基本生产费用在完工产品与在产品之间的分配方法完全相同，即随着完工工具、模具的入库，其成本应转入"周转材料——低值易耗品"等存货类账户，期末余额为辅助生产车间的在产品成本。在领用时，按其用途将辅助生产费用按照发出存货的方式计入成本费用。账务处理如下。

借：低值易耗品/原材料等
　　贷：辅助生产成本

（2）只提供一种劳务或只进行同一性质作业的辅助生产车间，如供电、供水、运输、机修等辅助生产明细账归集的费用，期末不能形成库存，必须按照受益原则将发生的辅助生产费用分配给受益的产品和部门。本任务所指的辅助生产费用的分配，就是对这类辅助生产费用进行分配。账务处理如下。

借：基本生产成本/制造费用/管理费用/销售费用等
　　贷：辅助生产成本

分配这类辅助生产费用的方法主要有直接分配法、交互分配法、代数分配法、按计划成本分配法。

一、直接分配法

（一）直接分配法的含义

直接分配法是将各辅助生产成本明细账中归集的费用总额，不考虑各辅助生产车间相互提供的劳务（或产品），直接分配给辅助生产部门以外的各受益产品、车间、部门，而各辅助生产车间相互提供的产品和劳务，不相互分配费用的一种方法。

（二）直接分配法的特点和适用范围

直接分配法是一种一次性对外分配费用的方法，它不考虑各辅助生产车间相互提供产品或劳务的情况，优点是计算手续较为简便；缺点是由于各辅助生产车间相互提供的产品或劳务不分配费用，影响了辅助生产成本计算的完整性，计算结果不准确。所以，这种方法一般只适宜在辅助生产车间内部相互提供产品或劳务不多、不进行费用的相互分配，对辅助生产成本和企业产品成本影响不大的情况下采用。

（三）直接分配法的计算方法

直接分配法的计算公式如下：

辅助生产费用分配率=待分配的辅助生产费用/辅助生产以外的受益对象劳务总量

某受益对象应分配的辅助生产费用=该受益对象耗用量×辅助生产费用分配率

【例3-2】立新公司设有供电和机修两个辅助生产车间。2022年8月，在费用分配结转前辅助生产成本明细账归集的本月辅助生产费用：供电车间为448 000元，供水车间为324 000元。本月供电车间对外供应电量为1 120 000度，其中，供水车间耗用120 000度，基本生产车间生产产品耗用800 000度，车间一般耗用70 000度，行政管理部门耗用80 000度，专设销售机构耗用50 000度。供水车间对外提供水总量为108 000立方米，其中，供电车间耗用8 000立方米，基本生产车间生产产品耗用80 000立方米，车间一般耗用9 000立方米，行政管理部门耗用4 000立方米，专设销售机构耗用7 000立方米。辅助生产车间生产产品和提供劳务数量及受益情况如表3-5所示。

表 3-5 立新公司辅助生产车间提供劳务数量及受益情况

辅助生产车间			供电车间	供水车间
待分配辅助生产费用			448 000 元	324 000 元
劳务供应数量			1 120 000 度	108 000 立方米
耗用劳务数量	供电车间			8 000 立方米
	供水车间		120 000 度	
	基本生产车间	产品耗用	800 000 度	80 000 立方米
		一般耗用	70 000 度	9 000 立方米
	行政管理部门		80 000 度	4 000 立方米
	专设销售机构		50 000 度	7 000 立方米

要求：根据资料，采用直接分配法分配辅助生产费用。

辅助生产费用的分配是通过编制"辅助生产费用分配表"进行的。采用直接分配法填制"辅助生产费用分配表"，如表 3-6 所示。

表 3-6 立新公司辅助生产费用分配表（直接分配法）

2022 年 8 月　　　　　　　　　　　　　　　金额单位：元

项目		供电车间			供水车间			金额合计
		供应量 / 度	分配率 /（元 / 度）	金额	供应量 / 立方米	分配率 /（元 / 立方米）	金额	
待分配数		1 120 000		448 000	108 000		324 000	772 000
供电车间					8 000			
供水车间		120 000						
辅助生产以外分配数		1 000 000	0.448	448 000	100 000	3.24	324 000	772 000
基本生产车间	产品耗用	800 000		358 400	80 000		259 200	617 600
	一般耗用	70 000		31 360	9 000		29 160	60 520
行政管理部门		80 000		35 840	4 000		12 960	48 800
专设销售机构		50 000		22 400	7 000		22 680	45 080
合计		1 000 000	0.448	448 000	100 000	3.24	324 000	772 000

计算过程如下。

供电费用分配率 = 448 000/（1 120 000 - 120 000）= 0.448（元 / 度）

生产成本应负担电费 = 800 000 × 0.448 = 358 400（元）

制造费用应负担电费 = 70 000 × 0.448 = 31 360（元）

管理费用应负担电费 = 80 000 × 0.448 = 35 840（元）

销售费用应负担电费 = 50 000 × 0.448 = 22 400（元）

供水费用分配率＝324 000/（108 000－8 000）＝3.24（元/立方米）
生产成本应负担水费＝80 000×3.24＝259 200（元）
制造费用应负担水费＝90 000×3.24＝29 160（元）
管理费用应负担水费＝4 000×3.24＝12 960（元）
销售费用应负担水费＝7 000×3.24＝22 680（元）
编制会计分录如下。

借：基本生产成本	617 600
制造费用	60 520
管理费用	48 800
销售费用	45 080
贷：辅助生产成本——供电车间	448 000
——供水车间	324 000

二、交互分配法

（一）交互分配法的含义

交互分配法，是指对各辅助生产车间的成本费用进行两次分配；首先，将待分配的辅助生产费用在各辅助生产车间进行一次交互分配；其次，将交互分配后的实际费用在辅助生产车间、部门以外的各受益单位进行分配。

具体地说，交互分配法就是首先根据辅助生产车间相互提供的劳务量和交互分配前的费用分配率进行一次交互分配，其次将归集的辅助生产车间交互分配后的调整费用（交互分配前的费用加上交互分配转入的费用，减去交互分配转出的费用），按其提供给辅助生产车间之外各受益单位的劳务量进行分配的方法。

（二）交互分配法的特点和适用范围

交互分配法的特点是对各辅助生产车间的费用进行两次分配，即对内分配和对外分配。对内分配也叫"交互分配"，是指各辅助生产车间的互相分配。交互分配法是将辅助生产车间归集的费用，通过内部分配完成各辅助生产车间互相提供产品和劳务的费用分配问题。对外分配是将交互分配后调整的金额分配给辅助生产以外的受益对象，即根据对内分配结果，重新计算辅助车间的待分配费用，在辅助生产外的受益单位进行分配。

采用交互分配法的优点是分配结果比直接分配法准确，对各辅助生产车间内部相互提供的产品或劳务全部进行了分配，既反映了各部门之间相互服务的关系，也促使各辅助生产单位降低相互之间的消耗；缺点是各辅助车间生产费用要计算两个分配率，进行两次分配，增加了计算工作量，同时，各辅助车间的劳务结算只能等其他辅助车间费用转入后才能进行费用调整，影响成本分配的及时性，因此适用于辅助生产车间不多的企业。

（三）交互分配法的计算方法

在交互分配法下，进行费用分配的关键是确定费用分配率。其计算公式如下。
第一次分配（交互分配）：

交互分配率＝待分配的辅助生产费用/辅助生产提供的劳务总量
某辅助生产应分配的费用＝该受益对象耗用量×交互分配率

第二次分配（对外分配）：

对外分配率＝辅助生产对外分配的费用/辅助生产以外的受益对象劳务总量
某受益对象分配的费用＝该受益对象耗用量×对外分配率

辅助生产对外分配的费用，是指经交互分配调整后的某辅助生产车间的待分配费用，是辅助生产车间分配前归集的待分配费用加上交互分配分入的其他辅助生产费用，减去交互分配分给其他辅助生产车间的费用后计算的金额。

辅助生产对外分配费用＝交互分配前费用＋交互分配转入费用－交互分配转出费用

【例 3-3】 沿用【例 3-2】的资料，要求采用交互分配法分配辅助生产费用。

采用交互分配法填制"辅助生产费用分配表"，如表 3-7 所示。

表 3-7　立新公司辅助生产费用分配表（交互分配法）

2022 年 8 月　　　　　　　　　　　　　　　　　　　　　金额单位：元

项目		供电车间			供水车间			金额合计
		供应量/度	分配率/（元/度）	金额	供应量/立方米	分配率/（元/立方米）	金额	
待分配数		1 120 000	0.4	448 000	108 000	3	324 000	772 000
交互分配	供电车间	—			8 000		24 000	
	供水车间	120 000		48 000	—			
	小计	120 000	0.4	48 000	8 000	3	24 000	
对外分配数		1 000 000	0.424	424 000	100 000	3.48	348 000	772 000
对外分配	基本生产车间 产品耗用	800 000		339 200	80 000		278 400	617 600
	基本生产车间 一般耗用	70 000		29 680	9 000		31 320	61 000
	行政管理部门	80 000		33 920	4 000		13 920	47 840
	专设销售机构	50 000		21 200	7 000		24 360	45 560
	合计	1 000 000	0.424	424 000	100 000	3.48	348 000	772 000

计算过程如下。

供电车间交互分配费用分配率＝448 000/1 120 000＝0.4（元/度）

供水车间交互分配费用分配率＝324 000/108 000＝3（元/立方米）

供水车间应负担电费＝120 000×0.4＝48 000（元）

供电车间应负担水费＝8 000×3＝24 000（元）

供电车间应对外分配费用＝448 000－48 000＋24 000＝424 000（元）

供水车间应对外分配费用＝324 000－24 000＋48 000＝348 000（元）

供电车间对外费用分配率＝424 000/（1 120 000－120 000）＝0.424（元/度）

生产成本应负担电费＝800 000×0.424＝339 200（元）

制造费用应负担电费＝70 000×0.424＝29 680（元）

管理费用应负担电费＝80 000×0.424＝33 920（元）

销售费用应负担电费＝50 000×0.424＝21 200（元）

供水车间对外费用分配率＝348 000/（108 000－8 000）＝3.48（元/立方米）

生产成本应负担水费＝80 000×3.48＝278 400（元）

制造费用应担水费＝9 000×3.48＝31 320（元）
管理费用应担水费＝4 000×3.48＝13 920（元）
销售费用应担水费＝7 000×3.48＝24 360（元）
编制会计分录如下。

（1）交互分配会计分录。

借：辅助生产成本——供电车间　　　　　　　　　　　　　　　　24 000
　　　　　　　　——供水车间　　　　　　　　　　　　　　　　48 000
　贷：辅助生产成本——供电车间　　　　　　　　　　　　　　　　48 000
　　　　　　　　——供水车间　　　　　　　　　　　　　　　　24 000

（2）对外分配会计分录。

借：基本生产成本　　　　　　　　　　　　　　　　　　　　　　617 600
　　制造费用　　　　　　　　　　　　　　　　　　　　　　　　61 000
　　管理费用　　　　　　　　　　　　　　　　　　　　　　　　47 840
　　销售费用　　　　　　　　　　　　　　　　　　　　　　　　45 560
　贷：辅助生产成本——供电车间　　　　　　　　　　　　　　　424 000
　　　　　　　　——供水车间　　　　　　　　　　　　　　　348 000

三、代数分配法

（一）代数分配法的含义

代数分配法，是指应用代数中多元一次方程式的原理进行辅助生产费用分配的一种方法。这种方法是通过设立未知数表示各辅助生产提供产品劳务的单位成本（分配率），并根据辅助生产单位相互服务的关系，以及各辅助生产单位之间已归集的费用和提供劳务总量建立方程组，以计算出各辅助生产产品劳务的单位成本（分配率），进而将辅助生产费用在所用受益单位之间进行分配。

（二）代数分配法的特点和适用范围

采用代数分配法，首先根据各辅助生产车间提供的劳务量和归集的费用，建立多元一次联立方程，通过解方程计算出各辅助生产费用的单位成本（分配率）；其次根据各受益部门的受益量和费用分配率，计算分配辅助生产费用。该方法的特点是，首先计算辅助生产车间产品或劳务的单位成本，其次向辅助生产内部和外部各受益单位一次进行分配。

代数分配法的优点是分配结果准确，这是其他分配方法不具有的；缺点是在辅助生产车间较多的情况下，计算复杂。因此，代数分配法适用于辅助生产车间较少、追求分配结果十分准确的企业。

（三）代数分配法的计算方法

第一步：将辅助生产车间的产品或劳务的单位成本（分配率）设为未知数。

第二步：根据各辅助生产车间相互提供的产品或劳务的数量设立多元一次方程式，并计算出单位成本（分配率）。

某辅助生产车间提供产品或劳务总量×该辅助生产产品或劳务的单位成本＝该辅助生产待分配的费用＋该辅助生产耗用其他辅助生产产品或劳务的数量×其他辅助生产产品或劳务的单位成本

第三步：根据各受益单位（包括辅助生产单位）耗用的数量和单位成本计算分配辅助生产费用。

【例3-4】 沿用【例3-2】的资料，要求采用代数分配法分配辅助生产费用。

采用代数分配法填制"辅助生产费用分配表"，如表3-8所示。

表 3-8 立新公司辅助生产费用分配表（代数分配法）

2022 年 8 月　　　　　　　　　　　　　　　　　　　　　　　　　　　金额单位：元

项目		供电车间			供水车间			金额合计
		供应量/度	分配率/（元/度）	金额	供应量/立方米	分配率/（元/立方米）	金额	
待分配数		1 120 000		448 000	108 000		324 000	772 000
供电车间					8 000		27 776	27 776
供水车间		120 000		50 976				50 976
基本生产车间	产品耗用	800 000		339 840	80 000		277 760	617 600
	一般耗用	70 000		29 736	9 000		31 248	60 984
行政管理部门		80 000		33 984	4 000		13 888	47 872
专设销售机构		50 000		21 240	7 000		24 304	45 544
合计		1 120 000	0.424 8	475 776	108 000	3.472	374 976	850 752

计算过程如下。

设供电车间的费用分配率为 X，供水车间的费用分配率为 Y，依题意则有：

供电车间方程：$448\,000 + 8\,000Y = 1\,120\,000X$

供水车间方程：$324\,000 + 120\,000X = 108\,000Y$

解得：$X = 0.424\,8$　$Y = 3.472$

供水车间应负担电费 $= 120\,000 \times 0.424\,8 = 50\,976$（元）

生产成本应负担电费 $= 800\,000 \times 0.424\,8 = 339\,840$（元）

制造费用应负担电费 $= 70\,000 \times 0.424\,8 = 29\,736$（元）

管理费用应负担电费 $= 80\,000 \times 0.424\,8 = 33\,984$（元）

销售费用应负担电费 $= 50\,000 \times 0.424\,8 = 21\,240$（元）

供电车间应负担水费 $= 8\,000 \times 3.472 = 27\,776$（元）

生产成本应负担水费 $= 80\,000 \times 3.472 = 277\,760$（元）

制造费用应负担水费 $= 9\,000 \times 3.472 = 31\,248$（元）

管理费用应负担水费 $= 4\,000 \times 3.472 = 13\,888$（元）

销售费用应负担水费 $= 7\,000 \times 3.472 = 24\,304$（元）

编制会计分录如下。

借：辅助生产成本——供电车间　　　　　　　　　　　　　　　　　　　27 776
　　　　　　　　——供水车间　　　　　　　　　　　　　　　　　　　50 976
　　基本生产成本　　　　　　　　　　　　　　　　　　　　　　　　　617 600
　　制造费用　　　　　　　　　　　　　　　　　　　　　　　　　　　 60 984
　　管理费用　　　　　　　　　　　　　　　　　　　　　　　　　　　 47 872
　　销售费用　　　　　　　　　　　　　　　　　　　　　　　　　　　 45 544
　　贷：辅助生产成本——供电车间　　　　　　　　　　　　　　　　　475 776
　　　　　　　　——供水车间　　　　　　　　　　　　　　　　　　　374 976

四、按计划成本分配法

（一）按计划成本分配法的含义

按计划成本分配法，是指辅助生产车间生产的产品或劳务，首先按照事先确定的计划单位成本计算、分配辅助生产费用，其次将计划分配总额与实际分配总额的差额进行调整分配。

思政小常识

计划成本分配法是一种重要的企业成本控制管理方法。采用计划成本分配法控制成本的企业，对员工的考核一般都有具体的考核指标，而且考核结果将直接影响员工的薪酬水平和职业发展。

在实际工作中，如何让计划成本分配法在管理活动中良好地运行并起到一定的效果？这就要求企业和员工之间相互信任，互为依靠。一方面，企业在制定计划成本和考核指标时，要以人为本，既要考虑企业的成本控制，又要考虑员工的个人发展，让员工有成长和发挥的空间；另一方面，员工在工作中不能为了个人考核而弄虚作假、欺骗企业，在争取自己合法权益的同时，也要树立正确的职业道德观，做老实人、说老实话、办老实事，保守企业的商业机密，恪守本心，不为利益所诱惑。

（二）按计划成本分配法的特点和适用范围

按计划成本分配法的特点是进行两步分配：第一，计划分配，即在所有受益对象中按计划单位成本和实际受益量，计算应分配的辅助生产费用；第二，差额分配，即将按计划成本计算的分配额和各辅助生产车间实际成本之间的差额，进行追加分配。

采用按计划成本分配法分配辅助生产费用，优点是不需要计算费用分配率，简化了费用计算手续，也不必等到辅助生产车间的实际费用计算后再分配，加快了会计核算速度，还可以及时了解各辅助生产费用的超支和节约原因，便于考核和分析各辅助生产车间和各受益单位的经济责任；缺点是辅助生产费用分配的准确性受到计划成本准确性的影响，对计划单位成本要求较高，因此适用于计划管理水平较高，计划成本资料完整并较为接近实际情况的企业。

（三）按计划成本分配法的计算

某受益对象应分配的费用金额＝该受益对象耗用量×辅助生产费用计划单位成本

某辅助生产实际成本总额＝该辅助生产单位待分配的费用＋按计划成本分配转入的耗用的其他辅助生产单位的费用

某辅助生产按计划分配总额＝某辅助生产单位计划成本×提供产品劳务总量

分配差额＝某辅助生产实际成本总额－某辅助生产按计划分配总额

对差额应该进行追加分配。在追加分配时，可以采取直接分配法，将差额分配给辅助车间以外的受益对象或单位，也可以采取直接计入法，将差额直接转入"管理费用"账户。

【例 3-5】沿用【例 3-2】的资料，假设供电车间计划成本为 0.45 元/度，供水车间计划成本为 3.4 元/立方米，要求采用按计划成本分配法分配辅助生产费用。

采用按计划成本分配法填制"辅助生产费用分配表"，如表 3-9 所示。

表 3-9　立新公司辅助生产费用分配表（按计划成本分配法）

2022 年 8 月　　　　　　　　　　　　　　　　　　　　　　　　　　　　　　　金额单位：元

项目		供电车间			供水车间			金额合计
		供应量/度	分配率/（元/度）	金额	供应量/立方米	分配率/（元/立方米）	金额	
待分配数		1 120 000		448 000	108 000		324 000	772 000
计划单位成本			0.45			3.4		
供电车间					8 000		27 200	27 200
供水车间		120 000		54 000				54 000
基本生产车间	产品耗用	800 000		360 000	80 000		272 000	632 000
	一般耗用	70 000		31 500	9 000		30 600	62 100
行政管理部门		80 000		36 000	4 000		13 600	49 600
专设销售机构		50 000		22 500	7 000		23 800	46 300
按计划成本分配合计		1 120 000		504 000	108 000		367 200	871 200
实际成本				475 200			378 000	853 200
分配差额				−28 800			10 800	−18 000

计算过程如下。
按计划成本分配结果：
供水车间应负担电费 = 120 000×0.45 = 54 000（元）
生产成本应负担电费 = 800 000×0.45 = 360 000（元）
制造费用应负担电费 = 70 000×0.45 = 31 500（元）
管理费用应负担电费 = 80 000×0.45 = 36 000（元）
销售费用应负担电费 = 50 000×0.45 = 22 500（元）
供电车间按计划成本分配合计 = 504 000（元）
供电车间应负担水费 = 8 000×3.4 = 27 200（元）
生产成本应负担水费 = 80 000×3.4 = 272 000（元）
制造费用应负担水费 = 9 000×3.4 = 30 600（元）
管理费用应负担水费 = 4 000×3.4 = 13 600（元）
销售费用应负担水费 = 7 000×3.4 = 23 800（元）
供水车间按计划成本分配合计 = 367 200（元）
供电车间实际成本总额 = 448 000 + 27 200 = 475 200（元）
供水车间实际成本总额 = 324 000 + 54 000 = 378 000（元）
供电车间分配差额 = 475 200 − 504 000 = −28 800（元）
供水车间分配差额 = 378 000 − 367 200 = 10 800（元）
编制会计分录如下。
（1）按计划成本分配。
借：辅助生产成本——供电车间　　　　　　　　　　　　　　　　　　　　　　　27 200

　　　　　　——供水车间　　　　　　　　　　　　　　　54 000
　　　基本生产成本　　　　　　　　　　　　　　　　632 000
　　　制造费用　　　　　　　　　　　　　　　　　　 62 100
　　　管理费用　　　　　　　　　　　　　　　　　　 49 600
　　　销售费用　　　　　　　　　　　　　　　　　　 46 300
　　贷：辅助生产成本——供电车间　　　　　　　　　504 000
　　　　　　——供水车间　　　　　　　　　　　　　367 200
（2）分配差额，差额全部由管理费用承担。
借：管理费用　　　　　　　　　　　　　　　　　　　28 800
　　贷：辅助生产成本——供电车间　　　　　　　　　 28 800
借：管理费用　　　　　　　　　　　　　　　　　　　10 800
　　贷：辅助生产成本——供水车间　　　　　　　　　 10 800

项目小结

　　本项目主要介绍了辅助生产费用的归集与分配。辅助生产成本的归集是通过"生产成本——辅助生产成本"科目进行的。有两种归集方式：一般情况下，先计入"制造费用"科目及所属明细账的借方进行归集，然后从其贷方直接转入或分配转入"生产成本——辅助生产成本"科目及所属明细账的借方；在辅助生产车间规模小、制造费用很少的情况下，可以不通过"制造费用"科目核算，直接计入"生产成本——辅助生产成本"科目和所属明细账的借方。

　　辅助生产费用的分配方法主要有直接分配法、交互分配法、代数分配法、按计划成本分配法，企业可以根据自己的生产特点选择合理、简便的方法。

复习与训练

一、单项选择题

1. 使分配结果最准确的辅助生产费用的分配方法是（　　）。
   A. 直接分配法　　　　　　　　　B. 交互分配法
   C. 代数分配法　　　　　　　　　D. 按计划成本分配法
2. 采用交互分配法分配辅助生产费用时，其分配结果（　　）。
   A. 最准确　　　B. 较准确　　　C. 不准确　　　D. 准确
3. 下列宜采用直接分配法分配辅助生产费用的是（　　）。
   A. 各辅助生产车间相互受益程度有明显顺序
   B. 计算工作已经实现电算化
   C. 企业定额管理制度比较健全
   D. 辅助生产相互提供劳务或产品不多
4. 按计划成本分配法分配辅助生产费用时，某辅助生产车间实际总成本的计算方法是该车间待分配费用（　　）。
   A. 加上分配转入的费用

B. 加上分配转出的费用减去分配转入的费用
C. 减去分配转出的费用
D. 减去分配转出的费用加上分配转入的费用

5. 下列方法中，属于辅助生产费用分配方法的是（　　）。
A. 定额成本法　　　　　　　　　　B. 按计划成本分配法
C. 生产工时比例分配法　　　　　　D. 机器工时比例分配法

6. 采用交互分配法分配辅助生产费用时，第一次交互分配是在（　　）之间进行的。
A. 各受益的辅助生产车间　　　　　B. 各受益的基本生产车间
C. 辅助生产车间以外的受益单位　　D. 各受益的企业管理部门

二、多项选择题

1. 辅助生产车间发生的制造费用可分配计入（　　）等科目的借方。
A. "基本生产成本"　　　　　　　　B. "辅助生产成本"
C. "管理费用"　　　　　　　　　　D. "制造费用"

2. 辅助生产车间发生的制造费用，在会计上有两种处理方法，即计入（　　）。
A. "制造费用"　　　　　　　　　　B. "管理费用"
C. "辅助生产成本"　　　　　　　　D. "销售费用"

3. 下列辅助生产费用分配法中，需要经过两次分配的有（　　）。
A. 直接分配法　　　　　　　　　　B. 交互分配法
C. 代数分配法　　　　　　　　　　D. 按计划成本分配法

4. 企业最常用的辅助生产费用分配方法是（　　）。
A. 直接分配法　　　　　　　　　　B. 交互分配法
C. 代数分配法　　　　　　　　　　D. 按计划成本分配法

5. 采用按计划成本分配法分配辅助生产费用，其成本差异的处理方法有（　　）。
A. 分配给所有受益部门负担　　　　B. 列为当月管理费用
C. 转作本车间制造费用处理　　　　D. 由辅助生产车间以外的受益部门负担

6. 辅助生产费用分配转出时，可以（　　）。
A. 借记"制造费用"账户　　　　　　B. 借记"管理费用"账户
C. 借记"在建工程"账户　　　　　　D. 贷记"辅助生产成本"账户
E. 借记"辅助生产成本"账户

7. 辅助生产车间不设"制造费用"账户核算是因为（　　）。
A. 辅助生产车间数量很少　　　　　B. 制造费用很少
C. 辅助生产车间不对外提供商品　　D. 辅助生产车间规模很小
E. 简化核算工作

8. 采用代数分配法分配辅助生产费用（　　）。
A. 能够提供准确的分配计算结果　　B. 能够简化费用的分配计算工作
C. 适用于实现电算化的企业　　　　D. 便于分析考核各受益单位成本
E. 核算结果不准确

三、判断题

1. 辅助生产与基本生产的最大区别是生产的目的不同。　　　　　　　　　　（　　）
2. 交互分配法考虑了辅助生产车间相互消耗劳务的因素，因而分配的结果是完全符合实际的。　　　　　　　　　　　　　　　　　　　　　　　　　　　　　　　　　　　（　　）

3. 直接分配法适用于各辅助生产车间相互耗用劳务较少的企业。（　　）
4. 按计划成本分配法适用于辅助生产劳务计划分配率比较准确的企业。（　　）
5. 用交互分配法分配辅助生产费用，实际上就是进行两次费用分配。（　　）
6. 在辅助生产费用分配的各种方法中，交互分配法的结果最准确。（　　）
7. 直接分配法下，费用分配率（单位成本）应以待分配费用除以供应的劳务总量。（　　）
8. 采用按计划成本分配法分配辅助生产费用，不必在辅助生产之间进行交互分配。（　　）
9. 制造业的辅助生产只为基本生产和经营管理服务进行产品生产和提供劳务。（　　）
10. 代数分配法的分配结果是最准确的。（　　）
11. 在采用直接分配法分配辅助生产费用时，应考虑各辅助生产车间相互提供产品或劳务的情况。（　　）
12. "辅助生产成本"账户一般应按辅助生产车间，车间下再按产品或劳务种类设置明细账，账中按照成本项目或费用项目设立专栏进行明细核算。（　　）
13. 采用代数分配法，首先根据解联方程的原理计算辅助生产的单位成本，其次根据各受益单位（包括辅助生产内部和外部各单位）耗用的数量和单位成本分配辅助生产费用。（　　）

四、实务操作题

资料：某企业设有供电和机修两个辅助生产车间，在交互分配前，供电车间本月生产费用为 36 400 元，机修车间本月生产费用为 33 600 元。本月供电车间供电 110 000 度，其中，机修车间耗用 10 000 度，产品生产耗用 80 000 度，基本生产车间照明耗用 8 000 度，厂部管理部门耗用 12 000 度。本月机修车间修理工时为 10 600 小时，其中，供电车间为 600 小时，基本生产车间为 7 000 小时，厂部管理部门为 3 000 小时。

要求：根据资料分别采用直接分配法、交互分配法和按计划成本分配法（假定每度电计划成本为 0.345 元，每修理工时计划成本为 3.46 元，成本差异计入管理费用）分配辅助生产费用，并据以编制会计分录。

项目实训

实训六：辅助生产费用的归集与分配实训

（一）实训目的

通过实训让学生熟悉辅助生产费用会计处理的基本原理，掌握费用归集与分配主要方法的要点，熟练运用会计处理的基本流程进行费用的归集、分配与核算，灵活并熟练地掌握和运用辅助生产费用归集、分配与会计核算基本方法和基本技能。

（二）实训资料

1. 企业基本情况同实训二资料。
2. 企业会计处理的相关规定。

企业辅助生产费用的分配一直采用直接分配法进行。2022 年 8 月，为了更好地适应公司内部经济管理和经济核算的要求，将辅助生产费用的分配方法由直接分配法改为按计划成本分配法。

3. 辅助生产费用发生情况。

（1）材料费用、动力费用、职工薪酬费用、折旧费用等费用的发生情况，见实训二至实训五。

（2）当月用银行转账方式支付的其他费用（费用单据略）：供水车间发生其他费用共计1 638.4元，机修车间发生其他费用共计1 857元。

4. 辅助生产车间劳务情况，如表3-10、表3-11所示。

表3-10　供水车间提供劳务统计表

2022年8月　　　　　　　　　　　　　　　　　　　　　　　　　单位：吨

项目	机修车间	生产车间		行管部门	合计
		产品用	一般用		
劳务供应量	500	2 500	500	1 000	4 500

表3-11　机修车间提供劳务统计表

2022年8月　　　　　　　　　　　　　　　　　　　　　　　　　单位：小时

项目	供水车间	生产车间	行管部门	合计
劳务供应量	200	2 700	500	3 400

5. 2022年8月，该公司辅助生产车间发生费用及劳务情况如下。

（1）材料费用。

供水车间：领用消耗性材料4 000元，辅助材料3 200元。

机修车间：领用消耗性材料1 500元，修理用备件20 500元。

（2）职工薪酬。

供水车间：工资费用5 200元。

机修车间：工资费用3 500元。

同时，按工资费用的14%计提职工福利费用。

（3）折旧费用。

供水车间：当月计提折旧额560元。

机修车间：当月计提折旧额400元。

（4）其他费用。

供水车间：用银行存款支付其他费用550元。

机修车间：用银行存款支付其他费用720元。

（5）劳务供应情况，如表3-12、表3-13所示。

表3-12　供水车间提供劳务统计表

2022年8月　　　　　　　　　　　　　　　　　　　　　　　　　单位：吨

项目	机修车间	生产车间		行管部门	合计
		产品用	一般用		
劳务供应量	600	2 000	500	300	3 400

表3-13　机修车间提供劳务统计表

2022年8月　　　　　　　　　　　　　　　　　　　　　　　　　单位：小时

项目	供水车间	生产车间	行管部门	合计
劳务供应量	220	2 530	300	3 050

（6）计划单位成本。

供水车间：4.7元/吨。

机修车间：9.6元/小时。

（三）实训要求

训练直接分配法、按计划成本分配法和交互分配法等3种常用的辅助生产费用分配方法。三种分配方法实训要求如下。

1. 直接分配法的实训要求。

（1）根据项目二和本实训有关资料，登记"辅助生产明细账"。

（2）编制"辅助生产费用分配表"。

（3）根据分配结果，填制相应的会计凭证（或编制相关的会计分录），并登记相应会计账簿。

2. 按计划成本分配法的实训要求。

（1）根据7月有关资料，继续登记"辅助生产明细账"。

（2）编制"辅助生产费用分配表"。

（3）根据分配结果，填制相应的会计凭证（或编制相关的会计分录），并登记相应会计账簿。

3. 交互分配法的实训要求。

如果该公司在8月将原直接分配法改为交互分配法，则要求：

（1）根据8月的辅助生产费用及劳务资料，编制"辅助生产费用分配表"；

（2）根据分配结果，填制相应的会计凭证（或编制相关的会计分录），并登记相应会计账簿。

以上计算过程中，费用分配率结果保留四位小数，金额保留两位小数，如果有尾差，则计入"管理费用"。

（四）实训准备

1. 结合教材内容，理顺辅助生产费用会计处理的基本程序，掌握辅助生产费用分配方法的知识要点和操作要领，熟悉辅助生产费用归集、分配与核算的基本知识。

2. 会计信息载体资料：辅助生产明细账页2张，辅助生产费用分配表3张，会计记账凭证若干及其他相关的明细账。

（五）实训过程

1. 根据当期发生的经济业务填制记账凭证或编制会计分录。

2. 根据实训各项费用分配表提供的资料以及会计凭证或分录、当期费用支出情况，登记供水车间和机修车间的辅助生产明细账（假定8月不考虑周转材料的摊销问题）（见表3-14、表3-15）。

表 3-14 辅助生产明细账（一）

生产车间：　　　　　　　　　　　　　　　产品：

年		凭证字号	摘要	成本项目				合计
月	日							

表 3-15 辅助生产明细账（二）

生产车间：　　　　　　　　　　　　　　　产品：

年		凭证字号	摘要	成本项目				合计
月	日							

3. 根据辅助生产明细账归集的当期费用金额和辅助生产车间劳务供应情况，依据费用分配方法的特点，编制"辅助生产费用分配表"（见表3-16、表3-17、表3-18）。

表3-16 辅助生产费用分配表（直接分配法）

2022年7月　　　　　　　　　　　　　　　　　　　　　　　　　　金额单位：元

项目			供水车间	机修车间	合计
应分配费用总额					
提供的应分配劳务总量					
费用分配率					
应借账户	基本生产成本	耗用数量			
		承担费用			
	制造费用	耗用数量			
		承担费用			
	管理费用	耗用数量			
		承担费用			
分配费用合计					

表3-17 辅助生产费用分配表（按计划成本分配法）

2022年8月　　　　　　　　　　　　　　　　　　　　　　　　　　金额单位：元

项目			供水车间	机修车间	合计
应分配费用总额					
提供的劳务总量					
计划成本					
应借账户	生产成本	耗用数量			
		承担费用			
		耗用数量			
		承担费用			
		耗用数量			
		承担费用			
	制造费用	耗用数量			
		承担费用			
	管理费用	耗用数量			
		承担费用			
计划分配费用合计					
辅助生产实际成本					
成本差异额					

表 3-18 辅助生产费用分配表（交互分配法）

2022 年 8 月　　　　　　　　　　　　　　　　　金额单位：元

项目			对内（交互）分配			对外分配		
			供水车间	机修车间	合计	供水车间	机修车间	合计
待分配费用总额								
提供的应分配劳务总量								
费用分配率								
应借账户	辅助生产成本	供水车间 耗用数量						
		供水车间 承担费用						
		机修车间 耗用数量						
		机修车间 承担费用						
	分配费用合计							
	基本生产成本	耗用数量						
		承担费用						
	制造费用	耗用数量						
		承担费用						
	管理费用	耗用数量						
		承担费用						
	分配费用合计							

4. 根据费用分配表的分配结果，填制记账凭证或编制会计分录，并登记相应的明细账。

项目四 制造费用的归集与分配

ITEM 4

学习目标
○ 掌握制造费用归集与分配的具体方法，并合理选择分配方法

能力目标
○ 能合理选择制造费用分配方法并进行分配

思政目标
○ 具有团队精神和协作精神
○ 培养良好的职业判断能力
○ 具有根据变化的环境进行自我学习与知识更新、补充的能力

任务一 制造费用的归集

一、制造费用的构成内容

（一）制造费用的定义

制造费用，是指工业企业的各个生产单位（车间、分厂）为生产产品或提供劳务发生的，应计入产品成本但没有专设成本项目的各项生产费用。这些费用的发生，首先要按生产单位予以归集，其次通过一定的分配方法分配给相应的受益对象（各产品）。

（二）制造费用的构成内容

不同企业，甚至是同一企业的不同车间、部门，制造费用包含的内容都可能各不相同。制造费用的大部分是间接生产费用，也包括一部分直接生产费用与组织管理生产费用，它们共同构成了管理费用的基本内容。制造费用一般由以下内容构成。

1. 直接生产费用

直接生产费用，是指直接用于产品生产，但在管理上不要求或核算上不方便单独核算，而没有专设成本项目的费用，如机器设备的折旧费、租赁费、保险费，生产工具等低值易耗品的摊销、设计制图费等。

2. 间接生产费用

间接生产费用，是指间接用于产品生产的费用，如车间生产用房屋的折旧费、租赁费、机物料消耗，车间生产用的照明费、取暖费、劳动保护费，车间生产用固定资产的季节性或大修理期间的停工损失等。

3．组织管理生产费用

组织管理生产费用，是指车间在组织和管理生产过程中发生的费用，如车间管理用房屋的折旧费、租赁费、保险费，车间管理人员的职工薪酬费用、取暖费、差旅费和办公费等。

（三）制造费用的构成项目

制造费用的会计处理是通过设置相应的费用项目进行的。制造费用的内容构成复杂，其项目并不是以构成内容分类设置的，而是按照费用的经济性质或经济用途，将性质相近或内容相同的费用合并设立的。构成制造费用明细项目主要有：职工薪酬、折旧费、保险费、机物料消耗费、租赁费、保险费、低值易耗品摊销、水电费、取暖费、办公费、劳动保护费、差旅费、设计制图费、试验检验费，以及季节性和修理期间停工损失等。在实际工作中，企业也可以根据管理需要和费用发生的具体情况对上述部分费用项目进行合并或细分。

（四）制造费用的账务处理程序

制造费用的账务处理，是通过"制造费用"总账账户完成的。"制造费用"账户被用来反映企业在一定时期内制造费用的分配情况，其借方归集企业在一定时期发生的各项制造费用，贷方登记分配结转的制造费用，除季节性生产按计划分配率分配法分配制造费用的企业外，制造费用月末一般无余额。首先通过"制造费用"账户把发生的制造费用汇集在一起，其次按一定的分配标准计入各个成本对象。制造费用的账务处理程序如图4-1所示。

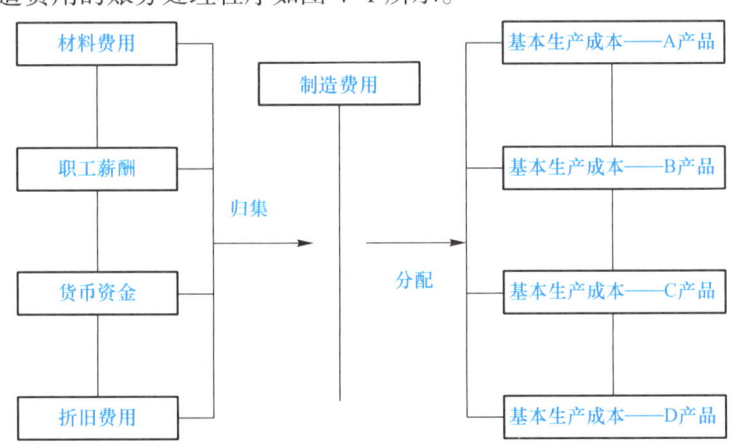

图4-1 制造费用的账务处理程序

（1）归集制造费用时：

借：制造费用
　　贷：应付职工薪酬/累计折旧原材料/银行存款等

（2）分配制造费用时：

借：基本生产成本——×产品——制造费用
　　辅助生产成本——×产品——制造费用
　　贷：制造费用——×车间/部门

二、制造费用的归集与账户设置

企业发生的各项制造费用，应按其用途和发生地点进行归集，根据各种费用分配表以及有关费用凭证，借记"制造费用"账户及所属的有关明细账，贷记"原材料""应付职工薪酬""银行存款""累计折旧"等账户。通过"制造费用"账户的借方，汇总了企业一定时期车间或分厂发生的各项制造费用。月末，分配转入"生产成本"账户，计入产品的制造成本。辅助生产车间发生的制造费用，如果是通过"制造费用"账户进行核算的，则比照基本生产制造费用核算；如果不通过"制造费用"账户核算，则全部计入"辅助生产成本"账户。

制造费用的归集是通过制造费用明细账进行的，制造费用按不同生产单位（车间、分厂）设明细账，账内按费用项目设专栏，分别反映各生产单位（车间、分厂）各项费用的发生情况。制造费用明细账格式如表4-1所示。

表4-1 制造费用明细账

生产车间：第二车间　　　　　　　2022年8月　　　　　　　　　　金额单位：元

年		凭证字号	摘要	借方项目						
月	日			材料	水电	工资	福利	折旧	辅助	合计
		1	领用原材料	940						940
		2	分配水费		1 130.5					1 130.5
		4	低值易耗品	1 300						1 300
		5	分配工资			3 874				3 874
		6	计提福利费				542.36			542.36
		7	计提折旧费					4 133.14		4 133.14
		8	辅助生产成本						34 080	34 080
		9	本月费用合计	2 240	1 130.5	3 874	542.36	4 133.14	34 080	46 000
		10	分配结转	2 240	1 130.5	3 874	542.36	4 133.14	34 080	46 000

任务二　制造费用的分配

一、制造费用的分配原理

制造费用是产品成本的主要构成项目，无论是基本生产单位还是辅助生产单位，发生的制造费用都必须计入产品的生产成本。为了准确计算产品成本，必须合理地进行制造费用的分配。由于各生产单位（车间、分厂）的制造费用水平不同，制造费用的分配应该按生产单位（车间、分厂）分别进行。如果一个生产单位（车间、分厂）只生产一种产品，则该生产单位（车间、分厂）的制造费用应直接计入该种产品的成本；如果一个生产单位（车间、分厂）生产多种产品，则该生产单位（车间、分厂）制造费用是间接计入费用，应当采取适当的分配方法，将其分配计入各种产品成本。

在分配制造费用时，应按受益原则确定制造费用分配对象，计入基本生产车间或辅助生产车间生产的产品或提供的劳务的成本。

二、制造费用的分配方法

在分配制造费用时，需要选择一定的分配标准，标准不同，分配的方法就不同。

合理分配制造费用的关键是正确选择分配标准,其原则是:分配标准的资料必须容易取得且与制造费用存在客观的因果关系,通常情况下包括工时、工资和产量等。对制造费用进行分配,采取的方法有生产工时比例分配法、生产工人工资比例分配法、机器工时比例分配法、直接成本比例分配法、按年度计划分配率分配法、联合分配法、累计分配率分配法以及符合企业特点的其他独创方法等。

生产工时比例分配法、生产工人工资比例分配法、机器工时比例分配法、直接成本比例分配法的原理相通、计算简单,但是适用范围不完全一致。

选择制造费用分配方法必须符合可比性原则,分配方法一经确定,不得随意改变。

(一)生产工时比例分配法

生产工时比例分配法是一种以各种产品消耗的直接生产工人的生产工时为标准,分配制造费用的方法。

制造费用分配率＝待分配的制造费用／生产单位各产品生产工人工时总额

某种产品应分配的制造费用＝某种产品生产工时 × 制造费用分配率

【例 4-1】 第二车间制造费用总额为 21 000 元,甲产品生产工时为 12 000 小时,乙产品生产工时为 8 000 小时,请将制造费用在甲、乙产品之间进行分配。

制造费用分配率＝ 21 000/(12 000 ＋ 8 000)＝ 1.05(元／小时)

甲产品应分配制造费用＝ 12 000×1.05 ＝ 12 600(元)

乙产品应分配制造费用＝ 8 000×1.05 ＝ 8 400(元)

借:基本生产成本——甲产品——制造费用　　　　　　　　　　　　　12 600
　　　　　　　　——乙产品——制造费用　　　　　　　　　　　　　 8 400
　贷:制造费用——第二车间　　　　　　　　　　　　　　　　　　　21 000

在实际工作中,制造费用分配是通过编制"制造费用分配表"进行的,如表 4-2 所示。

表 4-2　立新公司制造费用分配表

生产车间:第二车间　　　　　　2022 年 8 月　　　　　　金额单位:元

应借账户		成本费用项目	生产工时／小时	分配率／(元／小时)	分配金额
总账	明细账				
基本生产成本	B 产品	制造费用	1 600		18 400
	C 产品	制造费用	2 400		27 600
合计			4 000	11.5	46 000

会计主管:赵立新　　　　　复核:张平　　　　　制单:吴安娜

根据费用分配表编制会计分录如下。

借:基本生产成本——B 产品　　　　　　　　　　　　　　　　　　　18 400
　　　　　　　　——C 产品　　　　　　　　　　　　　　　　　　　27 600
　贷:制造费用——第二车间　　　　　　　　　　　　　　　　　　　46 000

生产工时比例分配法是较为常用的一种分配方法,它能将劳动生产率的高低与产品负担费用的多少联系起来,分配结果比较合理,适用于大多数企业。

(二)生产工人工资比例分配法

生产工人工资比例分配法是以计入各种产品成本的生产工人的工资为标准,分配制造费用的一种方法。由于工资费用分配表中有现成的生产工人工资资料,因此按生产工人工资比例分配制造费用核算工作很简便。但日常需做好产品工时记录等基础工作，保证生产工时准确、可靠。

制造费用分配率＝待分配的制造费用／生产单位各产品生产工人工资总额

某种产品应分配的制造费用＝某种产品生产工人工资 × 制造费用分配率

生产工人工资比例分配法适用于各种产品生产的机械化程度相差不大的情况。如果各种产品生产的机械化程度有高有低，相差很大，机械化程度高的产品，由于工资费用少，分配负担的制造费用也少，会影响费用分配的合理性。

如果生产工人工资是按照生产工时比例分配计入各种产品成本的，那么按照生产工人工资比例分配制造费用，实际上就是按照生产工时比例分配制造费用。

（三）机器工时比例分配法

机器工时比例分配法是按照各种产品生产所用机器设备的运转工作时数的比例分配制造费用的一种方法。

制造费用分配率＝待分配的制造费用／生产单位各产品机器工时总额

某种产品应分配的制造费用＝某种产品机器工时 × 制造费用分配率

机器工时比例分配法适用于机械化程度和自动化程度较高的生产车间，因为这些车间归集的制造费用中，与机器设备使用有关的费用（如折旧、修理和动力等费用）占比较大，而这部分费用与机器设备运转的时间有着密切联系，因此按机器工时比例分配制造费用是比较合理的。在采用这种方法时，必须有各种产品所用机器工时的原始记录。

（四）直接成本比例分配法

直接成本比例分配法是以计入各种产品成本的直接成本（直接材料、直接人工、燃料及动力）总额为标准，分配制造费用的一种方法。由于生产成本明细账中有现成的直接成本资料，按直接成本比例分配法分配制造费用简便易行。

制造费用分配率＝待分配的制造费用／各产品直接成本总额

某种产品应分配的制造费用＝某种产品直接成本总额 × 制造费用分配率

如果企业产品成本中原材料费用所占比重较大，则可以把直接材料费用作为标准分配制造费用。

（五）按年度计划分配率分配法

按年度计划分配率分配法是根据企业正常生产经营条件下的年度制造费用计划数和计划的定额标准数，事先计算分配率，然后按年度计划分配率分配制造费用的一种方法。一般采用产品定额工时（或标准工时）为定额标准分配制造费用。

在按年度计划分配率分配法下，制造费用的分配通常是按以下步骤进行的。

第一步，年初确定计划分配率。其计算公式如下：

年度计划分配率＝年度制造费用计划总额／年度计划产量的定额标准总数

第二步，每月月末分配制造费用。其分配公式如下：

某产品应负担的制造费用＝该产品实际产量的定额标准 × 制造费用计划分配率

第三步，年末进行差异调整。计划分配额与实际发生额之间的差额，在年终进行一次性调整。调整方法是按各产品已分配制造费用的比例进行再分配。

按年度计划分配率分配法进行分配，结果和企业实际发生的制造费用之间肯定会产生差额，对该差额的处理方式为：平时（1—11 月）将该差额留在"制造费用"账户中；年末，按照各种产品已分配数额的比例计入 12 月成本。借记"生产成本"账户，贷记"制造费用"账户，如果实际发生额小于计划分配额，则用红字冲减。

制造费用差额＝实际制造费用－按年度计划分配率分配的制造费用

差额分配率＝差额／按年度计划分配率分配的制造费用

某产品应分配的差额＝该产品按年度计划分配率分配的制造费用 × 差额分配率

采用按年度计划分配率分配法，不管各月实际发生的制造费用是多少，每月各种产品中的制造费用都按年度计划分配率分配，但在年度内如果发现全年的制造费用实际数和产量实际数与计划相比可能发生较大误差时，应及时调整计划分配率。

按年度计划分配率分配法核算工作简便，适用于季节性生产的企业，因为年度计划分配率不受淡月和旺月产量相差悬殊的影响，不会造成各月单位产品成本中制造费用忽高忽低的问题。但是，该方法要求计划工作水平较高，否则会影响产品成本计算的准确性。

【例4-2】 工贸公司一车间全年预算制造费用为180 000元，甲产品定额工时为13小时/件，年计划产量为11 000件；乙产品定额工时为10小时/件，年计划产量为5 700件。当年12月，该车间甲产品实际产量为1 000件，乙产品实际产量为550件。年末核算时，该车间实际发生制造费用为189 000元。1—11月按计划分配率分配的制造费用甲产品为122 400元，乙产品为53 550元。

甲产品全年计划产量的定额工时＝11 000×13＝143 000（小时）

乙产品全年计划产量的定额工时＝5 700×10＝57 000（小时）

制造费用预算分配率＝$\dfrac{180\,000}{143\,000 + 57\,000}$＝0.9（元/小时）

12月甲产品实际定额工时＝1 000×13＝13 000（小时）

12月乙产品实际定额工时＝550×10＝5 500（小时）

12月甲产品应负担的制造费用＝13 000×0.9＝11 700（元）

12月乙产品应负担的制造费用＝5 500×0.9＝4 950（元）

年末差额分配：

按年度计划分配率分配给甲产品的制造费用＝122 400＋11 700＝134 100（元）

按年度计划分配率分配给乙产品的制造费用＝53 550＋4 950＝58 500（元）

差额＝189 000－（134 100＋58 500）＝－3 600（元）

差额分配率＝$\dfrac{-3\,600}{134\,100 + 58\,500}$＝－0.018 7

甲产品应分配的差额＝134 100×（－0.018 7）＝－2 507.67（元）

乙产品应分配的差额＝58 500×（－0.018 7）＝－1 093.95（元）

12月的会计分录：

借：基本生产成本——车间——甲产品　　　　　　　　　　　　　　　11 700
　　　　　　　　　　——乙产品　　　　　　　　　　　　　　　　　　 4 950
　　贷：制造费用　　　　　　　　　　　　　　　　　　　　　　　　 16 650
借：基本生产成本——车间——甲产品　　　　　　　　　　　　　　　2 507.67
　　　　　　　　　　——乙产品　　　　　　　　　　　　　　　　　　1 093.95
　　贷：制造费用　　　　　　　　　　　　　　　　　　　　　　　　 3 600

（六）联合分配法

联合分配法是根据制造费用中各类费用项目的特点，将费用项目重新划分为若干类，每类分别选择不同的合理标准进行分配。

（七）累计分配率分配法

累计分配率分配法是在产品完工时一次性分配其应负担的全部制造费用，至于未完工产品暂不分配，其应负担的费用保留在"制造费用"账户中，待其完工后一次性分配。累计分配率分配法适用于简化的分批法，在后面介绍分批法时再详细讲解。

项目小结

本项目主要介绍了制造费用的归集与分配。

制造费用根据不同分配标准，选择不同的分配方法，主要有生产工时比例分配法、生产工人工资比例分配法、机器工时比例分配法、直接成本比例分配法、按年度计划分配率分配法等。

复习与训练

一、单项选择题

1. 下列项目中属于制造费用的是（　　）。
   A. 生产工人的计时工资　　　　　　　　B. 企业管理人员的工资
   C. 车间管理人员的工资　　　　　　　　D. 生产工人的计件工资

2. 下列项目中属于制造费用分配方法的是（　　）。
   A. 约当产量法　　　　　　　　　　　　B. 定额比例法
   C. 分步计算法　　　　　　　　　　　　D. 工时比例法

3. 下列制造费用分配方法中，使制造费用账户可能出现余额的是（　　）。
   A. 生产工时比例分配法　　　　　　　　B. 生产工人工资比例分配法
   C. 机器工时比例分配法　　　　　　　　D. 按年度计划分配率分配法

4. 某公司是季节性生产企业，且管理比较先进，该企业为准确核算产品成本，应当采用的制造费用分配方法是（　　）。
   A. 生产工时比例分配法　　　　　　　　B. 生产工人工资比例分配法
   C. 机器工时比例分配法　　　　　　　　D. 按年度计划分配率分配法

5. 如果同一车间生产若干产品的机械化程度不同，则对该项车间发生的制造费用宜采用的分配方法是（　　）。
   A. 生产工时比例分配法　　　　　　　　B. 生产工人工资比例分配法
   C. 机器工时比例分配法　　　　　　　　D. 按年度计划分配率分配法

6. 某基本生产车间本月归集制造费用15 000元，本月该车间生产了A、B两种产品，产量分别为200件和300件，本月该车间为生产A、B产品共耗用生产工时8 000小时。其中，A产品耗用3 000小时、B产品耗用5 000小时，则该车间制造费用的分配率为（　　）元/小时。
   A. 30　　　　　　B. 5　　　　　　C. 3　　　　　　D. 1.875

7. 如果某一基本生产车间只生产一种产品，则发生的制造费用应（　　）。
   A. 直接计入产品生产成本
   B. 归集在"制造费用"账户
   C. 在"管理费用"账户中列支
   D. 根据费用要素情况计入相应的成本项目

8. 适用于季节性生产的车间分配制造费用的方法是（　　）。
   A. 生产工时比例分配法　　　　　　　　B. 生产工人工资比例分配法

C. 机器工时比例分配法　　　　　　　D. 按年度计划分配率分配法

9. 某企业的制造费用采用机器工时比例分配法进行分配。该企业当月生产甲、乙两种产品，共发生制造费用200万元。当月生产甲、乙两种产品共耗用500小时，其中，甲产品耗用300小时、乙产品耗用200小时。乙产品应分配的制造费用为（　　）万元。

A. 130　　　　　B. 120　　　　　C. 80　　　　　D. 70

二、多项选择题

1. 分配制造费用常用的方法有（　　）。
   A. 生产工时比例分配法　　　　　　B. 机器工时比例分配法
   C. 按年度计划分配率分配法　　　　D. 按计划成本分配法
2. 下列费用中，属于制造费用的有（　　）。
   A. 机器设备折旧费　　　　　　　　B. 车间照明用电费用
   C. 产品"三包"费用　　　　　　　　D. 产品包装费用
3. 企业的制造费用可分为（　　）。
   A. 直接用于产品生产但未专设成本项目的费用
   B. 间接生产产品的费用
   C. 企业管理部门管理生产的费用
   D. 生产部门发生的产品生产管理费用
4. 制造费用分配的方法有（　　）。
   A. 机器工时比例分配法　　　　　　B. 产量比例分配法
   C. 生产工人工资比例分配法　　　　D. 按年度计划分配率分配法
5. 分配制造费用时，可能借记的账户有（　　）。
   A. "生产费用"　　B. "营业费用"　　C. "管理费用"
   D. "基本生产成本"　　E. "辅助生产成本"
6. 按年度计划分配率分配法分配制造费用，"制造费用"账户月末（　　）。
   A. 可能有月末余额　　B. 无月末余额　　C. 可能有借方余额
   D. 可能有贷方余额　　E. 可能无月末余额

三、判断题

1. 所有生产车间发生的各种制造费用，一律通过"制造费用"科目核算。（　　）
2. 机械化程度基本接近的产品应负担的制造费用，要按机器工时比例进行分配后计入产品成本。（　　）
3. 按年度计划分配率分配法分配制造费用，特别适用于季节性生产企业，同时要求有较高的计划工作水平。（　　）
4. 制造费用计入产品生产成本的方法有两种，可以直接计入，也可以分配计入。（　　）
5. 制造费用在采用按年度计划分配率分配法时，其实际与计划的差额应在年末调整计入当月的产品成本。（　　）
6. 在按年度计划分配率分配法下，制造费用明细账及总账科目，月末可能会有余额，若余额在借方，则表示超过计划所计费用，属于待摊费用。（　　）
7. 制造费用采用的所有分配方法，分配结果是制造费用科目期末没有余额。（　　）

四、实务操作题

某基本生产车间生产甲、乙、丙3种产品，共计生产工时25 000小时，其中，甲产品耗用 5 000 小时、乙产品耗用 10 000 小时、丙产品耗用 10 000 小时。本月发生各种间接费用如下：

（1）以银行存款支付劳动保护费 2 700 元；
（2）车间管理人员工资 4 000 元；
（3）按车间管理人员工资的 14% 提取福利费；
（4）车间消耗材料 1 500 元；
（5）车间固定资产折旧费 2 000 元；
（6）预提修理费 1 000 元；
（7）本月摊销保险费 800 元；
（8）辅助生产成本（修理、运输费）转入 1 400 元；
（9）以银行存款支付办公费、水电费、邮电费及其他支出等共计 1 890 元。

采用生产工时比例分配法在各种产品之间分配制造费用。

要求：根据上述资料编制制造费用发生和分配的会计分录（基本生产成本列明细账）。

项目实训

实训七：制造费用的归集与分配实训

（一）实训目的

通过实训，让学生全面领会制造费用会计处理的基本原理，掌握费用分配主要方法的基本要领和操作技能，熟练运用制造费用会计处理的操作流程，对该费用归集、分配与核算的全过程进行处理。

（二）实训资料

1. 企业基本情况同实训二。其制造费用的分配采用生产工时比例分配法。
2. 制造费用的发生情况。
（1）材料、动力、职工薪酬、折旧、辅助生产等费用的发生情况，见前面项目实训的费用分配表及相关会计资料。
（2）当月基本生产车间还发生了有关制造费用的经济业务，具体情况如下。
①生产车间购置办公用品计 1 321.9 元，发票略。
②车间为一线生产工人购买劳动保护用品 1 840 元，发票略。
3. 当月产品生产的工时资料见实训四。

（三）实训要求

1. 根据当期相关的经济业务编制会计凭证。
2. 根据会计凭证等资料，登记基本生产车间的"制造费用明细账"。
3. 根据明细账金额与产品生产工时资料，编制"制造费用分配表"。
4. 编制结转制造费用的记账凭证或会计分录，并登记制造费用明细账。

（四）实训准备

1. 归纳教材内容，理顺制造费用会计处理的基本程序，掌握辅助生产费用分配的各种方法的操作要领，熟悉辅助生产费用归集、分配与核算的基本知识。
2. 会计信息载体资料：多栏式制造费用明细账页和费用分配表各 1 张，会计记账凭证若干张及其他相关的明细账。

（五）实训过程

1. 对当期发生的经济业务进行分析，编制会计凭证或会计分录。
2. 根据实训二至实训六各项费用分配表提供的资料以及会计凭证或分录、当期费用支出情况，登记生产车间的"制造费用明细账"（见表4-3）。

表4-3 制造费用明细账

生产车间：　　　　　　　　　　　　年　月　　　　　　　　　金额单位：元

年		凭证字号	摘要	费用项目					合计
月	日								

3. 根据明细账归集的制造费用本期发生额和生产车间产品生产的实际工时情况，编制"制造费用分配表"（见表4-4）。

表4-4 制造费用分配表

2022年7月　　　　　　　　　　　　　　　　　　　　金额单位：元

应借账户			成本费用项目	生产工时/小时	分配率/（元/小时）	分配金额
总账	二级账	明细账				
生产成本	基本生产成本					
合计						

4. 根据"制造费用分配表"的分配结果，填制记账凭证或编制会计分录结转制造费用，并登记制造费用明细账。

ITEM 5

生产损失费用的归集与分配

项目五

学习目标
○ 熟悉废品损失的含义
○ 掌握废品损失、停工损失核算的具体方法

能力目标
○ 能进行废品损失、停工损失的核算

思政目标
○ 培养学生勤俭节约精神
○ 培养学生具有严谨、诚信的职业品质和良好的职业道德
○ 培养良好的职业判断能力

企业的损失分为非生产损失和生产损失。

非生产损失，是指由于企业经营管理或其他原因造成的损失。如资产减值损失（坏账损失、跌价损失等），财产物资等的盘亏、毁损、变质损失，投资损失，汇兑损失，非常损失等。其特点是与产品生产没有直接关系，不计入产品成本，应根据损失的原因、性质和相关制度规定，列入资产减值损失、期间费用、投资收益、营业外支出等。

生产损失，是指企业在生产过程中由于原材料和半成品不符合要求、生产工人违规操作、机器设备故障等原因，企业不能正常生产产品而发生的耗费。其特点是与产品生产有直接关系，通常计入产品成本，由相关产品承担。

如果企业生产损失的数额较小，或不经常发生，为了简化成本核算，就可以不单独进行生产损失的核算；如果企业生产损失经常发生，在产品成本中所占比重较大，对产品成本的影响也较大，就要单独进行生产损失核算，即单独归集生产损失，计算发生的生产损失数额，以加强对生产损失的管理和控制。基本生产一般可单独核算生产损失，辅助生产一般不单独核算生产损失。

生产损失主要是指废品损失和停工损失。

思政小常识

想要减少废品损失，实现有效的成本管理，企业管理者就要重视成本控制的每个环节。不管是对物的管理、对流程的管理，还是对人的管理，都要科学合理。企业管理者应对具体问题进行具体分析，在管理过程中应兼顾成本和效率。

例如，在生产经营过程中，企业可以通过改良生产设备、优化生产流程、提高生产工艺、培养职工的操作技能等手段达到减少废品损失的目的。

任务一　废品损失的核算

一、废品损失及其分类

（一）废品及其分类

1. 废品的定义

废品是指不符合规定的技术标准，不能按照原定用途使用，或者需要重新加工修理后才能使用的在产品、半成品和产成品。

2. 废品的分类

（1）按照报损程度和修复价值，废品分为可修复废品和不可修复废品。

可修复废品，是指在技术上、工艺上可以修复，经过修理后可按照原用途使用，而且支付的修复费用在经济上合算的废品（可以修复和经济上合算两个条件需要同时具备）。

不可修复废品，是指在技术上、工艺上无法修复，或者虽可修复，但支付的修复费用在经济上不合算的废品（无法修复和经济上不合算两个条件只需要具备其一）。

（2）按照产生原因，废品分为工废品和料废品。

工废品，是指本工序生产工人操作不当造成的废品，属于本工序操作工人的责任。

料废品，是指送来加工的原材料或半成品的质量不符合要求造成的废品，责任应该由材料采购部门或上一工序的操作工人承担，而不属于本工序操作工人的责任。

（二）废品损失及其分类

1. 废品损失的定义

废品损失，是指生产过程中因出现废品而发生的损失，包括在生产过程中发现的、入库后发现的各种废品的报废损失和修复费用。具体来说，是可修复废品的修复费用和不可修复废品的生产成本扣除残值与责任赔款后的净损失。

2. 废品损失的分类

废品损失分为两类：一是不可修复废品的废品损失，废品损失＝报废废品的生产成本－残料价值－应收赔款；二是可修复废品的废品损失，废品损失＝可修复废品的修复费用－残料价值－应收赔款。

由于两类废品损失核算内容不同，归集与分配的程序也不相同。

3. 不属于废品损失的范围

（1）应由过失或责任人赔偿的废品损失。

（2）可以降价出售的不合格品的降价损失。

（3）库后管理不善造成的损坏变质损失。

（4）"三包"企业产品出售后发现的废品发生的所有损失。

二、账户设置

单独核算废品损失的企业，需要单独设置"废品损失"账户，并在"基本生产成本"账户增设

"废品损失"成本项目归集、分配企业在生产过程中发生的废品损失。

"废品损失"账户的借方登记不可修复废品的生产成本和不可修复废品的修复成本,贷方登记回收的废品残值、责任人赔款和分配转出的废品净损失,月末一般无余额。"废品损失"账户应按生产车间和产品品种设置明细账,账内按成本项目设置专栏。

在废品核算时,应遵循一定的凭证手续,这些凭证包括废品通知单、废品交库单、返修用料领料单等。

发现废品后,产品质量检验人员都应填制"废品通知单"。"废品通知单"一式三联:一联由生产部门存查,一联交质量检验部门备案,一联交财会部门核算废品损失。交送仓库的不可修复废品,应另填"废品交库单",单上注明废品的残料价值,并作为残料入库的依据。可修复废品,在返修中领用的各种材料及所耗工时,应另填"领料单""工作通知单"等,单上注明"返修废品用",并作为核算修复费用的依据。

三、废品损失的核算

(一)可修复废品损失的归集和分配

可修复废品损失,是指在修复过程中发生的各项修复费用(包括修复期间发生的直接材料、直接人工和应分摊的制造费用等),扣除回收的残料价值和应收赔款以后的净损失。

在单独核算废品损失时,可修复废品发生的修复费用,应根据各种要素费用分配表归集计入"废品损失"账户,若有残值回收或赔偿收入,则应根据交库单和有关结算凭证,冲减可修复废品损失,最后将废品净损失转入产品生产成本。会计分录如下。

(1)归集可修复废品的修复费用。
  借:废品损失——××产品
    贷:原材料/应付职工薪酬/制造费用等
(2)结转残值或赔款。
  借:原材料/其他应收款
    贷:废品损失——××产品
(3)结转净损失。
  借:生产成本——基本生产成本——××产品
    贷:废品损失——××产品

在不单独核算废品时,发生的修理费用直接计入"基本生产成本"账户。

【例5-1】 立新公司铸造车间在产品质量检查中,发现10件A铸件出现不同程度的砂眼、气孔和飞边,已下废品通知单,上述废品经技术部门鉴定均可修复且修复费用较少,为可修复废品。修复每件A铸件实际耗用材料500元,实际耗用工时20小时,小时人工费用分配率为45.6元,小时制造费用分配率为25元,修复过程中回收残料(已入库)10元,应由废品责任人李某赔偿100元。

耗用的材料费用= 500(元)
耗用的人工费用= 20×45.6 = 912(元)
分配的制造费用= 20×25 = 500(元)
借:废品损失——铸造车间——A铸件　　　　　　　　　　　　1 912
　　贷:原材料　　　　　　　　　　　　　　　　　　　　　　　 500
　　　　应付职工薪酬　　　　　　　　　　　　　　　　　　　　 912
　　　　制造费用　　　　　　　　　　　　　　　　　　　　　　 500

借：原材料　　　　　　　　　　　　　　　　　　　　　　　　　　　　　　　　　10
　　其他应收款　　　　　　　　　　　　　　　　　　　　　　　　　　　　　　100
　贷：废品损失　　　　　　　　　　　　　　　　　　　　　　　　　　　　　　　　110
借：基本生产成本　　　　　　　　　　　　　　　　　　　　　　　　　　　　　1 802
　贷：废品损失　　　　　　　　　　　　　　　　　　　　　　　　　　　　　　　1 802

（二）不可修复废品的归集和分配

不可修复废品损失，是指不可修复废品的生产成本扣除回收的残料价值与应收赔款以后的净损失。

不可修复废品损失的归集与分配，要解决两个问题：一是损失费用的确定，由于不可修复废品损失是指净损失，而且包含在合格产品成本内，确定损失费用首先要采用一定的方法；二是损失费用的核算，即对损失费用的确定过程进行会计核算。

不可修复废品损失的成本与合格产品成本是同时发生的，并已归集计入该种产品的生产成本明细账中。为了归集和分配不可修复废品损失，必须先计算废品的成本，将其从该种产品总成本中分离出来。从当期生产费用中先剥离出不可修复废品的已耗成本，再扣除残值和责任赔款得出净损失费用。损失费用的确定是通过编制"废品损失计算表"完成的。

不可修复废品已耗成本的剥离计算，一般有两种方法：按废品所耗实际成本计算法和按废品所耗定额成本计算法。

1. 按废品所耗实际成本计算法计算不可修复废品成本

按废品所耗实际成本计算法计算不可修复废品成本，就是在计算废品损失时，根据废品和合格品发生的全部实际生产费用，采用一定的分配标准和方法，在合格品与废品之间分配。

当不可修复废品发生在完工入库时，合格品与废品应承担同等的费用，应以产量为两者的分配标准。计算公式如下：

$$费用分配率 = 待分配生产费用 / (合格品数量 + 不可修复废品数量)$$
$$不可修复废品应承担的费用 = 不可修复废品数量 \times 费用分配率$$

当不可修复废品发生在生产过程中时，若材料一次性投入，则材料费用以产量为分配标准，其他费用以加工进度（耗用工时）为分配标准；若材料分次投入，则可以后面将要学习的约当产量为分配标准。

【例5-2】2022年8月，立新公司一车间完工甲产品3 000件，经入库验收有2 955件合格品，45件不可修复废品。本月生产耗用直接材料7 200 000元，发生直接人工750 000元，制造费用450 000元；废品残值估价4 000元，已交仓库，应由过失人李某赔偿900元暂未收到。

根据以上资料，编制"废品损失计算表"，如表5-1所示。

表5-1　立新公司废品损失计算表

车间：一车间　　产品：甲　　2022年8月　　废品：45件　　金额单位：元

项目	直接材料	直接人工	制造费用	合计
生产费用总额	7 200 000	750 000	450 000	8 400 000
分配标准总和	3 000	3 000	3 000	3 000
费用分配率	2 400	250	150	—
废品成本	28 350	11 250	6 750	46 350
减　残值	4 000			4 000

续表

项目	直接材料	直接人工	制造费用	合计
赔款		900		900
废品净损失	24 350	10 350	6 750	41 450

根据"废品损失计算表",编制会计分录如下。
（1）转出废品成本。
借：废品损失——甲产品　　　　　　　　　　　　　　　　　　　　46 350
　　贷：基本生产成本——甲产品　　　　　　　　　　　　　　　　　46 350
（2）结转废品残值。
借：原材料　　　　　　　　　　　　　　　　　　　　　　　　　　4 000
　　贷：废品损失——甲产品　　　　　　　　　　　　　　　　　　　4 000
（3）计算结转赔款。
借：其他应收款——李某　　　　　　　　　　　　　　　　　　　　900
　　贷：废品损失——甲产品　　　　　　　　　　　　　　　　　　　900
（4）结转净损失。
借：基本生产成本——甲产品　　　　　　　　　　　　　　　　　　41 450
　　贷：废品损失——甲产品　　　　　　　　　　　　　　　　　　　41 450
如果企业不单独核算废品损失，则只需要结转废品残值和赔款即可。编制会计分录如下。
借：原材料　　　　　　　　　　　　　　　　　　　　　　　　　　4 000
　　其他应收款——李某　　　　　　　　　　　　　　　　　　　　900
　　贷：基本生产成本——甲产品　　　　　　　　　　　　　　　　　4 900
不可修复废品成本按实际费用计算和分配废品损失，虽然符合实际，但核算的工作量较大，且须等"基本生产成本"实际生产费用汇总以后才能计算、结转废品实际成本。

2. 按废品所耗定额成本计算法计算不可修复废品成本

按废品所耗定额成本计算不可修复废品成本，就是按不可修复废品的数量和各项费用定额计算废品的定额成本，再将废品的定额成本扣除回收的残料价值和应收赔款，计算出废品损失，而不考虑废品实际发生的成本。

【例 5-3】 沿用【例 5-2】资料，假设立新公司甲产品的单位产品定额资料为直接材料 2 500 元，直接人工 240 元，制造费用 140 元，则编制的"废品损失计算表"如表 5-2 所示。

表 5-2　立新公司废品损失计算表

车间：一车间　　　产品：甲　　　2022 年 8 月　　　废品：45 件　　　金额单位：元

项目	直接材料	直接人工	制造费用	合计
单位产品费用定额	2 500	240	140	2 880
废品定额成本	112 500	10 800	6 300	129 600
减　残值	4 000			4 000
赔款		900		900
废品净损失	108 500	9 900	6 300	124 700

根据"废品损失计算表",编制会计分录如下。

(1)转出废品成本。

借:废品损失——甲产品　　　　　　　　　　　　　　　　　　　　　　　　　　129 600
　　贷:基本生产成本——甲产品　　　　　　　　　　　　　　　　　　　　　　　129 600

(2)结转废品残值。

借:原材料　　　　　　　　　　　　　　　　　　　　　　　　　　　　　　　　4 000
　　贷:废品损失——甲产品　　　　　　　　　　　　　　　　　　　　　　　　　4 000

(3)计算结转赔款。

借:其他应收款——李某　　　　　　　　　　　　　　　　　　　　　　　　　　900
　　贷:废品损失——甲产品　　　　　　　　　　　　　　　　　　　　　　　　　900

(4)结转净损失。

借:基本生产成本——甲产品　　　　　　　　　　　　　　　　　　　　　　　　124 700
　　贷:废品损失——甲产品　　　　　　　　　　　　　　　　　　　　　　　　　124 700

任务二　停工损失的核算

一、停工与停工损失的内容

(一)停工的定义及种类

停工,是指企业生产过程的中断。企业的停工可分为计划内停工和计划外停工:计划内停工,是指计划规定的停工,如计划减产、季节性停产等;计划外停工,是指各种事故造成的停工,如停产待料、电力中断、设备故障、非常灾害等停工。

(二)停工损失的定义及核算内容

停工损失,是指因停工而发生的各种费用。

停工损失的核算内容是停工期间支付的生产工人的职工薪酬,耗用的材料费、动力费及应负担的制造费用。

企业因季节性生产发生的季节性停工损失不在停工损失内核算,通常通过制造费用归集,由生产期间的产品成本负担;停工不足一个工作日的,通常不计算停工损失。辅助生产一般不核算停工损失。

若停工损失能取得赔偿,则应该索赔,以冲减损失。

二、停工损失的核算

停工损失的会计处理应把"停工通知单"作为原始凭证。生产车间应在"停工通知单"中填明停工范围、停工时间、停工原因、经济责任单位或个人等事项,并报经有关部门和人员审批。财会部门根据有关部门、领导审核签章后的"停工通知单"核算停工损失。

单独核算停工损失的企业,需在会计账户中增设"停工损失"账户,并在成本项目中增设"停工损失"成本项目。停工期间发生的、应计入停工损失的各种费用,根据"停工通知单"和要素费用分配表,归集计入"停工损失"的借方和"原材料""应付职工薪酬""制造费用"等账户的贷方。在进行损失结转时,应根据不同的原因和情况进行分配处理:由责任单位或保险公司赔偿的停工损失，转作"其他应收款"；属于非常灾害引起的停工损失，列为"营业外支出"；由其他原因引起的停工损失，全部计入当月生产的产品成本并由当月完工产品成本负担。

不单独核算停工损失的企业，不设"停工损失"会计账户和成本项目，停工期间发生的各种停工损失，直接借记"制造费用"、"营业外支出"或"其他应收款"，贷记"原材料""应付职工薪酬"等账户。具体账务处理如下。

（1）发生停工损失时，根据"停工通知单等"凭证：

借：停工损失

　　贷：应付职工薪酬/原材料/银行存款/制造费用等

（2）向责任人或保险公司收取赔偿金时：

借：其他应收款

　　贷：停工损失

（3）结转停工净损失时，非常损失计入营业外支出，其他转入生产成本：

借：基本生产成本

　　营业外支出

　　贷：停工损失

【例 5-4】 2022 年 8 月，立新公司基本生产车间工人李某因操作不当导致设备故障停工 4 天，停工期间损失材料费用 20 000 元，生产工人工资 25 000 元，应负担制造费用 1 000 元。该基本生产车间只生产丁产品，追究过失人赔偿 1 000 元，并结转停工净损失。

借：停工损失——丁产品　　　　　　　　　　　　　　　　46 000
　　贷：原材料　　　　　　　　　　　　　　　　　　　　　　20 000
　　　　应付职工薪酬　　　　　　　　　　　　　　　　　　　25 000
　　　　制造费用　　　　　　　　　　　　　　　　　　　　　 1 000
借：其他应收款——李某　　　　　　　　　　　　　　　　 1 000
　　贷：停工损失——丁产品　　　　　　　　　　　　　　　 1 000
借：基本生产成本——丁产品　　　　　　　　　　　　　　45 000
　　贷：废品损失——丁产品　　　　　　　　　　　　　　　45 000

项目小结

本项目主要介绍了生产损失费用的归集与分配。

生产损失主要包括废品损失和停工损失。废品损失是在生产过程中发生的和入库后发现的不可修复废品的生产成本，以及可修复废品的修复费用，扣除回收的废品残料价值和应收赔款以后的损失。不需要返修、可降价出售的不合格品，入库后因保管不善而损坏的损失，实行"三包"企业在产品出售后发现的废品均不包括在废品损失内。

停工损失是车间或班组在停工期间发生的各项费用。企业发生停工的时间有长有短，停工的原因多种多样，因此对其发生的停工损失，应根据不同情况进行分配处理。

复习与训练

一、单项选择题

1. 停工损失不包括（　　）期间发生的损失。
   A. 季节性停工　　　　　　　　　　B. 大修理停工
   C. 自然灾害停工　　　　　　　　　D. 计划减产停工

2. 在下列各项中，不属于停工损失的是（　　）。
   A. 停工期间的工资费用　　　　　　B. 电力中断造成的停工损失
   C. 机器设备出现故障的停工损失　　D. 节假日停工发生的费用

3. "废品损失"账户月末（　　）。
   A. 如果有余额，则余额一定在贷方　　B. 如果有余额，则余额一定在借方
   C. 一定没有余额　　　　　　　　　　D. 可能有借方或贷方余额

4. 企业只生产甲产品，在生产过程中发现不可修复废品一批，该批废品的成本构成为直接材料 8 500 元、直接人工 5 000 元、制造费用 1 800 元。废品残料计价 700 元已回收入库，应收过失人赔偿款 2 000 元。不考虑其他因素，该批废品的净损失为（　　）元。
   A. 5 800　　　　B. 12 600　　　　C. 6 300　　　　D. 10 800

二、多项选择题

1. 下列各项中，不属于企业废品损失的是（　　）。
   A. 不可修复废品的残值　　　　　　B. 保管过程中损毁产品净损失
   C. 产品运输过程中的意外损失　　　D. 产品销售后发生的"三包"费用

2. 月末结转前，"停工损失"账户贷方的对应账户可能有（　　）等账户。
   A. "其他应收款"　　　　　　　　　B. "营业外支出"
   C. "制造费用"　　　　　　　　　　D. "生产成本"

3. 企业在月末结转停工损失时，可能借记的账户有（　　）。
   A. "生产成本"账户　　　　　　　　B. "制造费用"账户
   C. "营业外支出"账户　　　　　　　D. "其他应付款"账户

4. 不可修复废品的成本计算方法有（　　）。
   A. 按废品所耗实际费用计算　　　　B. 按废品所耗计划费用计算
   C. 按废品所耗定额费用计算　　　　D. 按废品与合格品的数量比例分配计算

5. 下列各项中，在计算废品损失时应扣除的是（　　）。
   A. 回收的可修复废品的废料价值　　B. 应收的责任赔款
   C. 回收的不可修复废品的废料价值　D. 不可修复废品的生产成本

6. 通常情况下，企业的生产损失包括（　　）。
   A. 废品损失　　　　　　　　　　　B. 霉变损失
   C. 停工损失　　　　　　　　　　　D. "三包"损失

7. 可修复废品必须同时具备的条件包括（　　）。
   A. 经过修复可以使用　　　　　　　B. 经过修复仍不能使用
   C. 所花费的修复费用在经济上合算　D. 按所耗定额费用扣除残值计算

8. 下列各项中，可用于计算不可修复废品的生产成本有（　　）。
   A. 按所耗实际费用计算　　　　　　B. 按所耗定额费用计算

C. 按所耗实际费用扣除残值计算　　　　D. 按所耗定额费用扣除残值计算

9. 不单独核算停工损失的企业不设立"停工损失"科目，将损失反映在（　　）科目中。

A."管理费用"　　　　　　　　　　　B."制造费用"
C."营业外支出"　　　　　　　　　　D."原材料"

三、判断题

1. 企业停工期间发生的各种耗费不一定构成企业的停工损失。（　　）
2. 凡是修复后可以正常使用的废品就是可修复废品。（　　）
3. 本期发生的废品损失原则上全部由本期的完工产品负担。（　　）
4. 废品仅指制造业在生产过程中发现的废品。（　　）
5. 入库后发现的废品和料废品产生的损失不能记为废品损失。（　　）
6. 不可修复废品的生产成本和可修复废品的修复费用，都应在"废品损失"科目的借方归集。（　　）
7. 废品损失是指在生产过程中发现的和入库后发现的不可修复废品的生产成本，扣除回收的废品残料价值和应由过失单位或个人赔款以后的损失。（　　）
8. 在不单独核算停工损失的企业中，停工期间发生的属于停工损失的各种费用，直接记"制造费用"和"营业外支出"等科目分散反映。（　　）

四、实务操作题

某生产车间本月在乙产品生产过程中发现不可修复废品10件，按所耗定额费用计算不可修复废品的生产成本。单件原材料费用定额为68元；已完成的定额工时共计120小时，每小时的费用定额为燃料和动力费用1.5元、工资和福利费1.9元、制造费用1.10元。不可修复废品的残料作价120元以"辅助材料"入库；应由过失人赔款80元。废品净损失由当月同种产品成本负担。

要求：

（1）计算不可修复废品定额成本；
（2）计算不可修复废品净损失；
（3）编制结转不可修复废品的定额成本、残料入库、过失人赔款和结转废品净损失的会计分录。

项目六 生产费用在在产品与完工产品之间的分配

ITEM 6

学习目标

- 了解在产品和完工产品的含义
- 理解生产费用各种分配方法的特点和适用范围
- 掌握生产费用各种分配方法
- 培养解决生产费用分配实际问题的能力,掌握生产费用各种分配方法

能力目标

- 能正确计算在产品的数量
- 能区分各种费用分配方法的特点和适用范围
- 能根据产品生产特点选择费用分配方法,并进行生产费用的分配
- 能正确编制"产品成本计算单"

思政目标

- 培养学生勤于思考、做事严谨的良好作风
- 培养学生勇于创新、爱岗敬业的工作作风
- 培养学生良好的职业能力,具有团队精神和协作精神
- 培养学生良好的职业判断能力,成本计算准确无误

任务一 生产费用在在产品与完工产品之间的分配概述

企业在生产经营过程中发生的生产费用,经过在各种产品之间的分配与归集后,应计入本月各种产品成本的生产费用,都已集中反映在"基本生产成本"明细账中。如果产品已经全部完工,产品成本明细账中归集的生产费用(包括月初在产品成本)之和,就是该完工产品的成本;如果产品全部没有完工,产品成本明细账中归集的生产费用之和,就是该在产品的成本;如果月末既有完工产品又有在产品,产品成本明细账中归集的生产费用之和,就必须采用适当的分配方法在完工产品与月末在产品之间进行分配,计算出完工产品成本和月末在产品成本。

一、在产品与完工产品

（一）在产品的定义

在产品，是指企业已经投入生产，但尚未最后完工，不能作为商品销售的产品。在产品有广义和狭义之分。

广义在产品，是从整个企业来说的，是指产品生产从投料开始，到最终加工成完工产品交付验收入库前的一切产品，包括正在加工中的在制品，正在返修的废品，已经完成一个或几个生产步骤但还需继续加工的半成品，已经完成全部生产过程但尚未办理验收入库手续的产成品，以及等待返修的废品；不包括对外销售的自制半成品和不可修复的废品。准备对外销售的自制半成品属于商品产品。不可修复的废品也不属于在产品，应该及时报废。

狭义在产品，是从某一车间或某一生产步骤来说的，在产品只包括本车间或本步骤尚未完工的产品，不包括本车间或本生产步骤已完工的半成品。成本核算中，除了平行结转分步法采用广义在产品外，其他情况下在产品都是指狭义在产品。

（二）完工产品的定义

完工产品，是指完成生产过程的产品。完工产品有狭义和广义之分。狭义完工产品，是指已经完成全部生产过程并验收入库，随时可供销售的产品，即产成品。广义完工产品不仅包括产成品，而且包括已完成部分生产过程，由生产车间交半成品仓库验收，但尚未完成全部生产过程，有待在本企业进一步加工的自制半成品。

【例 6-1】 立新公司 8 月"产品产量记录台账"如表 6-1 所示。

表 6-1　立新公司产品产量记录台账　　　　　　　　单位：件

项目	月初在产品	本月投（转）入	本月完工	月末在产品
第一车间	1 600	4 400	5 000	1 000
第二车间	200	5 000	4 000	1 200
第三车间	1 400	4 000	4 800	600

8 月末，立新公司第一车间狭义完工产品 4 800 件，广义完工产品 5 000 件；第二车间狭义完工产品 4 800 件，广义完工产品 4 000 件；第三车间狭义完工产品 4 800 件，广义完工产品 4 800 件。

8 月末，第一车间狭义在产品 1 000 件，广义在产品 2 800（1 000＋1 200＋600）件；第二车间狭义在产品 1 200 件，广义在产品 1 800（1 200＋600）件；第三车间狭义在产品 600 件，广义在产品 600 件。

（三）在产品与完工产品的关系

任何产品的生产，都要经历在产品的过程。除了简单的单步骤生产以外，企业在连续生产产品的每个时点上，都会存在正处于加工过程中的在产品。在产品同样消耗了一定的材料费用、动力费用、人工费用，同样要承担相应的制造费用。因此，存在月末在产品的制造企业，归集的生产费用应当由本期完工产品与月末在产品共同负担，从而使在产品与完工产品之间存在着密切的联系。

从数量上看，在产品与完工产品存在如下关系。

月初在产品数量＋本月投产数量＝本月完工产品数量＋月末在产品数量

在月初在产品数量与本月投入数量一定的情况下，本月完工产品数量越多，月末在产品数量就越少；反之亦然。

从价值上看，在产品与完工产品存在如下关系。

月初在产品成本＋本月生产费用＝本月完工产品成本＋月末在产品成本

月初在产品成本和本月生产费用是登记在基本生产成本明细账中的，是已知的。因此，只要确定月末在产品成本，就能计算出本月完工产品成本。要确定月末在产品成本，必须先确定月末在产品的数量。

二、在产品数量的核算

在产品数量的核算，同其他材料物资数量核算一样，应同时具备账面数和实际盘点数。

（一）在产品收发结存的日常核算

制造业在产品数量规格较多，而且处于不断的流动中，为了加强管理，必须进行在产品收发结存的日常核算，在生产单位内部按产品的品种和在产品的品名（如零部件的名称）设置在产品台账，登记各种在产品的转入、转出和结存数量。通过在产品的日常核算，可以从账面上反映其结存量。"在产品台账"的基本格式如表6-2所示。

表6-2 在产品台账

在产品名称：甲配件　　　　2022年7月　　　　车间名称：二车间　　　　单位：件

月	日	摘要	转入		转出			结存		备注
			凭证字号	数量	凭证字号	合格品	废品	完工	未完工	
7	1		701	70					70	
7	2		702	40		60	2	18	30	
7	7			20		26		7	35	
7	31	合计		980		934	11	15	20	

（二）在产品清查的核算

由于企业在产品的种类和数量繁多，而且每件在产品都要经过许多加工阶段，为保证账实相符，必须通过在产品清查进行核对。在产品清查采用实地盘点法。盘点的结果，应填制"在产品盘点表"，并与"在产品台账"核对；填制"在产品盘盈盘亏报告表"，并说明发生盈亏的原因及处理意见；毁损的在产品还要登记残值。会计人员在认真审核并报经有关部门和领导审批后，对清查的结果进行相应的账务处理。

当在产品发生盘盈时，按盘盈在产品的成本，借记"基本生产成本"账户，贷记"待处理财产损益"账户；按管理权限报经批准处理时，借记"待处理财产损益"账户，贷记"管理费用"账户。当在产品发生盘亏和毁损时，借记"待处理财产损益"账户，贷记"基本生产成本""应交税费——应交增值税——进项税额转出"账户；按管理权限报经批准处理时，毁损在产品的残值，借记"原材料"等账户；应由保险公司和过失人的赔款，借记"其他应收款"账户；扣除残料价值和应由保险公司、过失人赔款后的净损失，属于一般经营损失的部分，借记"管理费用"账户，属于非常损失的部分，借记"营业外支出"账户，贷记"待处理财产损益"账户。

任务二　生产费用在在产品与完工产品之间的分配方法

生产费用在完工产品和月末在产品之间进行分配的基本公式如下：

月初在产品成本＋本月生产费用＝本月完工产品成本＋月末在产品成本

在月初在产品成本和本月生产费用已知的前提下，要在完工产品和月末在产品之间分配生产费用，分配思路和方法有两类：一类是先确定月末在产品成本，然后用待分配的生产费用总额（月初在产品成本＋本月生产费用）减去月末在产品成本，求得完工产品成本；另一类是将待分配的生产费用总额按一定比例在月末在产品和完工产品之间进行分配，同时计算出完工产品成本和月末在产品成本。

如何选择既合理又简便的方法，将生产费用在完工产品与月在产品之间进行分配，是成本计算工作中一个重要而复杂的问题。影响期末成本分配的因素包括在产品数量的多少、费用金额的大小和定额水平等，主要包括月末在产品数量的多少；各月末在产品数量变化的大小；产品成本中各项费用所占比重的大小；定额管理基础的好坏，能否制定比较准确、稳定的消耗定额等。企业应从本单位实际情况出发，根据这些影响因素，选择既合理又简便的期末成本分配方法。

生产费用在完工产品与在产品之间的分配方法主要有：不计算在产品成本法、在产品成本按年初数固定计算法、在产品成本按所耗原材料费用计价法、在产品按完工产品成本计算法、约当产量比例法、在产品按定额成本计价法、定额比例法。其中，前4种方法较为简单，后3种方法是本项目的重点和难点，也是成本核算的核心内容之一。

一、不计算在产品成本法

不计算在产品成本法，即月末在产品成本按零计算的方法，是指月末虽然有在产品，但不计算其成本，其生产费用全部由完工产品成本负担。

采用这种方法的前提条件是：各月末在产品数量很少，各月在产品数量比较稳定，在产品成本很小，算不算在产品成本对于当月完工产品成本影响很小，管理上不要计算在产品成本。为了简化核算工作，可以不计算在产品成本，如采矿企业。

月初在产品成本＋本月发生生产费用＝本月完工产品成本＋月末在产品成本

当在产品成本等于零时，本月完工产品成本等于本月发生的生产费用。

【例6-2】立新公司A产品每月末在产品的数量很少，不计算在产品成本。5月发生生产费用：原材料费用7 200万元，燃料及动力费用2 400万元，职工薪酬1 800万元，制造费用800万元。本月完工产品20 000件，月末在产品20件，计算完工A产品的总成本和单位成本。

A产品完工产品总成本＝7 200＋2 400＋1 800＋800＝12 200（万元）

A产品完工产品的单位成本＝12 200/2＝6 100（元/件）

不计算在产品成本法的优点是计算简便、工作效率高；缺点是当月末在产品较多时，本月完工产品成本偏高。

二、在产品成本按年初数固定计算法

在产品成本按年初数固定计算法是一种月末在产品成本固定按年初成本计价的方法。每月末在产品的成本都按年初在产品成本固定计价。

这种方法适用于在产品数量较少，或者在产品数量虽然较多，但各月之间变化不大，月初、月末在产品成本之间的差额对于完工产品成本影响不大的情况。为了简化核算工作，1—11月各月末在产品成本可以按年初数固定计算，如钢铁企业和化工企业。在年末，应根据实际盘点的在产品数量重新计算在产品的实际成本，重新确认下一年度的在产品成本年初固定数，以避免在产品成本与实际出入过大，影响成本计算的正确性。

月初在产品成本＋本月发生生产费用＝本月完工产品成本＋月末在产品成本

本月完工产品成本＝本月发生生产费用＋月初在产品成本－月末在产品成本

如果月初在产品成本－月末在产品成本＝0，则本月完工产品成本等于本月发生的生产费用。

1—11月末在产品成本＝上年12月末盘点时确定的在产品成本

12月末在产品成本＝本年12月末盘点时确定的在产品成本

1—11月各月完工产品成本＝该月的生产费用

12月末完工产品成本＝11月末在产品成本＋12月生产费用－12月末在产品成本

【例6-3】 立新公司生产甲产品，在产品按年初固定成本计价，在产品年初固定成本：原材料费用为360万元，燃料及动力费用为240万元，职工薪酬为140万元，制造费用为120万元。8月生产费用：原材料费用为7 600万元，燃料及动力费用为6 400万元，职工薪酬为3 800万元，制造费用为2 000万元。8月完工产品为20 000件，月末在产品为100件，计算8月甲产品完工产品总成本和单位成本。

甲产品完工产品总成本＝7 600＋6 400＋3 800＋2 000＝19 800（万元）

甲产品完工产品的单位成本＝19 800/2＝9 900（元/件）

在产品成本按年初数固定计算法的优点是计算简便、工作效率高；缺点是如果1—11月末在产品数量与上年末的数量不相符，或者各月末在产品的单位成本与上年末在产品的单位成本不相符，分配结果就会不准确。

三、在产品成本按所耗原材料费用计价法

在产品成本按所耗原材料费用计价法，是指月末在产品成品只计算其耗用的原材料费用，不计算直接人工及制造费用等加工费用的一种方法。这种方法适用于企业各月末在产品数量较多，而且在产品数量变化较大，但原材料费用在产品成本中占有较大比重的产品。这种计价法的特点是在产品只计算原材料费用，不计算其他费用，其他费用全部由完工产品成本承担，如酿酒企业与纺织企业。

本月完工产品成本＝月初在产品材料成本＋本月发生生产费用－月末在产品材料成本

【例6-4】 立新公司生产D产品，该产品的原材料费用在产品成本中所占比重较大，在产品只计算所耗原材料费用。2022年8月初，D产品在产品原材料费用（月初在产品成本）为2 800万元。8月发生生产费用：原材料费用为12 200万元，燃料及动力费用为4 000万元，职工薪酬为2 800万元，制造费用为800万元。本月完工产品为40 000件，月末在产品为20 000件。D产品的原材料费用是在生产开始时一次性投入的，原材料费用按完工产品和在产品的数量比例分配，如表6-3所示。分配计算结果如下：

原材料费用分配率＝（2 800＋12 200）/（4＋2）＝2 500（万元/万件）

完工产品原材料费用＝4×2 500＝10 000（万元）

月末在产品原材料费用＝2×2 500＝5 000（万元）

完工产品成本＝10 000＋4 000＋2 800＋800＝17 600（万元）

表6-3 D产品成本计算表

2022年8月　　　　　　　　　　产量：40 000件　　　　　　　　　金额单位：万元

摘要	原材料	燃料及动力	工资及福利费	制造费用	合计
月初在产品成本	2 800				2 800
本月生产费用	12 200	4 000	2 800	800	19 800
生产费用合计	15 000	4 000	2 800	800	22 600
完工产品成本	10 000	4 000	2 800	800	17 600
月末在产品成本	5 000	0	0	0	5 000

想一想： 如果原材料不是生产开始时一次性投入，该如何计算？

在产品按所耗原材料费用计算法本质上是一种特殊的约当产量比例法，即假定期末在产品加工成本的完工程度为零，原材料成本按照约当产量比例法计算的一种分配方法。

在产品按所耗原材料费用计算法的优点是分配结果的准确性比以上两种方法有所提高；缺点是完工产品成本偏高，月末在产品成本偏低。

四、在产品按完工产品成本计算法

在产品按完工产品成本计算法是将在产品视为完工产品分配费用的一种方法。这种方法适用于月末在产品已经接近完工或者产品已经完工，但尚未包装或尚未验收入库的产品。在这种情况下，为了简化核算工作，可以把在产品视同完工产品，按两者的数量比例分配各项生产费用。

计算步骤及公式如下。

第一步：计算费用分配率。

费用分配率＝（月初在产品成本＋本月发生生产费用）／（完工产品数量＋在产品数量）

第二步：计算月末在产品成本。

月末在产品成本＝月末在产品数量×费用分配率

第三步：计算完工产品成本。

完工产品成本＝完工产品数量×费用分配率

或

完工产品成本＝月初在产品成本＋本月发生生产费用－月末在产品成本

【例 6-5】 立新公司乙产品月初在产品成本和本月发生生产费用合计数：直接材料费用为 32 600 元，职工薪酬为 6 800 元，制造费用为 8 500 元。完工产品为 700 件，月末在产品 300 件，都已接近完工，采用在产品按完工产品成本计算法计算产品的生产成本。其计算分配结果如表 6-4 所示。

表 6-4 乙产品成本计算表

2022 年 8 月　　　　　　　　　　　　　产量：700 件　　　　　　　　　　　　金额单位：元

成本项目	生产费用总额	费用分配率／（元／件）	完工产品 数量／件	完工产品 成本	月末在产品 数量／件	月末在产品 成本
直接材料	32 600	32.6	700	22 820	300	9 780
直接人工	6 800	6.8	700	4 760	300	2 040
制造费用	8 500	8.5	700	5 950	300	2 550
合计	47 900			33 530		14 370

这种方法可以理解为约当产量比例法的一种特殊情况，即在产品的完工程度为 100%，也就是按完工产品数量和在产品数量的比例分配生产费用。

在产品按完工产品成本计算法的优点是计算简便；缺点是完工产品成本偏低，在产品成本偏高。

五、约当产量比例法

（一）约当产量比例法的基本原理

约当产量比例法，是指按照完工产品数量和月末在产品约当产量的比例分配生产费用，计算完工产品成本与月末在产品成本的一种方法。

在产品约当产量也叫作"在产品约当量",是指将月末在产品数量按照完工程度折算为相当于完工产品的数量。本月完工产品产量与月末在产品约当产量之和,称为"约当总产量",简称"约当产量"。

约当产量比例法适用范围较为广泛,一般情况都可以使用。约当产量比例法特别适用于月末在产品数量较多而且各月末在产品数量变化比较大,产品成本中直接材料和直接人工等各成本项目所占比重相差不多的产品。只要企业能准确统计月末在产品数量和准确估计月末在产品完工程度,就能比较客观、准确地确定完工产品成本与月末在产品成本。

约当产量比例法采用的有关计算公式如下:

在产品约当产量＝月末在产品实际数量 × 在产品完工程度

$$某项费用分配率 = \frac{该项目月初在产品成本 + 该项目本月发生生产费用}{完工产品产量 + 在产品约当产量}$$

完工产品应分配该项费用＝完工产品产量 × 费用分配率

在产品应分配该项费用＝在产品约当产量 × 费用分配率

或

在产品应分配该项费用＝该项费用总额－完工产品应分配该项费用

【例6-6】甲产品本月完工180件,月末在产品90件,在产品完工程度为50%,月初在产品和本月发生的制造费用共27 000元。分配计算如下:

月末在产品约当产量＝90×50%＝45(件)

制造费用分配率＝27 000/(180＋45)＝120(元/件)

完工产品应分配制造费用＝180×120＝21 600(元)

月末在产品应分配制造费用＝45×120＝5 400(元)

合计＝27 000(元)

采用约当产量比例法分配生产费用,应按成本项目分别进行,以反映完工产品和在产品的成本构成,满足成本计算和管理的要求。完工程度也需要按照直接材料成本项目和直接人工、制造费用等加工项目分别计算。

(二)直接材料成本项目完工程度的确定

直接材料成本项目完工程度一般也称为"投料程度"或"投料率"。在约当产量比例法下,在计算分配直接材料费用所依据的在产品约当产量时,一般是按投料程度计算的。因为,月末在产品成本中的材料成本与在产品的投料程度关系密切,而与在产品的加工程度没有直接关系。在产品的投料程度,是指在产品已投材料占完工产品应投材料的百分比。

由于投料方式不同,在产品的投料程度也不一样。根据不同产品生产工艺的方式不同,材料投入模式可以划分为三类:第一类,原材料在生产开始时一次性投料;第二类,原材料分工序在每道工序开始时一次性投料;第三类,原材料随着生产进度分工序陆续投料。

下面就这三种情况分别测算在产品约当产量。

1. 原材料在生产开始时一次性投料

在产品的投料程度为100%,在产品的约当产量即在产品的数量,在产品和完工产品所耗材料数量相同,此时无论在产品的完工程度如何,单位在产品应分摊的材料费用与单位完工产品应分摊的材料费用都是相同的。因此,原材料费用应按完工产品数量与月末在产品数量的比例分配。

【例6-7】立新公司生产的A产品顺序经过第一、第二、第三道工序加工,单位产品原材料消耗定额为 1 000 元，原材料在生产开始时一次性投入。该厂本月盘点确定的 A 产品月末在产品数量为 400 件，其中，第一道工序为 200 件，第二道工序为 100 件，第三道工序为 100 件。要求：计算各工序月末在产品投料率和月末在产品约当产量（直接材料成本项目）。

解析：由于原材料在生产开始时一次性投入，每道工序在产品的投料率都为 100%。

直接材料成本项目在产品约当产量 = 200×100% + 100×100% + 100×100% = 400（件）

2. 原材料分工序在每道工序开始时一次性投料

在这种情况下，应将一次性投料的计算方式与陆续投料的计算方法结合起来计算投料程度（投料率），需要按各工序投料量分别测算，经过的工序以及当前工序耗用量默认已全部投入，并在此基础上计算确定月末在产品的约当产量。计算公式如下：

$$某工序在产品投料率 = \frac{前面各工序原材料消耗定额之和 + 本工序原材料消耗定额}{完工产品原材料消耗定额}$$

某工序在产品约当产量 = 该工序在产品数量 × 该工序在产品投料率

【例 6-8】 立新公司生产的 A 产品顺序经过第一、第二、第三道工序加工，单位产品原材料消耗定额为 1 000 元，其中，第一道工序投料定额为 600 元，第二道工序投料定额为 300 元，第三道工序投料定额为 100 元，原材料分别在各工序生产开始时一次性投入。该厂本月盘点确定的 A 产品月末在产品数量为 400 件，其中，第一道工序为 200 件，第二道工序为 100 件，第三道工序为 100 件。要求：计算各工序月末在产品投料率和月末在产品约当产量（直接材料成本项目）。

解析：第一道工序投料率 = 600/1 000×100% = 60%

第二道工序投料率 = （600 + 300）/1 000×100% = 90%

第三道工序投料率 = （600 + 300 + 100）/1 000×100% = 100%

直接材料成本项目在产品约当产量 = 200×60% + 100×90% + 100×100% = 310（件）

3. 原材料随着生产进度分工序陆续投料

在这种情况下，需要按各工序投料量分别测算，经过的工序耗用量默认已投入，当前工序消耗量按 50% 估算。计算公式如下：

$$某道工序在产品投料程度 = \frac{前面各工序材料消耗定额之和 + 本工序材料消耗定额 × 50\%}{产品材料消耗定额}$$

【例 6-9】 立新公司生产的 A 产品顺序经过第一、第二、第三道工序加工，单位产品原材料消耗定额为 1 000 元，其中，第一道工序投料定额为 600 元，第二道工序投料定额为 300 元，第三道工序投料定额为 100 元，原材料分别在各工序随生产进度陆续投入。该厂本月盘点确定的 A 产品月末在产品数量为 400 件，其中，第一道工序为 200 件，第二道工序为 100 件，第三道工序为 100 件。要求：计算各工序月末在产品投料率和月末在产品约当产量（直接材料成本项目）。

解析：第一道工序投料率 = 600×50%/1 000×100% = 30%

第二道工序投料率 = （600 + 300×50%）/1 000×100% = 75%

第三道工序投料率 = （600 + 300 + 100×50%）/1 000×100% = 95%

直接材料成本项目在产品约当产量 = 200×30% + 100×75% + 100×95% = 230（件）

（三）加工成本项目完工程度的确定

直接人工、燃料及动力、制造费用等成本项目统称为"加工成本项目"。加工成本项目完工程度一般也称为"加工程度"或"完工率"。

采用约当产量比例法的关键是计算确定在产品的约当产量，而在产品约当产量准确与否，主要取决于在产品完工程度（完工率）的测定是否准确，这对费用分配的准确性影响很大。因为加工费用的发生与完工程度关系密切，它们随着工艺过程的进行而逐渐投入耗费，产品完工程度越高，该产品应负担的加工费用越多。在计算分配加工费用依据的在产品约当产量时，其完工率的测定可采用平均计算和分工序分别测定两种方法。

1. 平均计算完工率

平均计算，是指不分工序确定在产品完工率，完工率为 50%，在产品数量按半数折合为约当产量。这是因为各工序在产品数量和单位产品在各工序的加工量都相差不多的情况下，后面各工序在产品多加工的程度可以抵补前面各工序少加工的程度。这样，全部在产品完工程度可按 50% 平均计算。

2. 分工序分别测定完工率

各工序在产品数量和单位产品在各工序的加工量相差较大的情况下，为了提高成本计算的准确性，加速成本的计算工作，可以按照各工序的累计工时定额占完工产品工时定额的比率计算，确定各工序在产品的完工率。前面各工序已经完工，工时定额按 100% 计算，本工序完工率按 50% 简化计算。计算公式如下：

$$某工序在产品完工率 = \frac{前面各工序工时定额之和 + 本工序工时定额 \times 50\%}{完工产品工时定额}$$

$$某工序在产品的约当产量 = 该工序在产品数量 \times 该工序在产品完工率$$

> **课堂讨论**
>
> 在计算在产品完工率时，前面的工时定额按 100% 计算，而本工序工时按 50% 计算，你知道这是为什么吗？

【例 6-10】 立新公司甲产品经过三道工序制成，甲产品单位工时定额为 25 小时，其中，第一道工序为 6 小时，第二道工序为 10 小时，第三道工序为 9 小时。每道工序按本工序工时定额的 50% 计算。2022 年 8 月，甲产品完工 3 340 件，在产品数量：第一道工序为 300 件，第二道工序为 150 件，第三道工序为 200 件。要求：计算各工序月末在产品完工率和月末在产品约当产量（加工成本项目）。

各工序在产品的完工率计算如下：

第一道工序在产品完工率 = 6×50%÷25×100% = 12%
第二道工序在产品完工率 =（6 + 10×50%）÷25×100% = 44%
第三道工序在产品完工率 =（6 + 10 + 9×50%）÷25×100% = 82%
加工成本项目在产品约当产量 = 12%×300 + 44%×150 + 82%×200 = 266（件）

（四）约当产量法的具体运用

【例 6-11】 立新公司甲产品顺序经第一、第二、第三道加工工序完成，原材料分别在各个工序开始时一次性投入。甲产品原材料消耗定额为 2 200 元，其中，各工序投料定额分别为第一道工序为 1 320 元，第二道工序为 660 元，第三道工序为 220 元。甲产品定额工时为 30 小时，各工序分别为第一道工序为 12 小时，第二道工序为 9 小时，第三道工序为 9 小时，本月完工产品为 2 000 件。月末在产品数量为 300 件，其中，各工序分别为第一道工序为 80 件，第二道工序为 120 件，第三道工序为 100 件。月初在产品直接材料成本为 697 200 元，直接人工为 276 750 元，制造费用为 346 020 元。本月发生原材料成本为 4 266 000 元，直接人工为 1 781 900 元，制造费用为 1 951 000 元。该企业单位工时定额费用：直接人工 30 元，制造费用为 35 元。要求：采用约当产量法计算在产品成本和完工产品成本。

计算结果如下。

（1）计算各成本项目完工程度和在产品约当产量。

第一道工序投料率＝1 320÷2 200×100%＝60%

第二道工序投料率＝（1 320＋660）÷2 200×100%＝90%

第三道工序投料率＝（1 320＋660＋220）÷2 200×100%＝100%

直接材料成本项目在产品约当产量＝80×60%＋120×90%＋100×100%＝256（件）

第一道工序完工率＝12×50%÷30×100%＝20%

第二道工序完工率＝（12＋9×50%）÷30×100%＝55%

第三道工序完工率＝（12＋9＋9×50%）÷30×100%＝85%

加工成本项目在产品约当产量＝80×20%＋120×55%＋100×85%＝167（件）

（2）分配材料费用。

原材料费用分配率＝（697 200＋4 266 000）÷（2 000＋256）＝2 200（元/件）

完工产品应分配的材料费用＝2 000×2 200＝4 400 000（元）

在产品应分配的材料费用＝256×2 200＝563 200（元）

（3）分配直接人工费用。

直接人工费用分配率＝（276 750＋1 781 900）÷（2 000＋167）＝950（元/件）

完工产品应分配的直接人工费用＝2 000×950＝1 900 000（元）

在产品应分配的直接人工费用＝167×950＝158 650（元）

（4）分配制造费用。

制造费用分配率＝（346 020＋1 951 000）÷（2 000＋167）＝1 060（元/件）

完工产品应分配的制造费用＝2 000×1 060＝2 120 000（元）

在产品应分配的制造费用＝167×1 060＝177 020（元）

（5）计算完工产品总成本和在产品总成本。

完工产品总成本＝4 400 000＋1 900 000＋2 120 000＝8 420 000（元）

在产品总成本＝563 200＋158 650＋177 020＝898 870（元）

实际工作中，成本计算是通过编制"产品成本计算单"完成的，其格式如表6-5所示。

表6-5 立新公司产品成本计算单

产品名称：甲　　　　　　　　　　2022年8月　　　　　　　　　　金额单位：元

摘要		直接材料	直接人工	制造费用	合计
月初在产品成本		697 200	276 750	346 020	1 319 970
本月发生费用		4 266 000	1 781 900	1 951 000	7 998 900
生产费用合计		4 963 200	2 058 650	2 297 020	9 318 870
生产量	完工产品数量/件	2 000	2 000	2 000	
	在产品约当产量/件	256	167	167	
	约当总产量/件	2 256	2 167	2 167	
费用分配率（单位成本）/（元/件）		2 200	950	1 060	4 210
本月完工产品成本		4 400 000	1 900 000	2 120 000	8 420 000
月末在产品成本		563 200	158 650	177 020	898 870

约当产量比例法的本质就是将在产品折算为相当于完工产品的数量,以和完工产品平等的身份分配。在折算的过程中,由于各项消耗的情况差异,需要分成本项目分别折算,其中的材料项目往往需要单独核算和分配。

约当产量比例法的优点是分配合理,如果完工率准确,则分配结果与实际相符;缺点是计算工作量大,完工率难以合理确定。

课堂讨论

如果【例 6-10】的原材料是在各工序随加工进度陆续投入,将如何计算?

六、在产品按定额成本计价法

(一)在产品按定额成本计价法的基本原理

在产品按定额成本计价法,是指月末在产品成本按定额成本计算,该种产品的全部生产费用减去按定额成本计算的月末在产品成本,余额即为本月完工产品成本。每月生产费用脱离定额的差异(节约或超支)全部计入当月完工产品成本。

定额成本法适用于定额管理基础比较好,各项消耗定额或费用定额比较准确、稳定,而且各月在产品数量变动不大的产品。

(二)在产品按定额成本计价法的计算公式

1. 在产品按定额成本计价法的计算公式

月末在产品成本=月末在产品数量×在产品单位定额成本

完工产品成本=月初在产品成本+本月生产费用-月末在产品成本

上述公式中,月末在产品的单位定额成本通常是按产品成本项目确定的。

计算公式为

月末在产品原材料定额成本=在产品数量×单位产品原材料消耗定额×材料单价

月末在产品加工成本项目定额成本=在产品数量×单位工时定额×计划小时费用率

=在产品的定额工时×计划小时费用率

在计算月末在产品定额成本时,原材料项目可根据在产品数量和单位在产品原材料成本定额计算,其他项目一般可根据全部产品的定额工时和各项费用的计划分配率计算。

2. 理解在产品按定额成本计价法需要注意的概念及相互关系

(1)消耗定额:单件产品耗用的数量。

定额耗用量=消耗定额×产品数量

(2)定额费用:单件产品耗用的费用金额。

定额费用=费用定额×产品数量

(3)工时定额:单件产品耗用的工时。

定额工时=工时定额×产品数量

(4)单位工时费用定额:单位工时对应的各项费用金额。

(三)在产品定额及定额成本的计算

在产品的定额主要指在产品的直接材料消耗定额、在产品加工成本的工时定额、在产品的直接材料费用定额、在产品加工成本的费用定额等。

1. 在产品的直接材料定额

(1)原材料在生产开始时一次性投入。在这种情况下,单位在产品应分摊的材料费用与单位完工产品应分摊的材料费用是相同的。因此，在产品的直接材料费用定额就是完工产品的直接材料费用定额。

例如，A产品顺序经过第一、第二、第三道工序加工，单位产品原材料消耗定额为1 000元，原材料在生产开始时一次性投入。A产品月末在产品数量为400件，其中，第一道工序为200件，第二道工序为100件，第三道工序为100件。

这种情况下，在产品的原材料消耗定额就是完工产品的原材料消耗定额1 000元，在产品原材料定额成本＝200×1 000＋100×1 000＋100×1 000＝400 000（元）。

（2）原材料分工序在每道工序开始时一次性投入。在这种情况下，需要按各工序投料量分别测算，经过的工序以及当前工序耗用量默认已全部投入，并在此基础上计算确定月末在产品的费用定额。计算公式如下：

$$某工序在产品材料消耗定额＝前面各工序材消耗定额＋本工序材料消耗定额$$

例如，A产品顺序经过第一、第二、第三道工序加工，单位产品原材料消耗定额为1 000元，其中，第一道工序投料定额为600元，第二道工序投料定额为300元，第三道工序投料定额为100元，原材料分别在各工序生产开始时一次性投入。A产品月末在产品数量为400件，其中，第一道工序为200件，第二道工序为100件，第三道工序为100件。

在这种情况下，第一道工序原材料消耗定额为600元，第二道工序原材料消耗定额＝600＋300＝900（元），第三道工序原材料消耗定额＝600＋300＋100＝1 000（元）。

在产品原材料定额成本＝200×600＋100×900＋100×1 000＝310 000（元）

（3）原材料随着生产进度分工序陆续投入。在这种情况下，需要按各工序投料量分别测算，经过的工序耗用量默认已投入，当前工序消耗量按50%估算。计算公式如下：

$$某工序在产品材料消耗定额＝前面各工序材消耗定额＋本工序材料消耗定额 \times 50\%$$

例如，A产品顺序经过第一、第二、第三道工序加工，单位产品原材料消耗定额为1 000元，其中，第一道工序投料定额为600元，第二道工序投料定额为300元，第三道工序投料定额为100元，原材料分别在各工序随生产进度陆续投入。A产品月末在产品数量为400件，其中，第一道工序为200件，第二道工序为100件，第三道工序为100件。

在这种情况下，第一道工序原材料消耗定额＝600×50%＝300（元），第二道工序原材料消耗定额＝600＋300×50%＝750（元），第三道工序原材料消耗定额＝600＋300＋100×50%＝950（元）。

在产品原材料定额成本＝200×300＋100×750＋100×950＝230 000（元）

2. 在产品加工成本的工时定额

需要按各工序工时定额分别测算，经过的工序工时默认已投入，当前工序工时按50%估算。计算公式如下：

$$某工序在产品工时定额＝前面各工序工时定额之和＋本工序工时定额 \times 50\%$$

例如，A产品顺序经第一、第二、第三道加工工序完成，A产品定额工时为20小时，各工序分别为第一道工序10小时、第二道工序4小时、第三道工序6小时。A产品月末在产品数量为400件，其中，第一道工序为200件，第二道工序为100件，第三道工序为100件。单位工时定额费用：直接人工50元/小时，制造费用40元/小时。

在这种情况下，第一道工序在产品工时定额＝10×50%＝5（元），第二道工序在产品工时定额＝10＋4×50%＝12（元），第三道工序在产品工时定额＝10＋4＋6×50%＝17（元）。

在产品定额工时＝200×5＋100×12＋100×17＝3 900（小时）

在产品直接人工定额成本＝3 900×50＝195 000（元）

在产品制造费用定额成本＝3 900×40＝156 000（元）

【例6-12】 工贸公司生产的A产品月初在产品成本：直接材料为15 200元，直接人工为11 000元，制造费用为8 700元。本月生产费用：直接材料为71 500元，直接人工为53 300元，制造费用为34 000元。A产品月末在产品200件，所耗材料在生产开始时一次性投入，每件产品原材料定额成本为70元，全部在产品定额工时为2 500小时。单位工时定额费用：直接人工为5.5元/小时，制造费用为4.5元/小时。采用定额计算法计算完工产品成本和月末在产品成本。计算结果如下。

（1）月末在产品定额成本。
直接材料＝200×70＝14 000（元）
直接人工＝2 500×5.5＝13 750（元）
制造费用＝2 500×4.5＝11 250（元）
合计＝39 000（元）

（2）本月完工产品成本。
直接材料＝15 200＋71 500－14 000＝72 700（元）
直接人工＝11 000＋53 300－13 750＝50 550（元）
制造费用＝8 700＋34 000－11 250＝31 450（元）
合计＝154 700（元）

【例6-13】 立新公司甲产品经第一、第二、第三道加工工序完成，原材料分别在各个工序开始时一次性投入。甲产品原材料消耗定额为2 200元，其中，各工序投料定额分别为：第一道工序1 320元，第二道工序660元，第三道工序220元。甲产品定额工时30小时，各工序工时分别为：第一道工序12小时，第二道工序9小时，第三道工序9小时，本月完工产品2 000件。甲产品月末在产品数量为300件，其中，各工序分别为：第一道工序80件，第二道120件，第三道工序100件。月初在产品直接材料成本为697 200元，直接人工为276 750元，制造费用为346 020元。本月发生原材料成本为4 266 000元，直接人工为1 781 900元，制造费用为1 951 000元。该企业单位工时定额费用为：直接人工30元/小时，制造费用35元/小时。要求采用定额成本法计算在产品成本和完工产品成本。

计算结果如下。
（1）计算各工序在产品直接材料投料定额。
第一道工序在产品直接材料投料定额＝1 320（元）
第二道工序在产品直接材料投料定额＝1 320＋660＝1 980（元）
第三道工序在产品直接材料投料定额＝1 320＋660＋220＝2 200（元）

（2）计算各工序在产品工时定额。
第一道工序在产品工时定额＝12×50%＝6（小时）
第二道工序在产品工时定额＝12＋9×50%＝16.5（小时）
第三道工序在产品工时定额＝12＋9＋9×50%＝25.5（小时）

（3）计算月末在产品定额成本。
在产品直接材料定额成本＝80×1 320＋120×1 980＋100×2 200＝563 200（元）
在产品定额工时＝80×6＋120×16.5＋100×25.5＝5 010（小时）
在产品直接人工定额成本＝5 010×30＝150 300（元）
在产品制造费用定额成本＝5 010×35＝175 350（元）
在产品定额成本合计＝888 850（元）

（4）计算本月完工产品成本。
完工产品直接材料成本＝697 200＋4 266 000－563 200＝4 400 000（元）

完工产品直接人工成本 = 276 750 + 1 781 900 − 150 300 = 1 908 350（元）
完工产品制造费用成本 = 346 020 + 1 951 000 − 175 350 = 2 121 670（元）
完工产品成本合计 = 8 430 020（元）

根据以上计算结果，填制"在产品定额成本计算表"，如表 6-6、表 6-7 所示。

表 6-6　月末在产品定额成本计算表

产品名称：甲　　　　　　　　　　　　　2022 年 8 月　　　　　　　　　　　　金额单位：元

工序	在产品数量/件	直接材料		工时定额	定额工时/小时	直接人工		制造费用		月末在产品定额总成本
		投料定额	定额成本			计划单价/（元/小时）	定额成本	计划单价/（元/件）	定额成本	
第一道工序	80	1 320	105 600	6	480	30	14 400	35	16 800	136 800
第二道工序	120	1 980	237 600	16.5	1 980	30	59 400	35	69 300	366 300
第三道工序	100	2 200	220 000	25.5	2 550	30	76 500	35	89 250	385 750
合计	300	—	563 200	—	5 010	—	150 300	—	175 350	888 850

表 6-7　立新公司产品成本计算单

产品名称：甲　　　　　　　　　　　　　2022 年 8 月　　　　　　　　　　　　金额单位：元

摘要	直接材料	直接人工	制造费用	合计
月初在产品成本	697 200	276 750	346 020	1 319 970
本月发生费用	4 266 000	1 781 900	1 951 000	7 998 900
生产费用合计	4 963 200	2 058 650	2 297 020	9 318 870
月末在产品成本（定额成本）	563 200	150 300	175 350	888 850
本月完工产品总成本	4 400 000	1 908 350	2 121 670	8 430 020
本月完工产品单位成本	2 200	954.18	1 060.84	4 215.02

在产品按定额成本计价法的优点是计算简便；缺点是实际脱离定额的差异全额计入当月完工产品成本，分配结果不准确。

七、定额比例法

（一）定额比例法的基本原理

定额比例法是按完工产品和在产品的定额消耗量或定额费用的比例分配生产费用的一种方法。其中，直接材料费用按照原材料定额消耗量或原材料定额费用比例分配；直接人工、燃料及动力、制造费用等各项加工费用，可以按定额工时的比例分配，也可以按定额费用比例分配。

定额比例法与在产品按定额成本计价法的区别在于，在产品按定额成本计价，其实际成本与定额成本的差异全部由完工产品成本负担；而采用定额比例法分配费用，产品实际成本脱离定额的差异，要在完工产品与月末在产品之间按比例分配，提高了产品成本计算的准确性。

定额比例法适用于定额管理基础较好，各项消耗定额或费用定额比较准确、稳定，但各月末在产品的数量变动较大的产品。

（二）定额比例法的计算

采用定额比例法分配生产费用，是按照成本项目分别计算定额消耗量（或定额费用）和费用分配率，并按成本项目分别计算分摊的实际成本。其计算公式如下。

1. 按定额消耗量比例分配

完工产品定额消耗量＝完工产品消耗量定额 × 完工产品数量

在产品定额消耗量＝在产品消耗量定额 × 在产品数量

$$分配率 = \frac{月初在产品成本＋本月发生生产费用}{本月完工产品的定额消耗量＋月末在产品的定额消耗量}$$

月末在产品成本＝月末在产品的定额消耗量 × 分配率 × 单价

本月完工产品成本＝完工产品的定额消耗量 × 分配率 × 单价

2. 按定额费用比例分配

完工产品定额费用＝完工产品费用定额 × 完工产品数量

在产品定额费用＝在产品费用定额 × 在产品数量

$$费用分配率 = \frac{月初在产品成本＋本月发生生产费用}{本月完工产品的定额费用＋月末在产品的定额费用}$$

完工产品某项目实际成本＝费用分配率 × 完工产品该项目定额消耗量或定额费用

月末在产品某项实际成本＝费用分配率 × 月末在产品该项目定额消耗量或定额成本

【例 6-14】立新公司甲产品经第一、第二、第三道加工工序完成，原材料分别在各个工序开始时一次性投入。甲产品原材料消耗定额为 2 200 元，其中，各工序投料定额分别为：第一道工序 1 320 元，第二道工序 660 元，第三道工序 220 元。甲产品定额工时为 30 小时，各工序分别为：第一道工序 12 小时，第二道工序 9 小时，第三道工序 9 小时，本月完工产品 2 000 件。甲产品月末在产品数量为 300 件，其中，各工序分别为：第一道工序 80 件，第二道工序 120 件，第三道工序 100 件。月初在产品直接材料成本为 697 200 元，直接人工为 276 750 元，制造费用为 346 020 元。本月发生原材料成本为 4 266 000 元，直接人工为 1 781 900 元，制造费用为 1 951 000 元。该企业单位工时定额费用为：直接人工 30 元 / 小时，制造费用 35 元 / 小时。要求采用定额比例法计算在产品成本和完工产品成本。

计算结果如下。

（1）计算各工序在产品直接材料投料定额。

第一道工序在产品直接材料投料定额＝1 320（元）

第二道工序在产品直接材料投料定额＝1 320 ＋ 660 ＝ 1 980（元）

第三道工序在产品直接材料投料定额＝1 320 ＋ 660 ＋ 220 ＝ 2 200（元）

（2）计算各工序在产品工时定额。

第一道工序在产品工时定额＝12×50%＝6（小时）

第二道工序在产品工时定额＝12 ＋ 9×50%＝16.5（小时）

第三道工序在产品工时定额＝12 ＋ 9 ＋ 9×50%＝25.5（小时）

（3）计算月末在产品定额成本。

在产品直接材料定额成本＝80×1 320 ＋ 120×1 980 ＋ 100×2 200 ＝ 563 200（元）

在产品定额工时＝80×6 ＋ 120×16.5 ＋ 100×25.5 ＝ 5 010（小时）

完工产品直接材料定额成本＝2 000×2 200 ＝ 4 400 000（元）

完工产品定额工时＝2 000×30 ＝ 60 000（小时）

（4）分配材料费用。

原材料费用分配率＝（697 200＋4 266 000）÷（563 200＋4 400 000）＝1

完工产品应分配的材料费用＝4 400 000×1＝4 400 000（元）

在产品应分配的材料费用＝563 200×1＝563 200（元）

（5）分配直接人工费用。

直接人工费用分配率＝（276 750＋1 781 900）÷（60 000＋5 010）≈31.67（元/小时）

完工产品应分配的直接人工费用＝60 000×31.67＝1 900 200（元）

在产品应分配的直接人工费用＝276 750＋1 781 900－1 900 200＝158 450（元）

（6）分配制造费用。

制造费用分配率＝（346 020＋1 951 000）÷（60 000＋5 010）≈35.33（元/小时）

完工产品应分配的制造费用＝60 000×35.33＝2 119 800（元）

在产品应分配的制造费用＝346 020＋1 951 000＝2 297 020（元）

（7）计算完工产品总成本和在产品总成本。

完工产品总成本＝4 400 000＋1 900 200＋2 119 800＝8 420 000（元）

在产品总成本＝563 200＋158 450＋2 297 020＝3 018 670（元）

在实际工作中，成本计算是通过编制"产品成本计算单"完成的，"产品成本计算单"格式如表 6-8 所示。

表 6-8　立新公司产品成本计算单

产品名称：甲　　　　　　　　　　2022 年 8 月　　　　　　　　　　金额单位：元

摘要	直接材料	直接人工	制造费用	合计
月初在产品成本	697 200	276 750	346 020	1 319 970
本月发生费用	4 266 000	1 781 900	1 951 000	7 998 900
生产费用合计	4 963 200	2 058 650	2 297 020	9 318 870
完工产品定额费用（工时）	4 400 000	60 000	60 000	
在产品定额费用（工时）	563 200	5 010	5 010	
费用分配率	1	31.67	35.33	
本月完工产品成本	4 400 000	1 900 200	2 119 800	8 420 000
本月在产品成本	563 200	158 450	2 297 020	3 018 670

想一想： 定额成本法和定额比例法在应用条件、成本计算程序、定额确定及差额处理等方面有什么不同？

任务三　完工产品成本结转的核算

生产费用完成了在各产品之间以及在完工产品和月末在产品之间横向和纵向的分配与归集之后，完工产品的单位成本已计算出来，可据以结转入库完工产品成本。

完工产品经产成品仓库验收入库以后，成本应从"基本生产成本"账户和各种产品成本明细账的贷方转入"库存商品"账户的借方,其中,完工入库产成品的成本,应转入"产成品"科目;完工自制材料、工具、模具等的成本,应分别转入"原材料"和"低值易耗品"等科目。

根据表 6-8 结转完工的甲产品生产成本,编制会计分录如下。

借:库存商品——甲产品　　　　　　　　　　　　　　　　　　　　　8 420 000
　　贷:基本生产成本——甲产品　　　　　　　　　　　　　　　　　　　　8 420 000

"基本生产成本"总账科目的月末余额,就是基本生产在产品的成本,也就是占用在基本生产过程中的生产资金,应与所属各种产品成本明细账中月末在产品成本之和核对相符。

本项目主要介绍了生产费用在完工产品与在产品之间的分配。

生产费用在完工产品与在产品之间的分配,关系到月末在产品和完工产品的计价,关系到完工产品单位成本的计算和定价的准确性。企业月末如果既有完工产品又有在产品,那么应当采用适当的分配方法将产品成本明细账中归集的月初在产品生产成本与本月发生的成本之和,在完工产品与月末在产品之间,进行分配,从而计算完工产品和月末在产品的成本。

采用的分配方法主要有七种:不计算在产品成本法、在产品成本按年初数固定计算法、在产品成本按所耗原材料费用计价法、在产品按完工产品成本计算法、约当产量比例法、在产品按定额成本计价法、定额比例法。企业应当根据在产品数量的多少、各月在产品数量变化的大小、各种费用比重的大小,以及定额管理基础好坏等具体条件和实际情况,选择既合理又简便的分配方法。

一、单项选择题

1. 下列各项中属于狭义在产品的有(　　)。

A. 入库在产品　　　　　　　　　　B. 正在修复中的废品
C. 准备修复的废品　　　　　　　　D. 加工中的产品

2. 原材料在某一道工序开始一次性投料的情况下,分配原材料费用的在产品完工程度为(　　)与完工产品消耗定额的比率。

A. 所在工序累计消耗定额之半　　　B. 所在工序累计消耗定额
C. 所在工序的消耗定额　　　　　　D. 所在工序消耗定额之半

3. A 产品要经历三道工序完成,各工序的投料比例分别为 50%、35% 和 15%,材料在生产开始时一次性投入,则第二步在产品的投料比例是(　　)。

A. 100%　　　　B. 50%　　　　C. 85%　　　　D. 35%

4. A 产品要经历三道工序完成,各工序的定额工时分别为 30 小时、10 小时和 10 小时,则第二道工序的在产品完工程度是(　　)。

A. 50%　　　　B. 70%　　　　C. 80%　　　　D. 90%

5. B 产品要经历三道工序完成,各工序在产品的完工程度分别为 30%、65% 和 85%,若该产品的定额工时为 50 小时,则第三道工序的定额工时为(　　)小时。

A. 10 B. 15 C. 20 D. 25

6. 不计算在产品成本法的适用范围是（　　）。
   A. 期末无在产品
   B. 月末在产品数量很少
   C. 月末在产品数量很多
   D. 月末在产品数量均衡

7. 不计算在产品成本法适用于（　　）的情况。
   A. 月末在产品数量很少
   B. 月末在产品数量较多
   C. 各月在产品数量稳定
   D. 各月末在产品数量不稳定

8. 若某种产品的月末在产品数量较多且不稳定，同时料工费在产品成本中的比重相差不大，则在产品可以采用（　　）计价。
   A. 固定成本法
   B. 不计算在产品成本法
   C. 材料成本法
   D. 定额成本法

9. 在产品采用定额成本计价法时，其实际成本与定额成本之间的差异应由（　　）承担。
   A. 在产品成本
   B. 期间费用
   C. 完工产品
   D. 制造费用

10. 盘盈的在产品，在经过有关部门批准后计入的科目是（　　）。
    A. "制造费用"
    B. "生产成本"
    C. "管理费用"
    D. "营业外支出"

11. 甲公司生产 A 产品经过两道工序加工而成，第一道工序需 30 小时，第二道工序需 70 小时，本月初无在产品。本月投入生产 1 000 件产品，第一道工序在产品数量为 200 件，第二道工序在产品数量为 100 件。本月投入直接材料 280 万元，直接人工 85 万元，制造费用 125 万元。假定各工序内在产品完工程度平均为 50%，并且材料在开始时一次性投入，则本月完工产品单位成本为（　　）万元。
    A. 0.61 B. 0.54 C. 0.54 D. 0.72

二、多项选择题

1. 采用约当产量比例法计算在产品成本时，需要按完工程度确定在产品约当产量进行分配的生产费用有（　　）。
   A. 材料费用
   B. 人工费用
   C. 动力费用
   D. 制造费用
   E. 燃料费用

2. 在选择期末完工产品与在产品成本分配方法时，应考虑的条件是（　　）。
   A. 定额管理基础好坏
   B. 月末在产品数量多少
   C. 月末在产品数量变化
   D. 各项费用比重大小

3. 需要应用费用定额计算月末在产品成本的方法有（　　）。
   A. 不计算在产品成本法
   B. 固定成本法
   C. 定额成本法
   D. 约当产量比例法
   E. 定额比例法

4. 按约当产量计算在产品成本法的适用条件是（　　）。
   A. 期初在产品数量较多
   B. 月末在产品数量较少
   C. 各项在产品数量变化不大
   D. 各个成本项目所占比重相差不大
   E. 各个成本项目所占比重相差较大

5. 广义的在产品包括（　　）。
   A. 对外销售的半成品
   B. 需要继续加工的半成品
   C. 未经验收报告入库的产成品
   D. 等待返修的废品
   E. 不可修复的废品

6. 采用定额成本计价法计算在产品成本时，本期完工产品成本中包括（　　）。
   A. 本期完工产品实际成本　　　　　　B. 期初在产品实际成本与定额成本差异
   C. 期初在产品成本　　　　　　　　　D. 月末在产品实际成本与定额成本差异
   E. 月末在产品的定额成本

7. 期末在产品成本计价方法中，会使发生的生产费用全部由本月完工产品成本负担的方法有（　　）。
   A. 不计算在产品成本法　　　　　　　B. 完工成本法
   C. 固定成本法　　　　　　　　　　　D. 定额成本法
   E. 约当产量比例法

8. 在（　　）等情况下，需要计算在产品的投料程度。
   A. 原材料在生产开始时一次性投入
   B. 原材料随加工进度陆续投入且与进度一致
   C. 原材料在各工序开始时一次性投入
   D. 原材料随加工进度陆续投入且与进度不一致

9. 在月初和月末在产品数量不同的情况下，能够使各月发生的费用等于其完工产品成本的方法是（　　）。
   A. 不计算在产品成本法　　　　　　　B. 固定成本法
   C. 约当产量比例法　　　　　　　　　D. 定额成本法
   E. 定额比例法

10. 某基本生产车间完工产品转出时，可能借记的科目有（　　）。
    A. "基本生产成本"　　　　　　　　　B. "辅助生产成本"
    C. "库存商品"　　　　　　　　　　　D. "自制半成品"
    E. "周转材料"

三、判断题

1. 狭义的在产品是指正在某一特定生产车间或加工步骤中加工的产品。（　　）
2. 虽然企业的定额管理水平较高，但如果月末在产品数量较多，也不宜采用按定额成本计价法计算月末在产品成本。（　　）
3. 在按定额比例法计算在产品成本情况下，本期完工产品成本中包含了月末在产品实际成本与定额成本之间的差异。（　　）
4. 企业最常用的在产品成本计算法是约当产量比例法。（　　）
5. 对不存在月末在产品的企业可采用不计算在产品成本法。（　　）
6. 只要各期月末在产品数量基本相同，就可以采用固定成本法确定月末在产品成本。（　　）
7. 各月在产品数量变化不大的产品，可以对月末在产品成本忽略不计。（　　）
8. 在约当产量比例法下，原材料费用的完工程度与加工费用的完工程度是相同的。（　　）
9. 在产品定额成本计价，实际生产费用与定额费用的差异，最终将全部由完工产品负担。（　　）
10. 已经完工但尚未验收入库的在产品，其成本可以视为完工产品计算。（　　）
11. 各月在产品数量较多，但各月在产品数量变化不大时，其月末在产品可按固定资产成本计价。（　　）

12. 成本计算工作结束后要进行完工产品的成本结转，即根据完工产品验收入库单，将完工产品成本从"生产成本"科目贷方转出，转入有关科目的借方。（ ）

13. 约当产量是指月末在产品数量按照完工程度折算的相当于完工产品的数量。（ ）

四、实务操作题

1. 某产品经过两道工序加工完成，原材料随加工进度陆续投入。原材料消耗定额为：第一道工序投入70%，第二道工序投入30%。月末在产品数量为：第一道工序300件，第二道工序300件。该月完工产品为140件。月初和本月发生的费用为：原材料费用3 500元，加工费用2 000元。

要求：

（1）计算该种产品两道工序的完工率；

（2）计算该种产品月末在产品的约当产量；

（3）按约当产量比例法分配计算完工产品和月末在产品的原材料费用和加工费用；

（4）计算完工产品和月末在产品的成本。

2. 某企业生产的甲产品的原材料在生产开始时一次性投入，产品成本中原材料费用所占比重很大，月末在产品按其所耗原材料费用计价。该种产品月初原材料费用为2 000元，本月原材料费用为15 000元，人工费用为2 000元，制造费用为1 200元，本月完工产品为150件，月末在产品为50件。

要求：按在产品所耗原材料费用计价法分配计算甲产品完工产品成本和月末在产品成本。

项目实训

实训八：约当产量比例法实训

（一）实训目的

通过练习约当产量比例法，熟悉约当产量比例法的适用范围，掌握约当产量比例法的基本原理和实用技能。

（二）实训资料

工贸制造有限公司有两个基本生产车间：第一车间生产丁产品，第二车间生产丙产品。第一车间生产的丁产品由三道工序加工制成，原材料在生产开始时一次性投入；第二车间生产的丙产品经两道工序加工制作完成，原材料在每道工序开始时一次性投入。2022年9月生产两种产品相关的产量、定额、工时和成本费用资料如下。

1. 工时、消耗定额资料。

第一车间丁产品单位产品工时定额为40小时，其中，第一道工序工时定额为8小时，第二道工序工时定额为16小时，第三道工序工时定额为16小时，各道工序在产品加工程度均按50%计算。

第二车间丙产品原材料单位消耗定额：第一道工序为20千克，第二道工序为30千克；完工产品工时定额为50小时，其中，第一道工序为20小时，第二道工序为30小时。每道工序在产品工时定额（本工序部分）按本工序工时定额的50%计算。

2. 产品产量资料。

第一车间丁产品：本月完工产品数量为200件。月末在产品数量为：第一道工序20件，第二道工序40件，第三道工序60件。

第二车间丙产品：本月完工产品数量为 500 件。月末在产品数量为：第一道工序 200 件，第二道工序 100 件。

3. 成本费用资料。

第一车间丁产品月初在产品及本月生产费用资料如表 6-12 所示；

第二车间丙产品月初在产品及本月生产费用资料如表 6-9 所示。

表 6-9　丙产品月初及本月生产费用表

2022 年 9 月　　　　　　　　　　　　　　　　　　　　　　　金额单位：元

项目	成本费用项目			合计
	直接材料	直接人工	制造费用	
月初在产品成本	36 000	1 150	2 200	39 350
本月生产费用	100 000	8 000	10 000	118 000

（三）实训要求

1. 根据资料按消耗定额和工时定额计算两种产品的各成本项目在各工序的在产品完工率和产品约当产量。

2. 对两种产品进行期末成本分配并进行相应的会计处理。

（四）实训准备

1. 认真阅读教材内容，复习约当产量比例法的基本知识要点和成本计算与分配基本原理，掌握运用约当产量比例法进行基本成本分配的技能和方法。

2. 读懂实训资料，厘清实训的基本思路。

3. 准备好期末成本分配的计算工具和会计处理资料，包括约当产量计算表、成本计算单和会计记账凭证等。

（五）实训过程

1. 根据给定资料，运用工时定额和材料消耗定额计算丁产品和丙产品的完工程度，如表 6-10、表 6-11 所示。

表 6-10　丁产品在产品约当产量计算表

项目	工时定额 / 小时	在产品数量 / 件	完工率 /%	约当产量 / 件
第一道工序				
第二道工序				
第三道工序				
合计				

表 6-11　丙产品在产品约当产量计算表

项目	工序	材料（工时）定额 / 小时	在产品数量 / 件	完工率 /%	约当产量 / 件
原材料	第一道				
	第二道				
	合计				

续表

项目	工序	材料（工时）定额/小时	在产品数量/件	完工率/%	约当产量/件
加工费用	第一道				
	第二道				
	合计				

2. 根据计算出的完工程度，计算确定两种产品的在产品约当产量，如表6-10、表6-11所示，并将计算结果填入表6-12和表6-14。

3. 计算确定丁产品和丙产品各个成本项目的费用分配率，计算当月完工产品的总成本和单位成本。

表6-12　产品成本计算单（一）

产品名称：丁
生产单位：第一车间　　　　　　　　2022年9月　　　　　　　　金额单位：元

项目	直接材料	直接人工	制造费用	合计
月初在产品成本	6 000	2 980	3 000	11 980
本月发生生产费用	10 000	5 000	5 512	20 512
生产费用合计	16 000	7 980	8 512	32 492
完工产品数量/件				
在产品约当产量/件				
约当总产量/件				
费用分配率/（元/件）				
完工产品总成本				
月末在产品成本				

表6-13　产品成本计算单（二）

产品名称：丙
生产单位：第二车间　　　　　　　　2022年9月　　　　　　　　金额单位：元

项目	直接材料	直接人工	制造费用	合计
月初在产品成本				
本月发生生产费用				
生产费用合计				
完工产品数量/件				
在产品约当产量/件				
约当总产量/件				
费用分配率/（元/件）				
完工产品总成本				
月末在产品成本				

4. 编制丁、丙两种产品完工入库的会计分录。

实训九：定额比例法实训

（一）实训目的

通过定额比例法的实训，让学生掌握定额比例法的运用范围，熟练运用定额比例法的基本原理并进行期末成本费用的分配。

（二）实训资料

工贸公司第二车间生产 E 产品采用定额比例法分配费用，原材料费用按定额费用比例分配，其他费用按定额工时比例分配。

2022 年 8 月，该公司 E 产品生产成本及定额等资料如表 6-14 所示。

表 6-14　月初及本月生产费用与定额

2022 年 8 月　　　　　　　　　　　　　　　　　　　　　　　金额单位：元

成本项目	月初在产品费用		本月生产费用	
	定额	实际	定额	实际
直接材料	3 000	3 500	7 000	7 500
直接人工（工时）	2 000	2 500	3 000	3 500
制造费用		1 500		2 500
合计		7 500		13 500

本月 E 产品完工 100 件，单位产品原材料定额成本为 80 元/件，单位产品工时消耗定额为 40 小时/件。

（三）实训要求

1. 根据资料计算 E 产品的完工产品、月末在产品定额原材料费用和定额工时。

2. 登记 E 产品成本明细账，分配计算 E 产品完工产品总成本和单位成本以及月末在产品成本。

（四）实训准备

1. 阅读教材内容，明确在产品按定额比例法的特点、适用条件，掌握其运用技能和计算方法。

2. 准备好运用定额比例法进行期末成本分配的计算工具和会计处理资料。

（五）实训过程

1. 根据实训资料，计算完工产品的定额原材料费用、定额工时。

2. 确定各成本项目的费用分配率，计算期末完工产品总成本和在产品成本，如表 6-15 所示。

3. 登记 E 产品成本明细账。

表 6-15　E 产品成本计算单

产品名称：E　　　　　　　　　　　　　　　产量：100 件
生产单位：第二车间　　　　　　　　　　　　2022 年 8 月　　　　　　　　　　　金额单位：元

摘要		成本项目			合计
		直接材料	直接人工	制造费用	
月初在产品成本	定额				
	实际				
本月发生生产费用	定额				
	实际				
当月生产费用合计	定额				
	实际				
费用分配率/（元/件）					
完工产品成本	定额				
	实际				
月末在产品成本	定额				
	实际				

实训十：在产品按定额成本计价法实训

（一）实训目的

通过实训，练习在产品按定额成本计价法，掌握其基本原理和实际运用的方法与技能。

（二）实训资料

工贸公司生产 C 产品，有关资料如下。

1. 成本费用资料，如表 6-16 所示。

表 6-16　C 产品成本费用资料　　　　　　　　　　　　　　　　　　金额单位：元

项目	直接材料	直接人工	制造费用	合计
月初在产品成本	16 040	1 500	4 000	21 540
本月发生生产成本	80 000	29 000	30 000	139 000
本月生产成本合计	96 040	30 500	34 000	160 540

2. 生产情况资料：原材料在生产开始时一次性投入，其他费用在生产过程中均衡发生，本月完工产品数量为 700 件，月末在产品数量为 300 件。

3. 定额及相关资料：直接材料计划单价为 2 元/千克，每件产品材料定额为 46 千克；单位产品工时定额为 3 小时/件，计划费用分配率为直接人工 4.5 元/小时、制造费用 9 元/小时。

（三）实训要求

1. 根据资料计算确定 C 产品月末在产品定额成本。
2. 采用在产品按定额成本计价法分配计算，确定本月完工产品成本和月末在产品成本。

（四）实训准备

1. 复习教材内容，明确在产品按定额成本计价法的特点、适用条件，掌握其运用技能和计算方法。
2. 准备好运用在产品按定额成本计价法进行期末成本分配的计算工具和会计处理资料，如月末在产品定额成本计算表和产品成本计算单等。

（五）实训过程

1. 根据资料，计算确定月末 C 产品在产品各成本项目的成本和定额总成本，如表 6-17 所示。

表 6-17 月末在产品定额成本计算表　　　　　　　　　　金额单位：元

材料费用项目		加工费用项目			定额成本合计
在产品数量 / 件	原材料费用	定额工时 / 小时	直接人工	制造费用	

2. 填制产品成本计算单，计算确定当月完工产品和月末在产品的成本，如表 6-18 所示。

表 6-18 产品成本计算单　　　　　　　　　　金额单位：元

项目	直接材料	直接人工	制造费用	合计
月初在产品成本				
本月发生生产成本				
本月生产成本合计				
月末在产品定额成本				
本月完工产品成本				

3. 编制结转完工产品会计分录。

ITEM 7

项目七 选择成本核算方法

学习目标

- 了解产品生产的特点和管理要求对产品成本计算方法的影响
- 理解各种产品成本计算方法的特点和适用范围

能力目标

- 能根据生产特点和管理要求，选择确定产品成本的计算方法

思政目标

- 提升团队竞争合作能力，使学生具有团队精神和协作精神
- 使学生具有谨慎的工作态度，做事认真仔细
- 培养学生良好的职业判断能力，成本计算准确无误
- 培养学生创新能力

任务一　掌握成本核算方法及类型

一、成本核算方法的含义

成本核算就是按照产品成本核算对象，对生产经营过程中发生的生产费用进行归集，并在完工产品和在产品之间进行分配，计算出产品的总成本和单位成本的过程。

成本核算方法是以成本核算对象为基础，将由产品成本负担的生产费用在各种产品之间进行分配，以及将某一产品负担的生产费用在完工产品和在产品之间进行分配的方法。

成本核算方法一般包括以下几项具体内容：确定成本核算对象；设置生产成本明细账并确定成本项目；生产费用的归集及计入产品成本的程序；确定成本核算期；生产成本在完工产品和月末在产品之间的期末成本分配。

二、成本核算方法的类型

选择什么样的成本核算方法，主要看选择谁作为成本对象。成本核算对象是决定成本核算方法的基本因素，也是区分成本核算方法的根本标志。按照成本核算对象的不同，可将成本核算方法分为以下两大类型。

(一)产品成本核算的基本方法

产品成本核算的基本方法，是指在产品成本核算中能够独立运用的成本核算方法，包括品种法、分步法和分批法三种。

品种法是以产品品种为成本核算对象的产品成本核算方法，分步法是以产品的生产步骤及其生产的产品品种为成本核算对象的产品成本核算方法，分批法是以产品的批别为成本核算对象的产品成本核算方法。

在产品成本核算的三种基本方法中，品种法是最基本的方法，因为不论什么类型的企业，采取哪种成本核算方法，最终都必须以产品品种为对象分别提供企业的成本资料。

(二)产品成本核算的辅助方法

产品成本核算的辅助方法，是指在产品成本核算中不能独立运用，必须与基本方法配合运用的成本核算方法，主要有分类法、定额法和作业成本法等。

分类法是以产品的类别为成本核算对象的成本核算方法，是品种法的延伸，产品品种与规格繁多的企业采用分类法比较简便；定额法是以产品的现行定额成本为基础，加减实际脱离定额的差异计算产品成本的方法；作业成本法是以产品的作业环节为成本主要计算对象的成本核算方法，也是品种法的延伸。

思政小常识

企业在核算产品成本时要实事求是，选择合适的核算方法，不得弄虚作假。不同的核算方法可能造成在产品成本和产成品成本之间差异较大，这会影响企业的销售成本，从而影响企业的账面利润和企业所得税。企业只有选择符合自己实际生产情况的核算方法，才能在财务报表中真实反映自己的资产状况和经营状况。同时，企业的成本会计人员要坚定自己的专业判断和立场，保持会计人的独立性，坚持职业操守。

任务二 学会选择成本核算方法

一、影响选择成本核算方法的主要因素

企业生产类型的特点决定了生产工艺过程、生产组织方式与企业对成本管理的要求是影响成本核算方法的3个主要因素。要想正确核算产品成本，企业必须根据生产类型的特点，考虑成本管理的要求，选择适当的成本核算方法。

(一)企业的产品生产工艺过程

产品生产工艺过程，是指产品从投料开始到完工为止的生产工艺和加工制造的过程。按照生产工艺过程的特点，可以将产品生产分为单步骤生产和多步骤生产。

1. 单步骤生产

单步骤生产又叫"简单生产"，是指产品生产在工艺技术上不能间断或不能分散在不同地点进行，只需要经过一个加工步骤即可完成的产品生产。其基本特点是生产周期短、品种单一，即各个生产步骤生产的半成品必须全部转移到下一个生产步骤，各中间步骤在会计期末不存在半成品。此特点决定其只能由一家企业独立完成，而不能由几家企业协作进行。其典型行业如发电、采掘、铸造、供气、供水等。单步骤生产的生产过程不可能或不需要划分为几个生产步骤，因而也就不可

或不需要按生产步骤计算产品成本，只能把产品品种作为成本核算对象。

2. 多步骤生产

多步骤生产又叫"复杂生产"，是指产品生产在工艺上可以间断，需要经过若干个加工步骤的生产加工才可能完成的产品生产，即生产工艺过程由若干个可以间断的、分散在不同地点的生产步骤组成的生产。其基本特点是生产周期长，除最后步骤生产出产成品外，其他加工步骤生产的都是半成品或中间产品，品种通常较多，如钢铁、纺织、机械制造等企业的生产。

按产品生产过程的加工方式不同，多步骤生产又可分为连续式多步骤生产和装配式多步骤生产两种。

（1）连续式多步骤生产，又称"分步式多步骤生产"，是指原材料投入生产后，要经过若干相互联系的加工步骤，前一步骤生产出来的半成品构成后一步骤的加工对象，直到最后加工步骤才能生产出产成品的生产，即顺次加工，递进完工。如造纸、纺织、冶金、化工等企业的生产，都属于这种生产组织类型。

（2）装配式多步骤生产，又称"平行式多步骤生产"，是指将各种原材料平行地进行加工，各生产步骤各自独立制成产成品所需的各种零（部）件，再将企业生产的零（部）件装配成为产成品的生产，即平行加工，最后组装。如汽车制造、机械制造、眼镜制造等，都属于这种生产类型。

（二）企业的生产组织方式

生产组织方式，是指企业产品生产的方式，体现生产的专业化程度和产品生产的重复程度，具体说，是指在一定时期内生产产品品种的多少，同种类型的产品生产数量以及生产的重复程度。按生产组织方式的特点，可以将企业的生产分为大量生产、成批生产和单件生产。

1. 大量生产

大量生产，是指不断地重复生产一种或几种品种相同产品的生产。其主要特点是产品品种较少、每种产品的产量较大并且比较稳定，专业化水平比较高，如发电、化肥、面粉、供水、采掘、造纸、钢铁制造等企业的生产，都属于这种生产组织类型。

2. 成批生产

成批生产，是指按照规定的产品批别和数量，每隔一定时期重复制造某种产品的生产。其主要特点是企业生产产品品种较多，各品种的数量不等，每隔一定时期按企业的生产计划重复生产。如服装、印刷、汽车等企业的生产，都属于这种生产组织类型。成批生产按照产品批量的大小，又可分为大批生产和小批生产。大批生产接近大量生产，由于批量大，产品品种一般比较稳定，因此同大量生产一样，只要求把产品品种作为成本核算对象；小批生产接近单件生产，由于批量小，一批产品往往同时完成，因此有可能按产品的批别计算成本。

3. 单件生产

单件生产，是指根据购货单位的特定要求，按个别、单件产品进行生产。其主要特点是：产品的品种较多，每种产品的数量较少，生产周期长，很少进行重复生产，如船舶、重型机械、专用设备等企业的生产。单件生产有可能也有必要把单件产品作为成本核算对象，计算每件产品成本。如大型船舶、重型机械、专用设备的制造等，都属于这种生产组织类型。

（三）企业的成本管理要求

成本管理要求也是影响产品成本核算方法的重要因素。企业生产类型不同，对成本进行管理的要求也不一样。生产类型的特点对成本核算方法的影响最终是由企业对成本管理的要求决定的。

二、企业生产类型和企业对成本管理的要求对成本核算方法的影响

企业生产类型，是指企业产品生产工艺过程和生产组织方式相结合形成的类型。在企业的生产

经营活动中，生产工艺过程和生产组织方式是结合在一起的，不同的结合方式会形成不同类型的生产企业。一般情况下，单步骤生产大多属于大量生产，多步骤生产中连续加工式生产往往属于大量大批生产，平行加工式生产则可能是大量生产、成批生产或小批单件生产。会计上一般把生产工艺过程和生产组织方式相结合形成的产品生产分为大量大批单步骤生产、大量大批多步骤生产、单件小批生产3种类型。

（一）生产类型对成本核算方法的影响

企业的产品成本核算方法在很大程度上取决于企业的生产类型。为了正确计算产品的成本，成本方法的选用必须与企业的生产类型相适应。在成本核算方法的5个内容中，生产类型特点对成本核算方法的影响主要表现在3个方面，即成本核算对象的确定、成本核算期的确定和生产费用的期末成本分配。其中，成本核算对象的确定是最主要的。

1. 对成本核算对象确定的影响

成本核算对象是为计算产品成本确定的生产费用的归集与分配的对象，是生产费用的最终承担者。确定成本核算对象是设置基本生产成本明细账、归集各对象应承担的生产费用、计算各对象的总成本和单位成本的重要前提。确定成本核算对象，是为了确定在多大范围归集生产费用，计算产品成本。

从成本核算的角度来看，不同的成本核算对象，形成不同的成本核算方法，不同品种的产品、不同批次的产品、不同类别的产品，以及生产经营过程中各个生产步骤的半成品，都可以作为成本核算对象。成本核算对象的确定主要由企业的生产类型决定。

在大量大批单步骤生产条件下，生产过程中的各生产步骤既没有期末在产品，也没有半成品，因此成本核算对象比较单一，通常只能以最终完工的产品品种为成本核算对象。

在大量大批多步骤生产条件下，除了可以把最终完工的产品品种作为成本核算对象外，还可以将每个步骤生产的半成品作为成本核算对象。

在单件小批生产条件下，一般把订单确定的某件或某批产品作为成本核算对象。

2. 对成本核算期确定的影响

成本核算期，是指生产费用计入产品成本规定的起讫日期。在不同生产类型的企业，成本核算期也不尽相同，主要有会计报告期和生产周期两种，但如何确定成本核算期，主要取决于企业的生产类型。

在大量大批单步骤和多步骤生产的企业，由于生产是连续不断进行的，企业不断投入原材料并不断地生产出产品，产品生产周期比较短，一般把会计报告期作为成本核算期，因此成本核算期是定期的，与会计报告期一致，与生产周期不一致。按照成本管理要求，通常按月进行成本核算。

在单件小批生产中，由于生产一般是不重复进行的，批量不大且批内产品基本同时完工，特别是大型机械制造如飞机、轮船等生产周期较长，产品成本只能在某件产品或某批产品完工后才能最终确定，成本核算期是不定期的，与产品的生产周期一致，一般与会计报告期不一致。

3. 对期末成本分配的影响

期末成本分配，是指生产费用在完工产品和期末在产品之间的分配。是否要进行期末成本分配，主要由期末在产品的数量决定，而在产品数量则是由生产类型决定的。大量大批单步骤生产的企业，其生产连续不间断性和产品生产周期短的特点，使生产过程中一般没有在产品，或期末在产品数量少，或各期在产品数量大致相同，期末进行产品成本核算时，生产费用不需要在完工产品和期末在产品之间进行分配。而大量大批多步骤生产的企业，由于生产连续进行，投入与产出并存，投料与完工同在，各个生产步骤必然保持着一定数量但不同完工程度的在产品，而且它们在各期的数量不尽一致，期末进行产品成本核算时，生产费用必须在完工产品和期末在产品之间进行分配。单件小批生产的企业，期末要么都是在产品，要么都是完工产品。因为，在单件生产时，完工就是产成品，未完工就是在产品，生产费用不必进行分配。而小批生产时，可能当月完工，也可能跨月完工，但同批产品未完工前，归集的生产费用都是在产品的成本；同批产品全部完工后，归集的生产费用部分构成该批完工产成品的成本，生产费用也不需要在完工产品和期末在产品之间进行分配。

（二）管理要求对产品成本核算方法的影响

选用哪种产品成本核算方法主要取决于生产类型。不同的生产类型采用的成本核算方法是不同的，但是各成本核算方法的运用也受到成本管理要求的影响。在单件小批生产的企业，成本核算一般按批别进行，但规模较大的装配式多步骤生产企业和大量大批多步骤生产企业，为了加强各步骤的成本管理，不仅要求按产品批别或品种计算产品成本，还要求按步骤计算产品成本，因此应采用分步法；规模较小的多步骤生产企业，如果管理上不要求提供分步成本资料或不易采用分步法，也可以只把产品品种作为成本核算对象。

想一想： 一家企业只能采用一种成本核算方法吗？我们应该如何选择企业的成本核算方法？

（三）总结

（1）大量大批单步骤生产以及管理上不要求分步骤提供成本资料的多步骤生产，按品种计算成本→品种法。

（2）小批单件生产，按批别计算成本→分批法。

（3）管理上要求分步骤提供成本资料的多步骤生产，按生产步骤计算成本→分步法。

企业生产类型与成本管理要求对成本核算方法的影响如表7-1所示。

表7-1 企业生产类型、成本管理要求与成本核算基本方法

影响因素			产生影响	影响要素			形成方法	成本核算方法
生产组织方式	生产工艺过程	成本管理要求		成本核算对象	成本计算期	生产费用的分配		
大量大批生产	单步骤	要求按品种计算	→	产成品种	定期按月	不计算在产品成本	→	品种法
	多步骤	不要求按步骤计算		产成品种	定期按月	计算在产品成本		
		要求按步骤计算		生产步骤和产成品种	定期按月	计算在产品成本		分步法
单件小批生产	单步骤或多步骤	要求按步骤计算		半成品、产成品	定期按月	计算在产品成本		
		只要求按批别计算		产成品	不定期按生产周期	不计算在产品成本		分批法

成本核算方法既可以单独使用，也可以同时使用，还可以几种成本核算方法结合使用。如有的企业生产多种产品，但这些产品的特点相同、生产类型也一样，几种产品就可以采用同一种成本核算方法；有的企业不止生产一种产品，这些产品的特点不同，生产类型也不一样，应采用不同的成本核算方法计算产品成本，即同时使用几种成本核算方法计算成本；有的企业生产产品虽然种类比较少，但同一品种内规格型号繁多，可以将品种法和分类法相结合使用。

项目小结

本项目主要介绍了选择成本核算方法。

成本核算方法是以成本核算对象为基础,将由产品成本负担的生产费用在各种产品之间进行分配,以及将某一产品负担的生产费用在完工产品和在产品之间进行分配的方法。按照成本核算对象的不同,可将成本核算方法分为产品成本核算的基本方法和产品成本核算的辅助方法两大类。产品成本核算的基本方法,是指在产品成本核算中能够独立运用的成本核算方法,包括品种法、分步法和分批法三种。产品成本核算的辅助方法,是指在产品成本核算中不能独立运用,必须与基本方法配合运用的成本核算方法,主要有分类法、定额法和作业成本法等。

为了正确核算产品的成本,成本核算方法的选用必须与企业的生产类型相适应。产品成本核算方法,主要取决于生产类型。不同的生产类型采用的成本核算方法是不同的,但是各成本核算方法的运用也受到成本管理要求的影响。

复习与训练

一、单项选择题

1. 生产特点和管理要求对成本核算方法的影响主要表现在(   )的确定上。
   A. 产品成本核算期间　　　　　　　　B. 生产费用分配方法
   C. 期末成本费用分配　　　　　　　　D. 产品成本核算对象

2. 成本核算方法的基本决定因素和区分成本核算方法的根本标志是(   )。
   A. 成本核算对象　　　　　　　　　　B. 成本核算期间
   C. 生产工艺特点　　　　　　　　　　D. 生产管理要求

3. 在大批量生产的企业里,要求连续不断地重复生产一种或者若干种产品,因此管理上只要求而且只能按照产品的(   )核算成本。
   A. 批别　　　　B. 品种　　　　C. 类别　　　　D. 步骤

4. 下列不属于成本核算基本方法的是(   )。
   A. 品种法　　　　B. 分类法　　　　C. 分步法　　　　D. 分批法

5. 下列各项中,各种产品成本核算方法都必须提供的是(   )。
   A. 按品种反映的产品成本　　　　　　B. 按批别反映的产品成本
   C. 按生产步骤反映的产品成本　　　　D. 产品定额成本

6. 品种法的计算期与(   )是不一致的。
   A. 生产周期　　　　　　　　　　　　B. 会计分期
   C. 会计报告期　　　　　　　　　　　D. 会计核算期

7. 如果一家企业或一个车间只生产一种产品,则发生的费用(   )。
   A. 全部是直接费用　　　　　　　　　B. 全部是间接费用
   C. 直接与间接费用均有　　　　　　　D. 将费用分配后计入

二、多项选择题

1. 在确定产品成本核算方法时，应适应（　　）。
   A. 成本管理要求　　　　　　　　B. 月末是否有在产品
   C. 企业生产组织特点　　　　　　D. 企业工艺技术特点
2. 在大量大批生产方式下，可能采用的成本核算方法有（　　）。
   A. 品种法　　　　　　　　　　　B. 分批法
   C. 分步法　　　　　　　　　　　D. 标准法
3. 产品成本核算的辅助方法包括（　　）。
   A. 品种法　　　　　　　　　　　B. 定额法
   C. 分类法　　　　　　　　　　　D. 分批法
4. 按照工艺过程划分，制造业的生产可以分为（　　）。
   A. 大批生产　　　　　　　　　　B. 小批生产
   C. 单步骤生产　　　　　　　　　D. 多步骤生产
5. 受生产特点和管理要求的影响，产品成本核算的对象有（　　）。
   A. 产品品种　　　　　　　　　　B. 产品类别
   C. 产品批别　　　　　　　　　　D. 产品生产步骤
6. 与产品的生产类型没有直接联系的产品成本核算方法有（　　）。
   A. 定额法　　　　　　　　　　　B. 分批法
   C. 分步法　　　　　　　　　　　D. 分类法
7. 成本核算方法的3个基本因素，主要是从（　　）等方面对成本核算方法产生影响的。
   A. 成本核算对象　　　　　　　　B. 成本核算期
   C. 期末成本分配　　　　　　　　D. 费用计入成本方法

三、判断题

1. 成本核算对象是区分产品成本核算方法的主要标志。（　　）
2. 制造业的生产按工艺过程分为单步骤和多步骤两种类型。（　　）
3. 发电、采掘等企业属于大量大批多步骤生产。（　　）
4. 单件小批生产的企业，产品成本一般在月末计算。（　　）
5. 不论什么制造企业，不论什么生产类型，也不论管理要求如何，最终都必须按照产品品种计算产品成本。（　　）
6. 生产类型不同，管理要求不同，产品成本核算对象也应有所不同。（　　）

项目八 成本核算的品种法

ITEM 8

学习目标
- 熟悉产品成本核算的品种法特点及适用范围
- 掌握品种法的核算程序
- 掌握成本核算品种法的应用

能力目标
- 能按品种法完成成本核算程序的全过程

思政目标
- 培养学生谨慎的工作态度,做事认真仔细
- 培养学生良好的职业判断能力,成本核算准确无误
- 培养学生勤于思考、勇于创新的良好作风
- 培养学生爱岗敬业的工作作风

任务一 品种法的基本原理

一、品种法的概念及分类

(一)品种法的概念

品种法是以产品的品种为成本核算对象,归集生产费用和计算产品成本的一种方法。

按照产品品种计算成本,是产品成本核算最一般、最起码的要求,不论什么组织方式的制造企业,什么生产类型的企业,管理的要求如何,都必须按照产品品种计算出产品成本。因此,品种法是最基本的成本核算方法。

(二)品种法的分类

1. 简单品种法

在大量大批单步骤生产企业,由于产品品种单一,通常没有或很少有在产品存在,成本核算程序相对比较简单,被称为"简单品种法"。

2. 典型品种法

对于不要求按生产步骤计算成本的大量大批多步骤生产企业,其成本核算方法相对大量大批单步骤生产企业要复杂一些，要按不同产品品种设置成本明细账，计算每种产品的完工产品成本和月末在产品成本，被称为"典型品种法"。

二、品种法的特点和适用范围

（一）品种法的主要特点

1. 把企业最终完工的产品品种作为成本核算对象

在品种法下，企业以产品品种为成本核算对象，按产品品种设置生产成本明细账，账内按成本项目设置专栏，归集发生的生产费用。

2. 按月定期计算产品成本，成本核算期与会计报告期一致，与生产周期不一致

由于品种法的适用企业是连续不断重复生产一种或几种产品，大量大批生产企业的生产过程是连续不断的，表现为不断投入原材料，不断生产出产品，无法在产品制造完工时，马上计算生产成本，因此成本核算一般按月进行，把日历月份确定的会计报告期作为成本核算期，进行定期核算。

3. 区分不同情况处理在产品成本

在简单生产的企业，若在产品没有或很少，则月末可以不计算在产品成本；在大量大批生产的企业，若月末在产品较多，则应采用适当的分配方法分别计算完工产品和月末在产品成本。

（二）品种法适用范围

品种法适用于大量大批单步骤生产企业和管理上不要求分步计算成本的大量大批多步骤生产企业。

三、品种法的计算程序

产品成本核算程序是规范生产费用汇总与分配的过程。品种法作为成本核算的最基本方法，程序如下。

（一）按产品品种开设成本明细账，按成本项目设置专栏

生产成本明细账，是按成本核算对象设置、具有一定格式，进行生产费用归集和产品成本核算的工具。品种法是按产品的品种设置基本生产成本明细账，账内按成本构成项目分设明细专栏。

（二）按产品品种归集与分配各要素费用

根据各种要素费用分配表，将要素费用分别按产品品种计入有关成本项目。各种产品耗用的直接计入费用，直接计入各种产品明细账；各种产品耗用的间接计入费用，采用不同的分配方法，按一定标准分配计入各种产品成本明细账。

四、分配辅助生产车间的制造费用

如果辅助生产车间单独设置"制造费用"账户，期末将辅助生产车间制造费用分配计入"辅助生产成本"明细账。

五、分配辅助生产费用

设立辅助生产的企业，月末选用适当的分配方法分配辅助生产费用。

六、分配基本生产车间的制造费用

期末将基本生产车间制造费用分配计入"基本生产成本"明细账。

七、计算废品损失并结转废品损失

单独核算"废品损失"的企业，期末结转计算废品损失，将废品损失分配计入"基本生产成本"

明细账。

八、计算完工产品成本和在产品成本

期末,将生产费用在完工产品成本与在产品成本之间进行分配,计算出完工产品成本与期末在产品成本。

九、结转完工产品成本

将完工产品成本结转到库存商品。

任务二　品种法案例

资料:工贸公司为大量大批单步骤生产企业,采用品种法计算产品成本。企业设有一个基本生产车间,生产甲、乙两种产品,还设有一个辅助生产车间——运输车间。该企业2022年8月有关产品成本核算资料如下。

(1)甲、乙两种产品产量资料如表8-1所示。

表8-1　甲、乙两种产品产量情况

产品名称	月初在产品/件	本月投产/件	完工产品/件	月末在产品/件	完工率/%
甲	800	7 200	6 500	1 500	60
乙	320	3 680	3 200	800	40

(2)甲、乙两种产品月初在产品成本如表8-2所示。

表8-2　甲、乙两种产品月初在产品成本　　　金额单位:万元

产品名称	直接材料	直接人工	制造费用	合计
甲	8 090	5 860	6 810	20 760
乙	6 176	2 948	2 728	11 852

(3)该月发生生产费用。

①材料费用。生产甲产品耗用材料4 410万元,生产乙产品耗用材料3 704万元,生产甲、乙两种产品共同耗用材料9 000万元。甲产品材料定额耗用量为3 000千克,乙产品材料定额耗用量为1 500千克。运输车间耗用材料900万元,基本生产车间耗用消耗性材料1 938万元。

②职工薪酬。生产工人职工薪酬为10 000万元,运输车间工人职工薪酬为800万元,基本生产车间管理人员职工薪酬为1 600万元。

③其他费用。运输车间固定资产折旧费为200万元,水电费为160万元,办公费为40万元。基本生产车间厂房、机器设备折旧费为5 800万元,水电费为260万元,办公费为402万元。

(4)工时记录。甲产品耗用实际工时为1 800小时,乙产品耗用实际工时为2 200小时。

(5)本月运输车间共完成2 100万吨公里运输工作量,其中,基本生产车间耗用2 000万吨公里,企业管理部门耗用100万吨公里。

（6）该厂有关费用分配方法。

①甲、乙两种产品共同耗用材料按定额耗用量比例分配。

②生产工人职工薪酬按甲、乙两种产品工时比例分配。

③辅助生产费用按运输吨公里比例分配。

④制造费用按甲、乙两种产品工时比例分配。

⑤按约当产量比例法分配计算甲、乙完工产品和月末在产品成本。甲产品耗用的材料随加工程度陆续投入，乙产品耗用的材料于生产开始时一次性投入。

要求：采用品种法计算甲、乙产品成本（见表8-3至表8-13）。

该企业成本核算程序如下。

（1）分配要素费用。

表8-3　材料费用分配表

2022年8月　　　　　　　　　　　　　　　　　　　　金额单位：万元

应借账户		成本或费用项目	直接计入金额	分配计入		合计
				分配标准	分配金额	
基本生产成本	甲产品	直接材料	4 410	3 000	6 000	10 410
	乙产品	直接材料	3 704	1 500	3 000	6 704
	小计		8 114	4 500	9 000	17 114
辅助生产成本	运输车间	机物料消耗	900			900
制造费用	基本生产车间	机物料消耗	1 938			1 938
合计			10 952			19 952

编制材料费用分配会计分录如下。

借：基本生产成本——甲产品　　　　　　　　　　　　　　　　　　　　10 410
　　　　　　　　——乙产品　　　　　　　　　　　　　　　　　　　　　6 704
　　辅助生产成本——运输车间　　　　　　　　　　　　　　　　　　　　 900
　　制造费用——基本生产车间　　　　　　　　　　　　　　　　　　　　1 938
　　贷：原材料　　　　　　　　　　　　　　　　　　　　　　　　　　　19 952

表8-4　职工薪酬费用分配表

2022年8月　　　　　　　　　　　　　　　　　　　　金额单位：万元

应借账户		成本或费用项目	直接计入金额	分配计入		合计
				分配标准	分配金额	
基本生产成本	甲产品	直接人工		1 800	4 500	4 500
	乙产品	直接人工		2 200	5 500	5 500
	小计			4 000	10 000	10 000
辅助生产成本	运输车间	工资	800			800
制造费用	基本生产车间	工资	1 600			1 600
合计			2 400			12 400

编制职工薪酬费用分配会计分录如下。

借：基本生产成本——甲产品　　　　　　　　　　　　　　　　　　　　 4 500
　　　　　　　　——乙产品　　　　　　　　　　　　　　　　　　　　　5 500
　　辅助生产成本——运输车间　　　　　　　　　　　　　　　　　　　　 800

```
        制造费用——基本生产车间                                              1 600
    贷：应付职工薪酬                                                       12 400
```

表 8-5　其他费用汇总表

2022 年 8 月　　　　　　　　　　　　　　　　　　　　　　金额单位：万元

应借账户		折旧费	水电费	办公费	合计
辅助生产成本	运输车间	200	160	40	400
制造费用	基本生产车间	5 800	260	402	6 462
合计		6 000	420	442	6 862

编制其他费用分配会计分录如下。
```
    借：辅助生产成本——运输车间                                              400
        制造费用——基本生产车间                                             6 462
      贷：累计折旧                                                         6 000
          银行存款等                                                         862
```

表 8-6　辅助生产成本明细账

明细账户：运输车间　　　　　　　2022 年 8 月　　　　　　　　　　金额单位：万元

月	日	摘要	机物料消耗	工资	折旧费	水电费	办公费	合计
		材料费用分配表	900					900
		工资费用分配表		800				800
		其他费用汇总表			200	160	40	400
		合计	900	800	200	160	40	2 100
		分配转出	900	800	200	160	40	2 100

表 8-7　辅助生产费用分配表

2022 年 8 月　　　　　　　　　　　　　　　　　　　　　　金额单位：万元

应借账户	费用项目	合同劳务数量/万吨公里	分配率/（万元/万吨公里）	分配额
制造费用	运输费	2 000		2 000
管理费用	运输费	100		100
合计		2 100	1	2 100

编制辅助生产费用分配会计分录如下。
```
    借：制造费用                                                          2 000
        管理费用                                                            100
      贷：辅助生产成本——运输车间                                           2 100
```

表 8-8　制造费用明细账

2022 年 8 月　　　　　　　　　　　　　　　　　　　　　　金额单位：万元

月	日	摘要	机物料消耗	工资	折旧费	水电费	办公费	运输费	合计
		材料费用分配表	1 938						1 938
		工资费用分配表		1 600					1 600
		其他费用汇总表			5 800	260	402		6 462

续表

月	日	摘要	机物料消耗	工资	折旧费	水电费	办公费	运输费	合计
		辅助生产费用分配表						2 000	2 000
		合计	1 938	1 600	5 800	260	402	2 000	12 000
		分配转出	1 938	1 600	5 800	260	402	2 000	12 000

表 8-9 制造费用分配表

2022 年 8 月　　　　　　　　　金额单位：万元

应借账户		成本项目	生产工时 / 小时	分配额 /（件 / 元）	分配额
基本生产成本	甲产品	制造费用	1 800		5 400
	乙产品	制造费用	2 200		6 600
合计			4 000	3	12 000

编制制造费用分配会计分录如下。

借：基本生产成本——甲产品　　　　　　　　　　　　　　　　　　　　　5 400
　　　　　　　　　——乙产品　　　　　　　　　　　　　　　　　　　　　6 600
　贷：制造费用　　　　　　　　　　　　　　　　　　　　　　　　　　　12 000

表 8-10 基本生产成本明细账（一）

产品名称：甲　　　　　　　　2022 年 8 月　　　　　　　　金额单位：万元

月	日	凭证字号	摘要	直接材料	直接人工	制造费用	合计
			月初在产品成品	8 090	5 860	6 810	20 760
			材料费用分配表	10 410			10 410
			工资费用分配表		4 500		4 500
			制造费用分配表			5 400	5 400
			合计	18 500	10 360	12 210	41 070
			完工产品成本转出	16 250	9 100	10 725	36 075
			月末在产品成本	2 250	1 260	1 485	4 995

表 8-11 基本生产成本明细账（二）

产品名称：乙　　　　　　　　2022 年 8 月　　　　　　　　金额单位：万元

月	日	凭证字号	摘要	直接材料	直接人工	制造费用	合计
			月初在产品成品	6 176	2 948	2 728	11 852
			材料费用分配表	6 704			6 704
			工资费用分配表		5 500		5 500
			制造费用分配表			6 600	6 600
			合计	12 880	8 448	9 328	30 656
			完工产品成本转出	10 304	7 680	8 480	26 464
			月末在产品成本	2 576	768	848	4 192

表 8-12　产品成本核算单（一）

产品名称：甲　　　　　　　　　　　　　2022 年 8 月　　　　　　　　　　　　　金额单位：万元

成本项目	直接材料	直接人工	制造费用	合计
月初在产品成本	8 090	5 860	6 810	20 760
本月生产费用	10 410	4 500	5 400	20 310
合计	18 500	10 360	12 210	41 070
完工产品数量/件	6 500	6 500	6 500	
在产品约当产量/件	900	900	900	
约当产量合计/件	7 400	7 400	7 400	
费用分配率/（元/件）	2.5	1.4	1.65	
完工产品成本	16 250	9 100	10 725	36 075
月末在产品成本	2 250	1 260	1 485	4 995

表 8-13　产品成本核算单（二）

产品名称：乙　　　　　　　　　　　　　2022 年 8 月　　　　　　　　　　　　　金额单位：万元

成本项目	直接材料	直接人工	制造费用	合计
月初在产品成本	6 176	2 948	2 728	11 852
本月生产费用	6 704	5 500	6 600	18 804
合计	12 880	8 448	9 328	30 656
完工产品数量/件	3 200	3 200	3 200	
在产品约当产量/件	800	800	800	
约当产量合计/件	4 000	4 000	4 000	
费用分配率/（元/件）	3.22	2.4	2.65	
完工产品成本	10 304	7 680	8 480	26 464
月末在产品成本	2 576	768	848	4 192

编制产成品入库会计分录如下。

　　借：产成品——甲产品　　　　　　　　　　　　　　　　　　　　　36 075
　　　　　　　——乙产品　　　　　　　　　　　　　　　　　　　　　26 464
　　　贷：基本生产成本——甲产品　　　　　　　　　　　　　　　　　36 075
　　　　　　　　　　　——乙产品　　　　　　　　　　　　　　　　　26 464

项目小结

　　本项目主要介绍了成本核算的品种法。
　　品种法是最基本的成本核算方法。品种法是以产品的品种为成本核算对象，归集生产费用和计算产品成本的一种方法。品种法的主要特点包括：一是把企业最终完工的产品品种作为成本核算对象；二是按月定期计算产品成本，成本核算期与会计报告期一致，与生产周期不一致；三是区分不同情况处理在产品成本。

复习与训练

一、单项选择题

1. 如果一家企业或一个车间只生产一种产品，则企业可以运用（　　）进行成本核算。
   A. 典型品种法　　　　　　　　　　B. 简单品种法
   C. 一般分批法　　　　　　　　　　D. 简化分批法

2. 在每种产品之间归集和分配费用的顺序是（　　）。
   A. 要素费用、辅助生产费用、制造费用
   B. 要素费用、跨期摊提费用、辅助生产费用、制造费用
   C. 跨期摊提费用、要素费用、制造费用
   D. 辅助生产费用、制造费用、跨期摊提费用、要素费用

二、多项选择题

1. 产品成本核算品种法的特点是（　　）。
   A. 成本核算定期按月进行　　　　　B. 分步计算产品成本
   C. 适用于大量大批单步骤生产　　　D. 成本核算对象是产品品种

2. 品种法的适用范围是（　　）。
   A. 单步骤生产　　　　　　　　　　B. 要求分步骤计算成本的多步骤生产
   C. 大量大批生产　　　　　　　　　D. 不要求分步骤计算成本的多步骤生产

3. 下列关于品种法的表述中，正确的是（　　）。
   A. 以产品品种为成本核算对象　　　B. 成本核算期与生产周期一致
   C. 适用于发电厂和供水公司　　　　D. 不需要进行期末成本分配

三、判断题

1. 品种法是一种最基本的成本核算方法。（　　）
2. 基本生产明细账和产品成本核算单反映的经济内容是一致的，两者没有区别。（　　）
3. 单步骤生产的企业，其工艺过程不可能或者不需要划分为几个生产步骤，因而只要求按品种计算产品成本。（　　）

项目实训

实训十一：品种法实训

（一）实训目的

通过实训使学生熟悉产品成本核算的基本原理和一般程序，掌握产品成本核算的最基本方法——品种法，能够胜任中小型企业成本会计岗位的工作。

（二）实训资料

工贸公司是单步骤大量大批生产的中型企业，设有一个基本生产车间和供电、供气两个辅助生产车间，大量生产甲、乙两种产品，根据生产特点和管理要求，采用品种法计算产品成本。2022年7月有关成本核算资料如下。

1. 月初在产品成本。

甲产品月初在产品成本为40 008元，其中，直接材料为20 400元，直接人工为12 320元，制造费用为7 288元；乙产品没有月初在产品。

2. 本月生产数量。

基本生产车间甲产品本月实际生产工时为 40 500 小时；本月完工 800 件；月末在产品 400 件；在产品原材料已全部投入，加工程度为 50%。乙产品本月实际生产工时为 27 000 小时，本月完工 500 件，月末没有在产品。

供电车间本月供电 306 000 度，其中，供气车间为 30 000 度，基本生产车间产品生产为 200 000 度，基本生产车间一般消耗 10 000 度，公司管理部门消耗 66 000 度。

供气车间本月供应水蒸气 14 500 立方米，其中，供电车间为 1 000 立方米，基本生产车间为 10 000 立方米，公司管理部门为 3 500 立方米。

3. 本月发生生产费用。

（1）本月"发出材料汇总表"如表 8-14 所示。

表 8-14 发出材料汇总表

材料类别：原材料　　　　　　　　　　　2022 年 7 月　　　　　　　　　　金额单位：元

领料用途		直接领用	共同耗用	耗料合计
产品生产直接消耗	合计	300 000	60 000	360 000
	甲产品	200 000		
	乙产品	100 000		
基本生产车间一般消耗		4 000		4 000
供电车间消耗		62 000		62 000
供气车间消耗		10 000		10 000
公司管理部门消耗		6 000		6 000
合计		382 000	60 000	442 000

（2）本月"应付工资及计提福利费汇总表"如表 8-15 所示。

表 8-15 应付工资及应付福利费汇总表

　　　　　　　　　　　　　　2022 年 7 月　　　　　　　　　　　金额单位：元

人员类别	应付工资总额	计提福利费
产品生产工人	270 000	37 800
供电车间人员	10 000	1 400
供气车间人员	12 000	1 680
基本生产车间管理人员	8 000	1 120
公司管理人员	30 000	4 200
合计	330 000	46 200

（3）本月应提折旧费 49 000 元，其中，基本生产车间为 30 000 元，供电车间为 6 000 元，供气车间为 5 000 元，公司管理部门为 8 000 元。

（4）当月发生修理费 5 000 元，其中，基本生产车间为 2 000 元，供电车间为 1 200 元，供气车间为 800 元，公司管理部门为 1 000 元。

（5）本月以现金支付的费用为 6 000 元，其中，基本生产车间办公费为 1 400 元，供电车间办公费为 400 元，供气车间办公费为 200 元，修理费为 800 元，公司管理部门办公费为 600 元，差旅费为 2 600 元（如图 8-1、表 8-16 至表 8-18 所示）。

浙江增值税普通发票

机器编号:982888812388		No 04156249		3300191140 04156249	
		开票日期: 2022年07月15日			

购买方	名 称:	工贸公司	密码区	>>63096286# 36% 419#54435*421% 352786>72799- 95737*0540*8087 0-07*#*0*91 >0496424*%*#3*168 #>14>3*->-760269*5158>186185
	纳税人识别号:	360105197606251821		
	地址、电话:	温州市新城区B-2号 62327666		
	开户银行及账号:	工行温州市支行营业部 270100230056997		

货物或应税劳务、服务名称	规格型号	单位	数量	单价	金额	税率	税额
"办公用品" 信纸		本	18		79.65	13%	10.35
"办公用品" 档案袋		个	325		575.22	13%	74.78
"办公用品" 钢笔		支	31		1 646.02	13%	213.98
合 计					¥2 300.88		¥299.12
价税合计(大写)		⊗ 贰仟陆佰元整			(小写)¥2 600.00		

销售方	名 称:	虹桥文具有限公司	备注	校验码 52118 02817 08248 65199 360105197209251614
	纳税人识别号:	360105197209251614		
	地址、电话:	温州市湖湖路40号 88130662		
	开户银行及账号:	工行人民路办事处 32056237118		

收款人: 杨旺	复核: 苏其	开票人: 陈丽	销售方:

图8-1 温州市红光商场零售统一发票

表8-16 办公用品领用表

办公用品领用表
2022年7月16日

领用车间和部门	领发数量			金额
	信纸/本	档案袋/个	钢笔/支	
基本生产车间	4	90	20	1 400
供电车间	4	100	3	400
供气车间	2	35	2	200
公司管理部门	8	100	6	600
合计	18	325	31	2 600

审核:　　　　　　　　　　　　　制表:

表8-17 差旅费报销单

差旅费报销单
2022年7月17日　　　　　　　　　　　　　第　页　共　页

姓名					出差事由			采购				
起止时间及地址					车船费	通乘	在途补助		住勤补助		住宿费	其他	
月	日	起点	月	日	终点	金额	金额	天数	金额	天数	金额	金额	摘要	金额
6	24	东洲	6	25	上海	600		3	90	4	80			
6	30	上海	7	1	东洲	600								
												800		430
小计						1 200			90		80	800		430
合计人民币(大写): 贰仟陆佰元整									预支 2 600　核销 2 600　退 0					

主管:　　　　会计:　　　　出纳:　　　　审核:　　　　出差人:

表 8-18 收款收据

收款收据
2022 年 7 月 18 日

今收到：工贸公司
人民币（大写）：捌佰元整　　　　　　　　　　¥ 800.00
系付：供气车间设备维修费
备注：现金收讫

收款单位：　　　　　　　　　　收款人：

第二联 交款单位

（6）本月以银行存款支付的费用为 71 000 元，其中，基本生产车间水费为 2 000 元，办公费为 1 000 元，供电车间外购电力和水费为 40 000 元，供气车间水费为 20 000 元，办公费为 800 元，修理费为 1 200 元，公司管理部门办公费为 1 800 元，广告费为 4 000 元，招待费为 200 元（如图 8-2 至 8-9、表 8-19 至表 8-22 所示）。

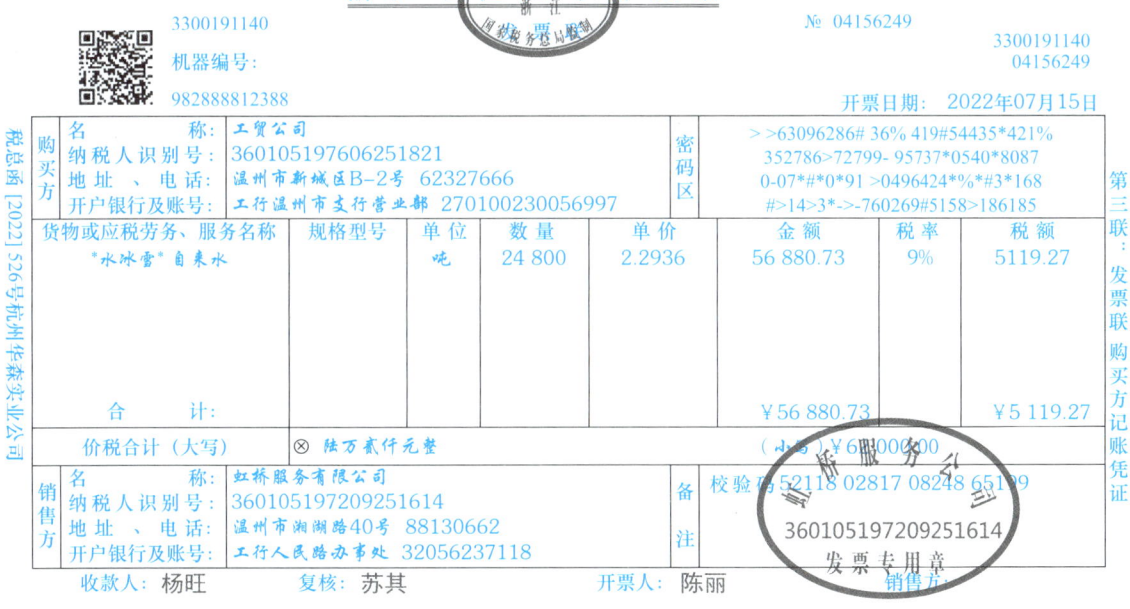

图 8-2　自来水厂水费发票

表 8-19　用水量记录

用水量记录
2022 年 7 月 19 日

使用部门	单位/（2.5 元/吨）	用水量/吨
基本生产车间		800
供电车间		16 000
供气车间		8 000
合计	62 000	24 800

记录员：

中国工商银行
转账支票存根
10201110
53134332

附加信息 _____

出票日期 2022 年 7 月 20 日

收款人：温州市第三水厂

金额：￥62 000.00

用途：付水费用

单位主管 吴伟　会计 张红

图 8-3　中国工商银行转账支票存根（一）

表 8-20　收款收据

收款收据

2022 年 7 月 20 日

今收到：工贸公司	
人民币（大写）：壹仟贰佰元整	￥1 200.00
系付：供气车间设备维修费	
备注：转账收讫	

收款单位：　　　　　　　　　　　收款人：

第二联 交款单位

中国工商银行
转账支票存根
10201110
53134332

附加信息 _____

出票日期 2022 年 7 月 20 日

收款人：温州市大公修理公司

金额：￥1 200.00

用途：供汽车间设备维修费

单位主管 吴伟　会计 张红

图 8-4　中国工商银行转账支票存根（二）

中国工商银行
转账支票存根
10201110
53134332

附加信息 _____

出票日期 2022 年 7 月 22 日

收款人：温州市明月酒店

金额：￥200.00

用途：付招待费

单位主管 吴伟　会计 张红

图 8-5　中国工商银行转账支票存根（三）

表 8-21 收款收据

收款收据

2022 年 7 月 22 日

今收到：工贸公司	
人民币（大写）：贰佰元整	￥200.00
系付：招待费	
备注：	

收款单位： 收款人：

第二联 交款单位

中国工商银行
转账支票存根
10201110
53134332

附加信息 _____
_____

出票日期 2022 年 7 月 24 日

收款人：温州市广告实业公司

金额：￥4 000.00

用途：付广告费

单位主管 吴伟　会计 张红

图 8-6　中国工商银行转账支票存根（四）

浙江增值税电子普通发票

3300191140　　　　　　№ 04156249　　　3300191140
机器编号：　　　　　　　　　　　　　　　　04156249
982888812388
开票日期：2022年07月18日

购买方	名称：	工贸公司		密码区	>>63096286# 36% 419#54435*421% 352786>72799- 95737*0540*8087 0-07*#*0*91 >0496424*%*#3*168 #>14>3*-»-760269#5158>186185		
	纳税人识别号：	360105197606251821					
	地址、电话	温州市新城区B-2号 62327666					
	开户银行及账号：	工行温州市支行营业部 270100230056997					
货物或应税劳务、服务名称	规格型号	单位	数量	单价	金额	税率	税额
"现代服务业"广告牌制作费		平方米			3 960.40	1%	39.60
合　　计：					￥3 960.40		￥39.60
价税合计（大写）		⊗ 贰仟陆佰元整			（小写）￥3 600.00		
销售方	名称：	温州壹鼎文化传播有限公司		备注	校验码52****18 02817 08248 65199 360105197209251614 发票专用章 销售方		
	纳税人识别号：	360105197209251614					
	地址、电话	温州市湘湖路40号 88130662					
	开户银行及账号：	工行人民路办事处 32056237118					

收款人：杨旺　　复核：苏其　　开票人：陈丽

图 8-7　大东市广告业统一发票

图 8-8 秀山市百货用品公司零售统一发票

表 8-22 办公用品领用表

2022 年 7 月 26 日　　　　　　　　　　　　　　　　　　　金额单位：元

领用车间和部门	领发数量				金额
	计算器/个	水壶/个	办公桌/张	稿纸/本	
基本生产车间	4	2	1	50	1 000
供气车间	3	1	1	41	800
公司管理部门	5	2	4	66	1 800
合计	12	5	6	157	3 600

审核：　　　　　　　　　　　　　　　　　　制表：

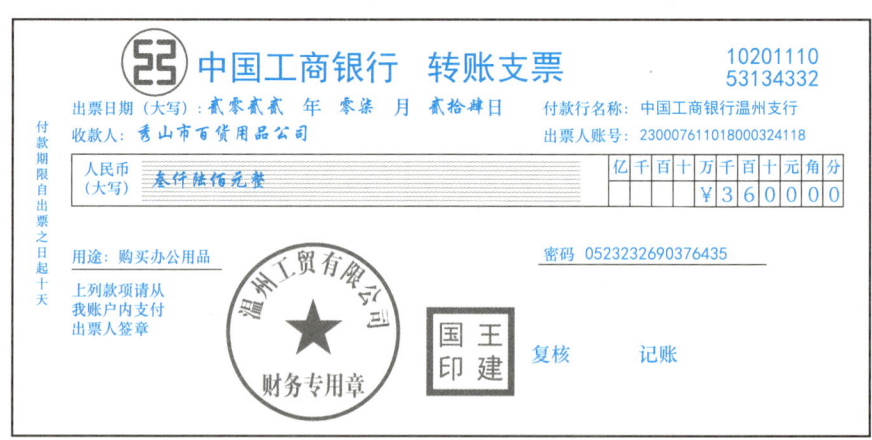

图 8-9 中国工商银行转账支票

（三）实训要求

1. 按照产品品种设置有关成本明细账。

2. 根据当期发生的各项支出处理各项要素费用，归集与分配本月发生的各项费用并进行相关的会计处理。

3. 采用适当的方法，分配辅助生产费用和基本生产单位的制造费用。

4. 计算本期完工产品实际总成本和单位成本。

5. 结转完工产品成本。

（四）实训准备

1. 复习品种法下的成本核算程序，掌握成本核算的基本过程及要点。

2. 准备好相关的会计资料：付款凭证2张，转账凭证8张，发出材料汇总表1张，应付工资及计提福利费汇总表1张，直接材料费用分配表1张，直接人工费用分配表1张，辅助生产成本明细账2张，辅助生产费用分配表1张，产品生产用电分配表1张，制造费用明细账1张，制造费用分配表1张，产品成本核算单2张，管理费用明细账1张。

（五）实训过程

1. 开设甲、乙产品成本核算单（表8-31、表8-32）；开设供电车间、供气车间生产成本明细账（表8-25、表8-26）；开设基本生产车间制造费用明细账（表8-29）和管理费用明细账（表8-33）。其他总账和明细账从略。供电车间和供气车间发生的制造费用，分别计入各自生产成本明细账，不通过"制造费用"账户。

2. 根据资料进行费用分配和成本核算，编制会计分录并记入有关账户，要求如下。

（1）根据甲、乙两种产品直接耗用原材料比例分配共同用料（表8-23），根据"发出材料汇总表"（表8-14）和"直接材料费用分配表"（表8-23）编制会计分录并计入有关账户。

表8-23 直接材料费用分配表

2022年7月 金额单位：元

产品名称	直接材料	分配率	分配共同用料	耗料合计
甲				
乙				
合计				

（2）根据甲、乙两种产品的实际生产工时分配产品生产工人工资和福利费（表8-24），根据"应付工资及应付福利费汇总表"（表8-15）及"直接人工费用分配表"（表8-24），编制会计分录并计入有关账户。

表8-24 直接人工费用分配表

2022年7月 金额单位：元

产品名称	生产工时/小时	工资分配		福利费分配	
		分配率/(元/件)	分配金额	分配率/(元/件)	分配金额
甲					
乙					
合计					

（3）编制计提本月折旧的会计分录并计入有关账户。

（4）编制本月分摊待摊费用的会计分录并计入有关账户。

（5）编制本月以现金支付费用的会计分录并计入有关账户。

（6）编制本月以银行存款支付费用的会计分录并计入有关账户。

（7）采用计划成本分配法编制"辅助生产费用分配表（计划成本分配表）"（表8-27），采用生产工时分配法编制"产品生产用电分配表"（表8-37）。辅助生产车间计划单位成本电0.4元/度、水蒸气4.6元/立方米，成本差异计入管理费用；根据"产品生产用电分配表"和"辅助生产费用分配表（计划成本分配表）"，编制会计分录并记入有关账户（产品生产用电计入"直接材料"成本项目）。

（8）采用生产工时分配法编制基本生产车间"制造费用分配表"（表8-30），根据表8-30的分配结果编制会计分录并计入有关账户。

（9）采用约当产量比例法计算甲产品月末在产品成本（表8-31），编制结转甲、乙两种产品完工产品成本的会计分录。

表8-25 辅助生产成本明细账（一）

生产单位：供电车间　　　　　　　　　　　　　　　　　　　　　金额单位：元

摘要	费用项目			合计
	直接人工	燃料及外购动力	其他费用	

表8-26 辅助生产成本明细账（二）

生产单位：供气车间　　　　　　　　　　　　　　　　　　　　　金额单位：元

摘要	费用项目			合计
	直接人工	材料费和水电费	其他费用	

表 8-27 辅助生产费用分配表（计划成本分配表）

2022 年 7 月   金额单位：元

项目	供电车间		供气车间	
	劳务量 / 度	金额	劳务量 / 立方米	金额
待分配费用				
劳务供应量				
计划单位成本				
受益单位：				
供电车间				
供气车间				
产品生产车间				
基本生产车间一般耗用				
管理部门耗用				
按计划成本分配合计				
辅助生产车间实际成本				
辅助生产车间成本差异				

表 8-28 产品生产用电分配表

2022 年 7 月   金额单位：元

产品名称	生产工时 / 小时	分配率 /（元 / 件）	分配金额
甲			
乙			
合计			

表 8-29 制造费用明细账

生产单位：基本生产车间   金额单位：元

摘要	费用明细项目							合计
	原材料	工资及福利费	折旧费	修理费	办公费	水电费	其他	
车间耗用材料								
工资及福利费								
计提折旧费								
摊销费用								
购办公用品								
付水电费								
分配辅助费用								
本月发生额								
月末分配结转								

表 8-30 制造费用分配表

生产单位：基本生产车间　　　　　　　　2022 年 7 月　　　　　　　　金额单位：元

产品名称	生产工时 / 小时	分配率 /（元 / 件）	分配金额
甲			
乙			
合计			

表 8-31 产品成本核算单

产品名称：甲　　　　完工产量：800 件　　　　2022 年 7 月　　　　金额单位：元

摘要	直接材料	直接人工	制造费用	合计
月初在产品成本				
本月生产费用				
生产费用合计				
完工产品产量 / 件				
在产品约当量 / 件				
生产总量 / 件				
分配率（单位成本）				
本月完工产品总成本				
月末在产品成本				

表 8-32 产品成本核算单

产品名称：乙　　　　完工产量：500 件　　　　2022 年 7 月　　　　金额单位：元

摘要	直接材料	直接人工	制造费用	合计
月初在产品成本				
本月生产费用				
生产费用合计				
分配率（单位成本）				
本月完工产品总成本				
月末在产品成本				

表 8-33 管理费用明细账

2022 年 7 月　　　　　　　　　　　　　　　　　　　金额单位：元

摘要	费用明细项目								合计
	原材料	工资及福利费	业务招待费	折旧费	修理费	办公费	差旅费	水电费	
耗用材料									
工资及福利费									
本月折旧									
摊销费用									
购办公用品									
付差旅费									
付招待费									
分配辅助费用									
本月发生额									

ITEM 9

项目九 成本核算的分批法

学习目标
○ 理解产品成本核算分批法的特点和适用范围
○ 掌握产品成本核算的分批法

能力目标
○ 能采用一般分批法和简化分批法计算产品成本

思政目标
○ 培养学生的团队精神和协作精神
○ 培养学生谨慎的工作态度，做事认真仔细
○ 培养学生良好的职业判断能力，成本核算准确无误

任务一　分批法的基本原理

一、分批法的概念和分类

（一）分批法的概念

分批法，是指以产品的生产批次为成本核算对象，归集生产费用、计算产品成本的一种方法。在单件小批组织产品生产的企业里，产品批次是按照一定品种和一定批量的产品划分的，因此分批法是计算一定品种和一定批量产品成本的方法，它往往是根据客户订单确定的，所以又叫"订单法"。

（二）分批法的类型

根据间接费用的分配和处理方式的不同，分批法可分为两种类型，即典型分批法和简化分批法。

典型分批法又叫"一般分批法"或"当月分配法"，就是在每个月无论是否有产品完工，都将间接费用按受益对象和规定方法进行分配。

简化分批法也叫"累计分配法"，是在每个月都归集间接费用，但只有在有批次产品完工的月份，才将归集的费用分配给完工产品成本。

二、分批法的特点与适用范围

(一) 分批法的特点

1. 把产品的批别作为成本核算对象

在分批法下，企业按产品的批别或订单设置生产成本明细账。各批产品耗用的直接费用，按实际耗用金额直接计入；各批产品共同耗用的间接费用，先按部门归集，然后用适当的方法分配计入各批成本明细账。

产品批别的确定一般有三种方式：订单、化整为零、集零为整。在小批单件生产中，企业通常按订单组织产品生产，以订单为单位进行成本核算；在一张订单中有几种产品或虽只有一种产品但批量较大且要求分批交货时，为便于生产管理和成本考核，可采取化整为零的方式，将一张订单划分为若干批次或若干批量进行成本核算；在企业接到不同购货单位的要求生产同一种产品的几张订单时，为了合理地组织生产，可以采取化零为整的方式，将几张订单合并为一个批次组织生产，并进行成本核算。

2. 成本核算期与生产周期一致，但与会计报告期不一致

由于分批法下的成本核算是按产品的批别进行的，产品成本要在批次产品完工时才能确定，因此其成本核算期是不确定的。其以某一批次产品的开工投产到生产完工为成本核算期间，成本核算期与产品的生产周期一致，但与会计报告期不一致。

3. 期末一般不需要核算在产品成本

在分批法下，在某个月内，当某一订单或批次产品全部完工时，生产成本明细账归集的生产费用全部构成完工产品成本；月末时，当某一订单或批次产品全部未完工时，生产成本明细账归集的生产费用全部构成月末在产品成本。因此，从理论上说，不存在完工产品和在产品之间的成本分配问题。有时也可能存在跨月完工的情况，且完工的产品要交付给订货单位。这时，有必要进行期末成本分配，计算出完工产品成本和月末在产品成本。

(二) 分批法及适用范围

分批法主要适用于单件、小批、管理上不要求分步计算成本的多步骤生产企业。在单件小批生产的企业，生产是根据购买者的购销合同或订单组织的，具有一次性的特点，如果同时进行几件或几批产品的生产，由于在件与件、批与批之间种类、规格、性质不同，所用的原材料与制造方法各异，就会在客观上要求以每个单件或每个批别计算产品成本。

> **想一想**：1. 品种法与分批法的成本核算期和成本核算对象是否一致？
> 2. 分批法的基本特点是什么？如何确定产品的批别？

三、分批法的成本核算程序

(一) 按任务书批次设置生产成本明细账，并按成本项目分设专栏

在生产开始时，会计部门应根据每份生产任务通知书确定的产品批次，开设生产成本明细账和成本核算单，并按成本项目分设专栏，便于进行生产费用归集。

(二) 费用凭证注明用途，分清批次产品的费用

为便于按批次归集生产费用，应对生产过程中各项耗费的原始凭证进行注释，属于记录直接费用发生的原始凭证，要注明生产通知单批号，以便将费用归集，计入相应批次的产品生产成本明细账；属于记录间接费用发生的原始凭证，要注明其用途和费用发生的地点。

(三) 按产品批别归集与分配各要素费用

根据各种要素费用分配表，将要素费用分别按产品批别计入有关成本项目。各批产品耗用的直

接计入费用，直接计入各批产品成本明细账；各批产品耗用的间接计入费用，采用不同的分配方法，按一定标准分配计入各批产品成本明细账。

（四）分配辅助生产费用

设立辅助生产的企业，月末选用适当的分配方法分配辅助生产费用。

（五）分配基本生产车间的制造费用

期末将基本生产车间制造费用分配计入各批别基本生产成本明细账。

（六）月末，结算各批次产品的生产费用，计算产品成本

月末，对各批次产品的生产费用进行结算，月内已经完工的各批次产品，生产成本明细账上归集的全部生产费用就是完工批次产品的总成本，除以完工数量即单位成本；月内未完工的各批次产品，其生产成本明细账上归集的全部生产费用就构成了月末在产品成本；同一批次跨月陆续完工交货，应采用一定的方法对生产成本明细账上归集的生产费用在完工产品和在产品之间分配。

综上所述，典型分批法成本核算程序可用图 9-1 表示。

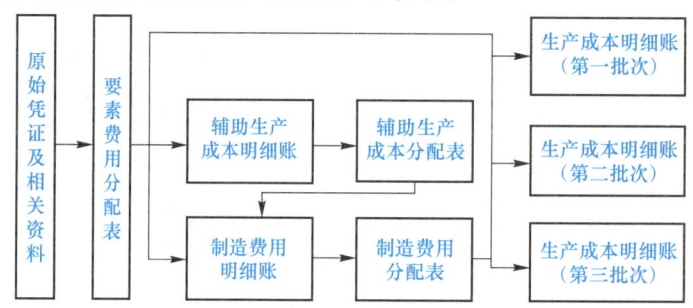

图 9-1 典型分批法成本核算程序

四、典型分批法的运用举例

【例 9-1】 工贸公司是一家按客户订单生产的小批量生产企业，2022 年第二季度，第一车间按客户要求组织生产 401、502、601 三批产品，原材料在批次产品投产时一次性投入。有关产品生产的基本情况及成本资料如表 9-1 至表 9-3 所示。

表 9-1 产品生产情况

产品批号	产品名称	批量	投产日期	完工日期	完工产量	备注
401	甲	20 件	4 月 13 日	6 月 28 日	20 件	
501	乙	10 台	5 月 6 日	6 月 28 日	6 台	完工程度 50%
601	丙	15 件	6 月 1 日			

表 9-2 费用发生情况

金额单位：元

时间	直接材料	直接人工	制造费用	合计
4 月	84 000	3 420	2 780	90 200
5 月	120 000	9 360	7 560	136 920
6 月	66 000	19 680	17 712	103 392

表 9-3　实际生产工时　　　　　　　　　　　　　　　　　　　　　单位：小时

产品批号	产品名称	4月	5月	6月	合计
401	甲	2 300	2 100	4 000	8 400
501	乙	—	2 400	2 200	4 600
601	丙	—	—	2 000	2 000
合计		2 300	4 500	8 200	15 000

根据上述资料，成本核算过程如下。

（1）按生产批号开设基本生产明细账。企业应根据其投产时间分别开设各批次产品的基本生产明细账，如表9-8、表9-9、表9-10所示。

（2）分配归集生产费用。企业由于一次性投料，各月投入的原材料全部为当月各批次产品耗用，直接计入各批次产品的生产成本明细账；直接人工和制造费用按实耗工时在月末进行分配，由于4月只生产了一批产品，发生的费用全部由401甲产品负担，5月和6月则要编制费用分配表进行分配，分别计入各受益产品成本中。5月、6月费用分配情况如表9-4至表9-7所示。

表 9-4　职工薪酬费用分配表（一）

生产车间：第一车间　　　　　　　　2022年5月　　　　　　　　金额单位：元

应借账户		成本费用项目	实际工时/小时	分配率/（元/小时）	分配金额
总账	明细账				
基本生产成本	401	直接人工	2 100		4 368
	501	直接人工	2 400		4 992
合计			4 500	2.08	9 360

会计主管：章安　　　　　　　　复核：李全　　　　　　　　制单：王义

表 9-5　职工薪酬费用分配表（二）

生产车间：第一车间　　　　　　　　2022年6月　　　　　　　　金额单位：元

应借账户		成本费用项目	实际工时/小时	分配率/（元/小时）	分配金额
总账	明细账				
基本生产成本	401	直接人工	4 000		9 600
	501	直接人工	2 200		5 280
	601	直接人工	2 000		4 800
合计			8 200	2.4	19 680

会计主管：章安　　　　　　　　复核：李全　　　　　　　　制单：王义

表 9-6　制造费用分配表（一）

生产车间：第一车间　　　　　　　　　　2022 年 5 月　　　　　　　　　　金额单位：元

应借账户		成本费用项目	实际工时/小时	分配率/(元/小时)	分配金额
总账	明细账				
基本生产成本	401	制造费用	2 100		3 528
	501	制造费用	2 400		4 032
合计			4 500	1.68	7 560

会计主管：章安　　　　　　　　　　复核：李全　　　　　　　　　　制单：王义

表 9-7　制造费用分配表（二）

生产车间：第一车间　　　　　　　　　　2022 年 6 月　　　　　　　　　　金额单位：元

应借账户		成本费用项目	实际工时/小时	分配率/(元/小时)	分配金额
总账	明细账				
基本生产成本	401	制造费用	4 000		8 640
	501	制造费用	2 200		4 752
	601	制造费用	2 000		4 320
合计			8 200	2.16	17 712

会计主管：章安　　　　　　　　　　复核：李全　　　　　　　　　　制单：王义

根据分配情况编制会计分录（略），并登记生产成本明细账，其登记结果如表 9-8 至表 9-10 所示。

表 9-8　基本生产明细账（一）

产品批号：401　　　生产批量：20 件　　　开工时间：4 月 13 日
产品名称：甲　　　完工数量：20 件　　　完工时间：6 月 28 日　　　金额单位：元

2022 年		凭证字号	摘要	成本项目			合计
月	日			直接材料	直接人工	制造费用	
4	23		领用材料	84 000			84 000
4	30		人工与制造费用		3 420	2 780	6 200
4	30		本月生产费用合计	84 000	3 420	2 780	90 200
5	30		分配工资及福利		4 368		4 368
5	30		分配制造费用			3 528	3 528
5	31		本月生产费用合计		4 368	3 528	7 896
6	30		分配工资及福利		9 600		9 600
6	30		分配制造费用			8 640	8 640
6	30		本月生产费用合计		9 600	8 640	18 240
6	30		生产费用总计	84 000	17 388	14 948	116 336
			结转完工产品成本	84 000	17 388	14 948	116 336

表 9-9 基本生产明细账（二）

产品批号：501　　　生产批量：10 台　　　开工时间：5 月 6 日
产品名称：乙　　　完工数量：6 台　　　完工时间：6 月 28 日　　　金额单位：元

2022年		凭证字号	摘要	成本项目			合计
月	日			直接材料	直接人工	制造费用	
5	16		领用材料	120 000			120 000
5	30		分配工资及福利		4 992		4 992
5	30		分配制造费用			4 032	4 032
5	31		本月生产费用合计	120 000	4 992	4 032	129 024
6	30		分配工资及福利		5 280		5 280
6	30		分配制造费用			4 752	4 752
6	30		本月生产费用合计		5 280	4 752	10 032
6	30		生产费用总计	120 000	10 272	8 784	139 056
			结转完工产品成本	72 000	7 704	6 588	86 292
			月末在产品成本	48 000	2 568	2 196	52 764

表 9-9 中完工产品成本各成本项目计算如下。

直接材料成本 = 120 000 ÷ 10 × 6 = 72 000（元）
直接人工成本 = 10 272 ÷（6 + 4 × 50%）× 6 = 7 704（元）
制造费用成本 = 8 784 ÷（6 + 4 × 50%）× 6 = 6 588（元）

表 9-10 基本生产明细账（三）

产品批号：601　　　生产批量：15 件　　　开工时间：6 月 1 日
产品名称：丙　　　完工数量：　　　完工时间：　　　金额单位：元

2022年		凭证字号	摘要	成本项目			合计
月	日			直接材料	直接人工	制造费用	
6	11		领用材料	66 000			60 000
6	30		分配工资及福利		4 800		4 800
6	30		分配制造费用			4 320	4 320
6	30		本月生产费用合计	60 000	4 800	4 320	69 120

（3）月末结算生产费用，计算并结转完工产品成本。由于 6 月才有产品生产完工，4 月、5 月只需要进行费用结算，形成各批次产品的在产品成本即可，而 6 月则要计算并结转完工产品成本。

分批法的成本核算程序与品种法的成本核算程序异同点如下。

① 不同点：产品成本明细账的设立。品种法按照产品品种归集和分配费用，分批法按照产品批别归集和分配费用。

② 相同点：除了成本明细账的设立外，其他核算程序基本相同。

任务二　简化分批法

一、简化分批法的含义

在同一月份投产的产品批数很多，且月末未完工批数较多的企业，各种间接计入费用在各批次产品之间按月分配的工作量极为繁重，为了简化会计核算工作，可以先将间接费用累计起来，采取简化分批法，以减少间接费用分配的工作量。

简化分批法就是间接费用采用累计分配法的分批法，是指在分批法的成本核算中，只对月末已经完工的产品批别进行间接计入费用的分配，对未完工的产品批别应负担的间接计入费用暂时不分配，在生产成本二级账中登记并累加，待完工月份再分配的一种方法。在这种方法下，只有在有完工产品的月份才对归集的间接计入费用进行分配，而且只计算完工批次产品应承担的部分，并将其计入有完工产品的生产成本明细账，未完工批次产品不予考虑。

二、简化分批法的成本核算程序

（一）设立基本生产成本二级账，登记所有批次产品的累计生产费用和工时资料

在采用简化分批法计算产品成本时，企业除按照产品批次设置基本生产成本明细账外，还需要按照生产部门（车间）设置基本生产成本二级账。基本生产成本二级账不仅要按成本项目设置专栏，还要增设生产工时专栏，用来登记本生产部门（车间）所有批次产品的累计生产费用和生产工时资料。平时，对各批次产品发生的直接计入费用和生产工时同时在明细账和二级账中登记，而间接计入费用则只登记在二级账中，只有在发生完工产品的月份，才对完工产品分配计算其应分摊的间接计入费用。

（二）按批别设置生产明细账，登记该批次产品完工前的直接计入费用和生产工时

在开设基本生产成本二级账的同时，企业仍然按批别设置生产成本明细账，登记该批次产品完工前的直接计入费用和生产工时，但不登记间接计入费用，用来进行该批次产品的成本核算与期末成本分配。

（三）计算累计间接费用分配率，进行完工产品的成本核算与期末成本分配

每月发生的间接计入费用，不是按月在各批次产品之间分配，而是先在基本生产成本二级账中累计起来，直到有完工产品的月份，才计算累计间接计入费用分配率，并在各批完工产品之间分配，计算完工产品成本。

累计间接计入费用的分配，可以按下列公式进行。

$$\text{累计间接计入费用分配率} = \frac{\text{全部批次产品某项累计间接计入费用}}{\text{生产全部批次产品累计工时}}$$

$$\text{某批次完工产品承担的累计间接计入费用} = \text{该批次完工产品耗费工时} \times \text{该项累计间接费用分配率}$$

完工产品成本的计算由两部分构成：一是直接费用的，由期末成本核算方法确定；二是间接计入费用的，根据上述公式计算的结果确定。两者之和为总成本，总成本除以完工数量为单位成本。

基本生产成本二级账中的月末生产费用合计数即各批次全部未完工产品的月末在产品成本。

> **课堂讨论**
>
> 简化分批法"简化"在何处？

三、简化分批法的特点

简化分批法与典型分批法相比较，具有以下特点。

第一，必须设立基本生产成本二级账，归集累计生产费用和生产工时。

第二，间接计入费用的分配是在有完工产品的月份进行的，即每月发生的间接计入费用，不是按月分配，不在生产成本明细账中登记，而是先在生产成本二级账中登记，在有完工产品的月份分配，并计入生产成本明细账。

第三，间接计入费用与期末成本的分配利用累计间接计入费用分配率合并完成，即间接计入费用的分配、完工产品与在产品间的成本分配两项工作是在有批次产品完工时通过计算累计间接计入费用分配率并利用它来合并进行的。

四、简化分批法运用举例

【例 9-2】 工贸公司按简化分批法计算各批产品的成本，2022 年 8 月的生产资料如下。

（1）产品批号分别是 601 批甲产品、701 批乙产品、801 批丙产品。

（2）各批产品的原材料都是在生产开始时一次性投入。各批产品的投产日期、产量及本月完工情况如表 9-11 所示。

表 9-11 产量及生产进度统计表   单位：件

产品批号	产品名称	投产日期	投产产量	本月完工情况
601	甲	6 月	50	完工 20 件
701	乙	7 月	30	完工 5 件
801	丙	8 月	70	本月无完工

按生产部门开设基本生产成本二级账，其中，原材料是直接计入费用，各批产品应单独计算，基本生产成本二级账中的"直接材料"项目根据相关的明细账计算结果填列；直接人工和制造费用属于间接计入费用（是由多批产品共同分摊的费用），根据相关的记账凭证填列；生产工时根据各批产品的统计资料填列。车间的"基本生产成本二级账"如表 9-12 所示。

表 9-12 基本生产成本二级账

（601 批、701 批、801 批）   金额单位：元

| 2022 年 | | 摘要 | 直接材料 | 生产工时 | 直接人工 | 制造费用 | 合计 |
月	日						
8	1	月初在产品成本	25 600	54 000	41 900	35 100	102 600
8	31	本月发生	13 000	29 000	24 500	18 850	56 350
8	31	累计	38 600	83 000	66 400	53 950	158 950
8	31	累计间接计入费用分配率/（元/小时）	—	—	0.8	0.65	—
8	31	转出本月完工产品成本	7 673.35	32 700	26 160	21 255	55 088.35
8	31	月末在产品成本	30 926.65	50 300	40 240	32 695	103 861.65

（说明：

①表 9-12 的月初在产品成本中，直接材料、生产工时是表 9-13、表 9-14 基本生产明细账中的月初直接材料、生产工时的汇总，即月初直接材料为 14 600 + 11 000=25 600（元），月初生产工时为 21 000 + 18 000 + 15 000=54 000（小时），是上期计算的结果，直接人工和制造费用根据相关的记账凭证填列，都属于已知资料（过程略）。

②全部产品累计间接费用分配率计算如下：

直接人工费用累计分配率＝6 6400 / 83 000 ＝ 0.8（元 / 小时）

本月完工产品分摊直接人工＝ 0.8×32 700 ＝ 26 160（元）

制造费用累计分配率＝ 53 950 / 83 000 ＝ 0.68（元 / 小时）

本月完工产品分摊制造费用＝ 0.68×32 700 ＝ 22 236（元）

材料费用和生产工时根据 601 批、701 批、801 批的生产成本明细账汇总登记。

③表 9-12 中"转出本月完工产品成本"项目中的直接材料、生产工时、直接人工、制造费用分别是表 9-13、表 9-14 和表 9-15 基本生产明细账中"转出本月完工产品成本"相关数据汇总，根据结转产品成本的记账凭证填制。）

根据以上资料，计算过程如下。

按产品批次开设成本明细账，根据发出材料汇总表编制记账凭证（略），根据记账凭证和生产工时统计资料登记"基本生产成本明细账"和基本生产成本二级账，如表 9-12 至表 9-15 所示。

表 9-13 基本生产成本明细账（一）

产品批号：601 批
产品名称：甲

金额单位：元

2022 年		摘要	产量 / 件	生产工时 / 小时	直接材料	直接人工	制造费用	合计
月	日							
6	31	本月发生	50	21 000	14 600			
7	28	本月发生		18 000	—			
8	31	本月发生		9 500	—			
8	31	累计		48 500	14 600			
		费用分配率 /（元 / 件）			292	0.8	0.65	
8	31	转出本月完工产品成本	20	26 000	5 840	20 800	16 900	43 540
8	31	单位成本		1 300	292	1 040	845	2 177
8	31	月末在产品成本	30	22 500	8 760			

表 9-13 中，完工产品生产工时 26 000 小时为已知数。

因为原材料是一次性投入，所以可以直接按完工产品与月末在产品的数量比例分配。

直接材料分配率＝ 14 600/50 ＝ 292/（元 / 件）

完工产品直接材料＝ 292×20 ＝ 5 840（元）

月末在产品直接材料＝ 292×30 ＝ 8 760（元）

完工产品直接人工＝ 0.8×26 000 ＝ 20 800（元）

完工产品制造费用＝ 0.65×26 000 ＝ 16 900（元）

表 9-14 基本生产成本明细账（二）

产品批号：701
产品名称：乙   金额单位：元

| 2022年 | | 摘要 | 产量/件 | 生产工时/小时 | 直接材料 | 直接人工 | 制造费用 | 合计 |
月	日							
7	28	本月发生	30	15 000	11 000			
8	31	本月发生		5 700	—			
8	31	累计		20 700	11 000			
		费用分配率/（元/件）			366.67	0.8	0.65	
8	31	转出本月完工产品成本	5	6 700	1 833.35	5 360	4 355	11 548.35
8	31	单位成本			366.67	1 072	871	2 309.67
8	31	月末在产品成本	25	14 000	9 166.65			9 166.65

表 9-14 中，完工产品生产工时 6 700 小时为已知数。

直接材料分配率＝ 11 000/30 ≈ 366.67（元/件）

完工产品直接材料＝ 366.67×5 ＝ 1 833.35（元）

月末在产品直接材料＝ 11 000 － 1 833.35 ＝ 9 166.65（元）

完工产品直接人工＝ 0.8×6 700 ＝ 5 360（元）

完工产品制造费用＝ 0.65×6 700 ＝ 4 355（元）

表 9-15 基本生产成本明细账（三）

产品批号：801
产品名称：丙   金额单位：元

| 2022年 | | 摘要 | 产量/件 | 生产工时/小时 | 直接材料 | 直接人工 | 制造费用 | 合计 |
月	日							
8	31	本月发生	70	13 800	13 000			
8	31	累计		13 800	13 000			
8	31	转出本月完工产品成本	—	—	—	—	—	—
8	31	单位成本						
8	31	月末在产品成本	70	13 800	13 000			

由于本月 801 批丙产品没有完工产品，在基本生产明细账中只登记直接材料费用和生产工时，间接费用如表 9-12 中的基本生产成本二级账的累计金额内容，这样就减少了成本核算的工作量，也是简化分批法的主要优点。

在用简化分批法计算产品成本时，基本生产成本二级账具有以下作用。

（1）按月提供企业或车间全部产品的累计生产费用和生产工时，为在各批产品之间分配间接计入费用和计算各批完工产品成本提供资料。

（2）在有完工产品的月份，按照累计生产工时计算和登记全部产品累计间接计入费用分配率，以及完工产品总成本和月末在产品总成本。

（3）生产成本二级账中累计起来，直到有完工产品的月份，才在各批完工产品之间分配，计算完工产品成本。

（4）各批号完工产品之间分配间接计入费用的工作以及完工产品与月末在产品之间分配间接计入费用的工作，都是利用累计间接计入费用分配率。显然，采用这种分批法，可以简化费用的分配和登记工作；月末未完工产品的批数越多，核算工作越简化，减少了成本核算的工作量。

项目小结

本项目主要介绍了成本核算的分批法。

分批法，是指以产品的生产批次作为成本核算对象，归集生产费用、计算产品成本的一种方法。分批法往往是根据客户订单确定的，因此也称为"订单法"。分批法的特点：一是把产品批别作为成本核算对象；二是成本核算期与生产周期一致，但与会计报告期不一致；三是期末一般不需要核算在产品成本。

在单件小批生产的企业，如果同一月份投产的产品批数很多，且月末未完工批数较多的企业，为了简化各种间接费用在各批产品之间分配的工作量，也可以采用简化分批法核算产品成本。这种方法的特点是，平时对发生的人工费用和制造费用等间接费用进行累加，直到有完工产品的月份才按照完工产品累计生产工时比例，将累计的间接费用在各批完工产品与在产品之间分配。

复习与训练

一、单项选择题

1. 分批法适用的生产组织方式是（　　）。
   A. 大量大批生产　　　　　　　　B. 小批单件生产
   C. 大量小批生产　　　　　　　　D. 单件成批生产

2. 分批法的成本核算对象是（　　）。
   A. 产品批别　　B. 产品品种　　C. 产品类别　　D. 产品步骤

3. 采用简化分批法时，在批次产品完工前，基本生产二级账中（　　）。
   A. 只登记直接费用和生产工时　　B. 只登记间接费用和生产工时
   C. 登记全部生产费用和生产工时　　D. 登记材料费用和生产工时

4. 将间接费用归集在基本生产二级账中，直到有完工产品时才进行分配的方法是（　　）。
   A. 当月分配法　　　　　　　　B. 累计分配法
   C. 间接分配法　　　　　　　　D. 直接分配法

5. 简化分批法下按批别设置的基本生产明细账，在批次没有产品完工时不登记（　　）。
   A. 生产工时　　B. 直接费用　　C. 间接费用　　D. 变动费用

二、多项选择题

1. 分批法适用于（　　）。
   A. 小批生产　　B. 单件生产　　C. 单步骤生产　　D. 多步骤生产

2. 采用分配批法时，作为成本核算对象的某一批别可以是（　　）。
   A. 不同订单中的同种产品　　　　　B. 同一订单中的不同产品
   C. 不同订单中的不同产品　　　　　D. 同一订单中的同种产品的部分批量
3. 在下列企业中，可采用分批法计算成本的有（　　）。
   A. 重型机械厂　　　　　　　　　　B. 造船厂
   C. 发电厂　　　　　　　　　　　　D. 专用设备生产厂
4. 根据间接费用的分配和处理方式不同，分批法可分为（　　）两种类型。
   A. 当月分配法　　　　　　　　　　B. 累计分配法
   C. 直接分配法　　　　　　　　　　D. 共同分配法
5. 采用简化分批法，（　　）。
   A. 必须设立基本生产二级账
   B. 在二级账中只登记间接费用
   C. 采用累计间接费用分配率分配间接费用
   D. 在产品完工前，产品成本明细账只登记直接费用和生产工时
6. 在分批法下，加工费用采用累计分配法时，分配率是（　　）。
   A. 在各批完工产品之间分配加工费用的依据
   B. 在各批产品之间分配加工费用的依据
   C. 各批月末在产品之间分配加工费用的依据
   D. 完工产品与月末在产品之间分配加工费用的依据

三、判断题

1. 分批法一般是按客户订单组织生产的，所以又叫"订单法"。（　　）
2. 采用分批法时，通常情况下必须将生产费用在完工产品和在产品之间分配。（　　）
3. 分批法的特点是不按产品的生产步骤，只按产品的类别计算成本。（　　）
4. 如果一张订单中规定有几种产品，也应合为一批组织生产。（　　）
5. 在分批法下，加工费用采用累计分配法时，不需要分批计算在产品成本。（　　）
6. 从工艺过程来看，品种法只适用于简单生产。（　　）
7. 只要产品批次多，就应该采用简化的分批法计算产品成本。（　　）
8. 一般分批法与简化分批法的主要区别是对间接费用的处理上。（　　）
9. 采用分批法计算产品成本时，只有在该批产品全部完工时才进行成本核算。（　　）
10. 简化的分批法是指不需要在各批产品之间分配费用，也不需要在完工产品和在产品之间分配费用。（　　）
11. 简化分批法下的生产成本明细账内除了登记所有生产费用外，还要登记生产工时资料。（　　）
12. 分批法一般不需要在完工产品和在产品之间分配生产费用，但一批产品跨月陆续完工，则需要在完工产品和在产品之间分配生产费用。（　　）
13. 对一张订单中有几种产品或虽只有一种产品但批量较大且要求分批交货时，可将一张订单划分为若干批次或若干批量进行成本核算。（　　）

四、实务操作题

某公司采用分批法计算708#A产品成本，其批量为200件，于2022年6月投产，7月完工并销售80件，7月完工部分产品的成本按定额成本核算结转。6月和7月发生的生产费用及708#A产品单位定额成本如下。

要求：根据资料，按分批法计算708#A产品成本，并将计算结果列入表9-16。

表9-16 产品成本核算单

产品批号：708#　　　　　投入数量：200件　　　　投入日期：6月5日
产品名称：A　　　　　　　7月完工产量：80件　　　完工日期：

2022年		项目	直接材料	直接人工	制造费用	合计
月	日					
6	30	本月发生费用	35 000	16 000	900	
7	31	本月发生费用	41 000	19 000	12 000	
7	31	合计				
		单位定额成本	300	160	100	560
7	31	完工产品（80件）成本				
7	31	月末在产品成本				

项目实训

实训十二：分批法实训

（一）实训目的

通过实训使学生掌握分批法的含义、适用范围、特点和成本核算程序，能熟练运用分批法计算产品成本。

（二）实训资料

工贸仪器厂为单件小批生产的企业，按照产品订单组织生产。2022年8月，第一车间生产501批次甲产品、601批次乙产品、502批次丙产品三批产品，本月有关成本核算资料如下。

1. 月初在产品成本。501批次甲产品为104 000元，其中，直接材料为84 000元，直接人工为12 000元，制造费用为8 000元；502批次丙产品为124 000元，其中，直接材料为120 000元，直接人工为2 000元，制造费用为2 000元。

2. 本月生产情况。501批次甲产品7月2日投产40件，本月26日已全部完工验收入库；本月实际生产工时为8 000小时。601批次乙产品本月4日投产120件，本月已完工验收入库12件；本月实际生产工时为4 400小时。502批次丙产品7月6日投产60件，本月尚未完工；本月实际生产工时为4 000小时。

3. 本月发生生产费用。本月投入原材料396 000元，全部为601批次乙产品耗用；本月产品生产工人工资为49 200元，福利费为6 888元；本月制造费用总额为44 280元。

4. 单位产品定额成本。601批次乙产品单位产品定额成本为4 825元，其中，直接材料为3 300元，直接人工为825元，制造费用为700元。

（三）实训要求

1. 按照产品批别设置生产成本明细账。
2. 按照产品批别归集和分配本月发生的各种费用。
3. 分配辅助生产费用和基本生产部门制造费用。
4. 计算完工产品单位成本和总成本并结转完工产品成本。

（四）实训准备

1. 复习教材内容，掌握典型分批法的特点和成本核算的程序及基本技巧。
2. 准备好相关的会计资料：转账凭证4张，"直接人工费用分配表"1张，"制造费用分配表"1张，产品成本核算单3张。

（五）实训过程

1. 按产品批别开设产品成本核算单（表9-19至表9-21）并登记月初在产品成本。
2. 编制601批次乙产品耗用原材料的会计分录并记入产品成本核算单。
3. 采用生产工时分配法在各批产品之间分配本月发生的直接人工费用（表9-17），根据分配结果编制会计分录并记入有关产品成本核算单。

表 9-17 直接人工费用分配表

生产单位：第一车间　　　　　　　　2022年8月　　　　　　　　金额单位：元

产品批号	产品名称	生产工时/小时	分配工人工资		分配福利费	
			分配率/(元/件)	分配金额	分配率/(元/件)	分配金额
501	甲					
601	乙					
502	丙					
合计						

4. 采用生产工时分配法在各批产品之间分配本月发生的制造费用（表9-18），根据分配结果编制会计分录并记入有关产品成本核算单。

表 9-18 制造费用分配表

生产单位：第一车间　　　　　　　　2022年8月　　　　　　　　金额单位：元

产品批号	产品名称	生产工时/小时	分配率/(元/件)	分配金额
501	甲			
601	乙			
502	丙			
合计				

5. 计算本月完工产品和月末在产品成本，编制结转完工产品成本的会计分录。601批次乙产品本月少量完工，其完工产品按定额成本结转。

表 9-19 第一车间产品成本核算单（一）

产品批号：501　　　　　　开工日期：7月2日
产品名称：甲　　　生产批量：40件　　完工日期：8月26日　　　　金额单位：元

摘要	直接材料	直接人工	制造费用	合计

表 9-20　第一车间产品成本核算单（二）

产品批号：601　　　　　　　　　　开工日期：7 月 4 日
产品名称：乙　　　　生产批量：120 件　　　完工日期：　月　日　　　　金额单位：元

摘要	直接材料	直接人工	制造费用	合计

表 9-21　第一车间产品成本核算单（三）

产品批号：502　　　　　　　　　　开工日期：7 月 6 日
产品名称：丙　　　　产品批量：60 件　　　完工日期：　月　日　　　　金额单位：元

摘要	直接材料	直接人工	制造费用	合计

实训十三：简化分批法实训

（一）实训目的

通过实训使学生理解简化分批法的含义、特点、核算程序，掌握简化分批法的成本核算技能。

（二）实训资料

工贸模具厂第二车间成批生产多种产品，为简化核算，采用简化分批法进行成本核算。2022 年 7 月有关成本核算资料如下。

1. 第二车间产品生产批次情况如表 9-22 所示。

表 9-22　第二车间产品生产批次表

2022 年 6 月　　　　　　　　　　　　　　　　　　　　单位：件

生产批号	产品名称	批量	投产日期	完工日期
9801	A	100	1 月 6 日	6 月 20 日
9802	B	40	2 月 24 日	6 月 25 日
9803	C	200	3 月 5 日	未完工
9804	D	20	4 月 22 日	未完工
9805	E	80	6 月 10 日	未完工

2. 月初在产品成本。第二车间6月初在产品成本为1 340 000元,其中,直接材料为800 000元(9801批次为400 000元,9802批次为160 000元,9803批次为200 000元,9804批次为40 000元),直接人工为295 000元,制造费用为245 000元。月初在产品累计生产工时为100 000小时,其中,9801批次为34 000小时,9802为批次为28 000小时,9803批次为32 000小时,9804批次为6 000小时。

3. 本月发生生产费用。第二车间本月发生直接材料200 000元,全部为9805批次E产品耗用;直接人工84 200元;制造费用59 642元。本月实际生产工时为26 400小时,其中,9801批次为6 000小时,9802批次为4 000小时,9803批次为7 000小时,9804批次为5 000小时,9805批次为4 400小时。

(三)实训要求

1. 根据上述资料开设基本生产成本二级账和产品成本明细账。
2. 根据费用发生情况登记基本生产成本二级账和产品成本明细账。
3. 通过计算累计费用分配率分配间接计入费用,并结转完工产品成本。
4. 编制完工产品成本汇总表对第二车间完工产品成本进行汇总。

(四)实训准备

1. 复习教材内容,进一步理顺简化分批法的特点和成本核算程序,掌握成本核算的基本方法与技巧。
2. 准备必要的会计资料,包括转账凭证1张,登记基本生产成本二级账,第二车间产品成本核算单5张,完工产品成本汇总表1张。

(五)实训过程

1. 开设第二车间基本生产成本二级账(表9-23)和按产品批次设置的产品成本核算单(表9-24至表9-28),并登记期初余额。
2. 登记本月发生的生产费用,并按累计间接计入费用分配法在本月完工产品和月末在产品之间分配。
3. 编制完工产品成本汇总表(表9-29),结转本月完工产品成本。

表9-23 基本生产成本二级账

生产单位:第二车间　　　　　　　　　　　　　　　　　　　　　　　　金额单位:元

2022年		凭证字号	摘要	直接材料	生产工时/小时	直接人工	制造费用	成本合计
月	日							
5	31	略	月初在产品成本					
6	30		材料费用					
6	30		工资及福利费					
6	30		制造费用					
6	30		本月发生生产费用					
6	30		累计生产费用					
6	30		累计间接计入费用分配率/(元/件)					
6	30		转出完工产品成本					
6	30		月末在产品成本					

表 9-24 第二车间产品成本核算单（一）

产品批号：9801　　　　　　　　　　　　　　　　　　投产日期：1月6日
产品名称：A　　　　　产品批量：100件　　　　　　完工日期：6月20日　　　　金额单位：元

2022年		摘要	直接材料	生产工时/小时	直接人工	制造费用	成本合计
月	日						

表 9-25 第二车间产品成本核算单（二）

产品批号：9802　　　　　　　　　　　　　　　　　　投产日期：2月24日
产品名称：B　　　　　产品批量：40件　　　　　　　完工日期：6月25日　　　　金额单位：元

2022年		摘要	直接材料	生产工时/小时	直接人工	制造费用	成本合计
月	日						

表 9-26 第二车间产品成本核算单（三）

产品批号：9803　　　　　　　　　　　　　　　　　　投产日期：3月5日
产品名称：C　　　　　产品批量：200件　　　　　　完工日期：　月　日　　　　金额单位：元

2022年		摘要	直接材料	生产工时/小时	直接人工	制造费用	成本合计
月	日						

表9-27 第二车间产品成本核算单(四)

产品批号:9804　　　　　　　　　　　　　　　　　投产日期:4月24日
产品名称:D　　　　产品批量:20件　　　完工日期: 月　日　　　金额单位:元

2022年		摘要	直接材料	生产工时/小时	直接人工	制造费用	成本合计
月	日						

表9-28 第二车间产品成本核算单(五)

产品批号:9805　　　　　　　　　　　　　　　　　投产日期:6月10日
产品名称:E　　　　产品批量:80件　　　完工日期: 月　日　　　金额单位:元

2022年		摘要	直接材料	生产工时/小时	直接人工	制造费用	成本合计
月	日						

表9-29 第二车间完工产品成本汇总表

2022年6月　　　　　　　　　　　　　　　　　　　　金额单位:元

成本项目	A产品(产量:100件)		B产品(产量:40件)	
	总成本	单位成本	总成本	单位成本
直接材料				
直接人工				
制造费用				
合计				

ITEM 10

项目十 成本核算的分步法

学习目标

○ 理解产品成本核算分步法的特点和适用范围
○ 掌握逐步结转分步法和平行结转分步法
○ 掌握综合成本还原计算的原理及方法

能力目标

○ 能根据逐步结转分步法和平行结转分步法核算产品成本
○ 能编制产品成本还原计算表进行成本还原

思政目标

○ 培养学生谨慎的工作态度，做事认真仔细
○ 培养学生良好的职业判断能力，成本核算准确无误
○ 培养学生勤于思考、勇于创新的良好作风
○ 培养学生爱岗敬业的工作作风

任务一 分步法概述

一、分步法的概念及分类

分步法是以各种产品品种及其经过的生产步骤为成本核算对象，归集分配生产费用，计算产品成本的一种方法。

根据半成品成本在各生产步骤之间结转的方式不同，同时考虑成本管理要求和成本核算工作的需要，将分步法分为逐步结转分步法和平行结转分步法两种。

思政小常识

成本会计这门学科要求掌握的核心内容较多，且难度较大。将理论知识学习与练习实践相结合有助于掌握这门学科的核心内容，也就是说，学习理论知识后要及时进行练习和实践，以此巩固、检验学习效果。

在练习实践之前，要对成本会计工作的具体流程有清晰的认知，知道在哪个环节、哪个步骤要做哪些工作，只有这样，在实际操作时才有章法、有规则、有秩序。在求知过程中，大学生要注意激发求知欲，提高对技能的探索欲，积极克服畏难心理，勇往直前。

二、分步法的特点

（一）成本核算对象是产品品种及其经过的各生产步骤

采用分步法计算产品成本时，既要按照产品品种计算出最后步骤完工产品的成本，又要计算出每一生产步骤发生的生产成本。因此，企业必须按产品的生产步骤和品种设立生产成本明细账。如果企业只生产一种产品，成本核算对象就是该产品经过的生产步骤，产品生产成本明细账应该按生产步骤设置；如果企业生产多种产品，成本核算对象就是各产品及其经过的各生产步骤，产品生产成本明细账应该按每种产品的各个生产步骤设置。

在实际工作中，生产步骤的划分与实际的生产步骤不一定一致，企业根据管理的要求和简化成本核算的原则，可以只对管理上要求分步计算成本的生产步骤设置产品生产成本明细账，单独计算成本；对管理上不要求分步计算成本的生产步骤，可以与其他生产步骤合并计算成本。如果企业的生产规模较大，车间内又有几个生产步骤且管理上要求分步骤计算，就可以在车间内再分几个步骤计算成本；否则，可将几个车间合并为一个生产步骤计算成本。

（二）成本核算按月定期进行，成本核算期与会计报告期一致，与生产周期不一致

在大量大批多步骤生产企业里，生产具有连续性，原材料在各个月份源源不断地投入，完工产品在各个报告期源源不断地产出，企业无法明确分辨出产品的间断期，为保证成本核算的及时性，成本核算一般在每月末进行，即成本核算期与生产周期不一致，但与会计报告期一致。

（三）期末成本分配，生产费用要在完工产品和期末在产品之间分配

在大量大批多步骤生产企业里，产品往往存在跨月陆续完工的情况，生产过程中也始终存在一定数量的在产品，因此企业必须在会计期末按一定的方法将生产成本明细账归集的生产费用在完工产品和月末在产品之间分配，从而求出最终完工产品、各生产步骤完工半成品和月末在产品的成本。

（四）各步骤归集的生产费用要在各生产步骤之间结转

在分步法下，由于产品的生产是分步骤进行的，上一步骤的半成品往往构成下一步骤的加工对象，因此在计算最终完工产品及各步骤半成品成本时，还需要将各步骤半成品成本按照产品的品种进行结转。这样，在各生产步骤之间进行半成品成本结转的方法就构成了分步法的重要特点之一。

> **想一想：** 分步法与品种法有联系吗？

三、分步法适用范围

分步法适用于大量大批多步骤生产，即产品的生产是多步骤的，包括连续式多步骤生产和装配式多步骤生产。在技术上，产品的生产是可以间断的，各步骤的生产在不同的生产部门进行。在企业的管理上，有分步骤计算半成品成本（对外出售半成品）的要求。如在机械、眼镜、纺织、钢铁、化工、造纸等类型企业中，生产过程由若干个生产技术上可以间断的生产步骤组成，每经过一个生产步骤就相应地形成一种半成品，并且存在一定数量的在产品，这些半成品既可以成为下一步骤的加工对象，也可以直接对外销售。为了适应这一生产特点，不仅要求按照产品品种归集生产费用，计算完工产品成本，而且要按照生产步骤归集生产费用，计算各步骤的生产成本，以满足企业计算损益和成本归口分级管理的需要。

任务二　逐步结转分步法

一、逐步结转分步法的含义及适用范围

逐步结转分步法又叫"顺序结转分步法",是指按照产品加工顺序逐步计算并结转半成品成本,直到最后一个步骤完成,才能计算出产品成本的一种成本核算方法。

在逐步结转分步法下,各个生产步骤在期末都要进行本步骤完工半成品与在产品间的费用分配,并且上一步骤的半成品成本会随着半成品实物的转移结转到下一步骤的产品成本,能提供各步骤完整的半成品资料,因此这种方法又叫"计算半成品成本的分步法"。

逐步结转分步法适用于半成品具有其独立的经济意义,半成品对外销售,管理上要求提供各生产步骤的半成品成本资料的大量大批连续式多步骤生产。

二、逐步结转分步法的特点

(一)成本流转与实物流转一致

逐步结转分步法按照产品的加工顺序,分别按产品品种计算各生产步骤成本,并将成本在各步骤之间依次结转,直至最后步骤计算出完工产品成本,即逐步结转分步法各步骤的成本是随着半成品实物从上一步骤转移到下一步骤,成本流转与实物流转一致,成本核算过程与产品的生产工艺流程是一致的。

(二)半成品成本包括上一步骤成本

各生产步骤生产的半成品成本,都是由上一步骤结转的半成品成本加上一步骤发生的生产费用构成的。

(三)采用广义完工产品和狭义在产品概念

各步骤归集的生产费用,要在各步骤完工的半成品和各步骤本身尚未完工的在产品之间分配,完工产品采用广义完工产品的定义范围,在产品采用狭义在产品的定义范围。

三、逐步结转分步法的计算程序

在逐步结转分步法下,各个生产步骤完工的半成品转入下一生产步骤,在会计上有两种处理方法:一是针对各步骤完工的半成品成本,企业可以根据需要设置"自制半成品"账户核算;二是直接转移,按照生产工艺流程的要求直接将其成本转入下一步骤的基本生产成本明细账。

半成品的会计处理方法不同,成本核算程序也不一样。

(一)半成品不通过半成品仓库收发

各步骤生产的半成品直接转移,即各步骤生产的半成品加工完成后,不通过半成品仓库收发,上一步骤生产的半成品完工验收合格后,直接转交给下一生产步骤继续加工。各步骤生产成本也是按照生产工艺流程的要求直接将其成本转入下一步骤的基本生产成本明细账。半成品直接转交的逐步结转分步法成本核算程序如图10-1所示。

项目十 | 成本核算的分步法

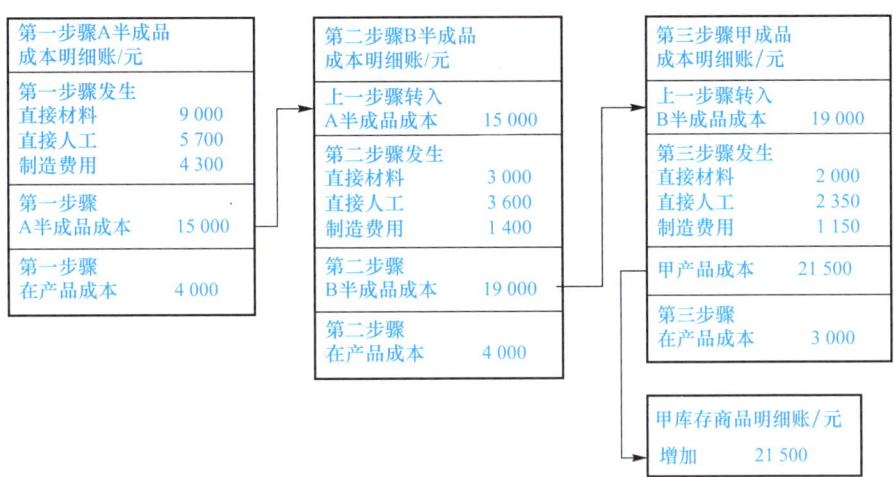

图10-1 半成品直接转交的逐步结转分步法成本核算程序

（二）半成品的完工和领用通过半成品仓库收发

设置"自制半成品"账户核算各步骤生产的半成品的收、发、存的核算，半成品通过半成品库收发，即各步骤生产的半成品加工完成后，先验收进入半成品仓库，下一生产步骤根据生产需要从半成品仓库领取上一步骤的半成品继续加工，各步骤生产成本也是按照出入库流程的要求将其成本转入下一步骤的基本生产成本明细账。半成品入库收发的逐步结转分步法成本核算程序如图10-2所示。

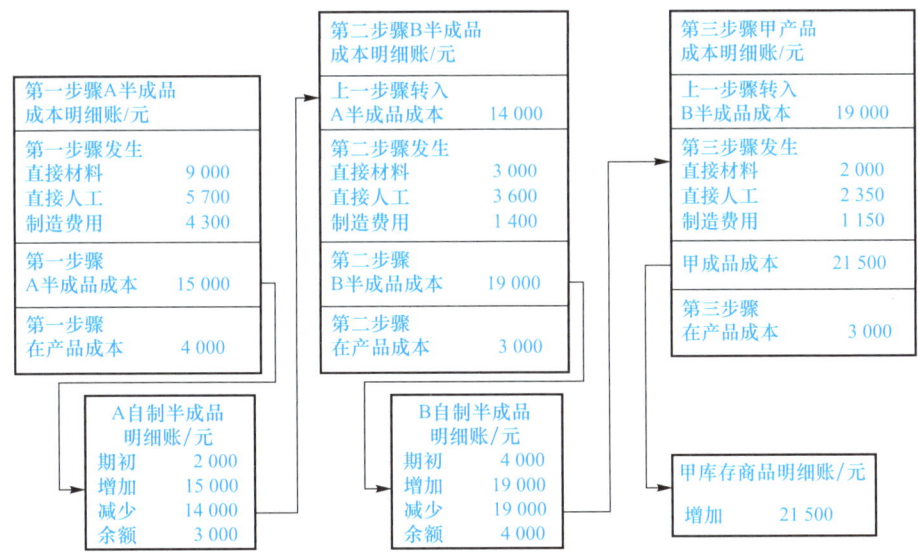

图10-2 半成品入库收发的逐步结转分步法成本核算程序

四、半成品成本的结转方法

根据半成品成本在下一步骤生产成本明细账中的登记方式不同，逐步结转分步法可分为综合结转分步法和分项结转分步法。

（一）综合结转分步法

综合结转分步法，是指各生产步骤将其耗费的上一步骤的半成品成本，以专设的"半成品"成本项目综合反映在生产成本明细账中，不再以原始成本项目反映半成品成本的方法。采用综合结转分步法，除第一步骤以外的各生产步骤，不仅要汇总本步骤发生的生产费用，还要将领用的半成品

185

成本作为本步骤的一项原材料费用,使各步骤的半成品(最后步骤为产成品)成本都是截止到本步骤的完全累积成本。

1. 综合结转分步法下的自制半成品计价

在综合结转分步法下,自制半成品成本在按生产步骤依次结转时,可以采用实际成本计价,也可以采用计划成本计价。

(1)自制半成品按实际成本计价结转。在按实际成本计价的情况下,各步骤所耗上一步骤的半成品成本,应根据所耗半成品的实际数量乘以半成品的实际单位成本核算确定。在半成品通过半成品库收发的情况下,各步骤耗用上一步骤半成品的单位成本可采用加权平均法和先进先出法等方法确定,基本原理同材料实际成本计价法一致。

(2)自制半成品按计划成本计价结转。在按计划成本计价的情况下,平时各步骤耗用的上一步骤半成品成本按耗用数量乘以计划单位成本核算确定,月末结算时根据自制半成品成本差异率将计划成本调整为实际成本。为了便于反映半成品成本差异和分析半成品成本差异对本步骤成本的影响,自制半成品明细账不仅要设"收入""发出""结存"三栏,还要在这三栏下设"数量""计划成本""实际成本""成本差异"等栏目,反映收入、发出和结存的实际数量、实际成本与计划成本资料。自制半成品明细账格式如表10-1所示。

表10-1 自制半成品明细账

第　　页

半成品名称:　　　　　　　　　　　　　　　　　　　生产车间:

年		凭证字号	摘要	收入				发出				结存			
月	日			数量	计划成本	实际成本	成本差异	数量	计划成本	实际成本	成本差异	数量	计划成本	实际成本	成本差异

2. 综合结转分步法下的成本核算与运用

下面以实际成本综合结转的方法,对综合结转分步法的成本核算与运用进行实例分析。

【例10-1】 立新公司设有第一车间、第二车间、第三车间三个基本生产车间,大量生产甲产品,生产工艺为顺序生产,半成品不通过半成品库收发而直接转入下一步骤。其中,第一车间生产A半成品完工后交第二车间生产B半成品,第二车间将完工的B半成品交第三车间生产甲产品,原材料在生产开始时一次性投入,其他费用陆续均衡发生,各步骤产品成本采用约当产量比例法计算,在产品完工程序均为50%。2022年8月,甲产品的产量及费用资料如表10-2至表10-4所示。

表10-2 产品产量记录台账　　　　　　　　单位:件

项目	月初在产品	本月投(转)入	本月完工	月末在产品
第一车间	1 600	4 400	5 000	1 000
第二车间	200	5 000	4 000	1 200
第三车间	1 400	4 000	4 800	600

表 10-3　月初在产品成本　　　　　　　　　　　　　　　　　　　　　金额单位：元

项目	直接材料	自制半成品	直接人工	制造费用	合计
第一车间	160 000	—	8 000	24 000	192 000
第二车间	—	28 000	5 000	7 000	40 000
第三车间	—	364 000	14 000	28 000	406 000

表 10-4　本月发生生产费用　　　　　　　　　　　　　　　　　　　　金额单位：元

项目	直接材料	自制半成品	直接人工	制造费用	合计
第一车间	440 000	—	47 000	141 000	628 000
第二车间	—		225 000	315 000	540 000
第三车间	—		88 000	176 000	264 000

根据上述资料，立新公司采用逐步结转分步法的综合结转法计算产品成本。产品成本核算过程如表 10-5 至表 10-7 所示。

表 10-5　第一车间产品成本核算单

产品时间：2022 年 8 月　　　　　　完工数量：5 000 件
产品名称：A 半成品　　　　　　　在产数量：1 000 件　　　　　　　　金额单位：元

	项目	直接材料	直接人工	制造费用	合计
	月初在产品成本	160 000	8 000	24 000	192 000
	本月发生费用	440 000	47 000	141 000	628 000
	生产费用合计	600 000	55 000	165 000	820 000
生产量	完工产品数量 / 件	5 000	5 000	5 000	—
	在产品数量 / 件	1 000	1 000	1 000	—
	在产品完工程度 /%	100	50	50	—
	在产品约当产量 / 件	1 000	500	500	—
	约当总产量 / 件	6 000	5 500	55 00	—
	费用分配率 /（元 / 件）	100	10	30	140
	本月完工 A 半成品成本	500 000	50 000	150 000	700 000
	本月在产品成本	100 000	5 000	15 000	120 000

结转第一车间 A 半成品成本到第二车间继续加工，编制会计分录如下。

借：基本生产成本——第二车间——B 半成品　　　　　　　　　　　　700 000
　　贷：基本生产成本——第一车间——A 半成品　　　　　　　　　　　　700 000

表 10-6　第二车间产品成本核算单

产品时间：2022 年 8 月　　　　　　　　完工数量：4 000 件
产品名称：B 半成品　　　　　　　　　　在产数量：1 200 件　　　　　　　　　　　金额单位：元

项目		上一步骤转入 A 半成品	本步骤发生 直接人工	本步骤发生 制造费用	合计
月初在产品成本		28 000	5 000	7 000	40 000
本月本步骤发生费用			225 000	315 000	540 000
本月上一步骤转入费用		700 000			700 000
生产费用合计		728 000	230 000	322 000	1 280 000
生产量	完工产品数量 / 件	4 000	4 000	4 000	—
	在产品数量 / 件	1 200	1 200	1 200	—
	在产品完工程度 /%	100	50	50	—
	在产品约当产量 / 件	1 200	600	600	—
	约当总产量 / 件	5 200	4 600	4 600	—
费用分配率 /（元 / 件）		140	50	70	260
本月完工 B 半成品成本		560 000	200 000	280 000	1 040 000
月末在产品成本		168 000	30 000	42 000	240 000

结转第二车间 B 半成品成本到第三车间继续加工，编制会计分录如下。

借：基本生产成本——第三车间——甲成品　　　　　　　　　　　1 040 000
　　贷：基本生产成本——第二车间——B 半成品　　　　　　　　　　　　1 040 000

表 10-7　第三车间产品成本核算单

产品时间：2022 年 8 月　　　　　　　　完工数量：4 800 件
产品名称：甲成品　　　　　　　　　　　在产数量：600 件　　　　　　　　　　　　金额单位：元

项目		上一步骤转入 B 半成品	本步骤发生 直接人工	本步骤发生 制造费用	合计
月初在产品成本		364 000	14 000	28 000	406 000
本月本步骤发生费用			88 000	176 000	264 000
本月一上步骤转入费用		1 040 000			1 040 000
生产费用合计		1 404 000	102 000	204 000	1 710 000
生产量	完工产品数量 / 件	4 800	4 800	4 800	
	在产品数量 / 件	600	600	600	
	在产品完工程度 /%	100	50	50	—
	在产品约当产量 / 件	600	300	300	
	约当总产量 / 件	5 400	5 100	5 100	

续表

项目	上一步骤转入	本步骤发生		合计
	B 半成品	直接人工	制造费用	
费用分配率/(元/件)	260	20	40	320
本月完工甲产品成本	1 248 000	96 000	192 000	1 536 000
月末在产品成本	156 000	6 000	12 000	174 000

结转第三车间完工产品成本,编制会计分录如下。

借:库存商品——甲产品　　　　　　　　　　　　　　　　　　　　　1 536 000
　　贷:基本生产成本——第三间——甲产品　　　　　　　　　　　　　　　　1 536 000

如果半成品通过半成品库收发,则要按照各步骤领用原材料的方法核算,根据发生材料的各种成本计价方法结转其成本。

假设上例半成品通过半成品库收发,各步骤入库的成本与领用的成本一致,编制各步骤成本结转会计分录如下。

(1)结转第一车间 A 半成品成本到 A 自制半成品仓库。

借:自制半成品——A 半成品　　　　　　　　　　　　　　　　　　　　700 000
　　贷:基本生产成本——第一车间——A 半成品　　　　　　　　　　　　　700 000

(2)第二车间领用 A 半成品。

借:基本生产成本——第二车间——B 半成品　　　　　　　　　　　　　　700 000
　　贷:自制半成品—— A 半成品　　　　　　　　　　　　　　　　　　　　700 000

(3)结转第二车间 B 半成品成本到 B 自制半成品仓库。

借:自制半成品——B 半成品　　　　　　　　　　　　　　　　　　　　1 040 000
　　贷:基本生产成本——第一车间——A 半成品　　　　　　　　　　　　　1 040 000

(4)第三车间领用 B 半成品。

借:基本生产成本——第三车间——甲产品　　　　　　　　　　　　　　　1 040 000
　　贷:自制半成品——B 半成品　　　　　　　　　　　　　　　　　　　　1 040 000

结转第三车间完工产品成本,编制会计分录如下。

借:库存商品——甲产品　　　　　　　　　　　　　　　　　　　　　　1 536 000
　　贷:基本生产成本——第三车间——甲产品　　　　　　　　　　　　　　1 536 000

各步骤成本核算单与上例相同,增加了自制半成品出入库手续和自制半成品明细账的登记。

【例 10-2】 假定甲产品生产分两个步骤,分别由两个车间进行:第一车间生产半成品,交半成品库验收;第二车间按所需数量从半成品库领用,所耗半成品费用按全月一次加权平均单位成本核算。两个车间的月末在产品均按定额成本计价。成本核算程序如下。

(1)登记第一车间的"第一步骤甲产品成本明细账",登账依据为各种生产费用分配表、半成品交库单、第一车间定额成本资料。登账结果如表 10-8 所示。

表 10-8 第一步骤甲产品成本明细账

产量:100 件　　　　　　　　　　　　　　　　　　　　　　　　金额单位:元

项目	直接材料	直接人工	制造费用	合计
月初在产品定额成本	3 060	2 700	4 280	10 040

续表

项目	直接材料	直接人工	制造费用	合计
本月费用	5 080	3 010	6 600	14 690
合计	8 140	5 710	10 880	24 730
完工产品转出	5 040	3 110	6 480	14 630
月末在产品	3 100	2 600	4 400	10 100

（2）结转第一车间完工入库的半成品成本。根据第一步骤甲产品成本明细账中完工转出的半成品成本和第一车间的半成品交库单所列交库数量，编制会计分录如下。

借：自制半成品——甲产品——第一步骤　　　　　　　　　　　　　　　　14 630
　　贷：基本生产成本——甲产品——第一步骤　　　　　　　　　　　　　14 630

（3）登记"自制半成品明细账"。登账依据为第一车间半成品交库单（增加）和第二车间领用半成品的领用单（减少），登账结果如表10-9所示。

表10-9　自制半成品明细账

产品名称：甲半成品　　　　　　　　　　　　　　　　　　　　　　　　　　　金额单位：元

月份	月初余额		本月增加		合计			本月减少	
	数量/件	总成本	数量/件	总成本	数量/件	总成本	单位成本/（元/件）	数量/件	总成本
1	20	3 010	100	14 630	120	17 640	147	105	15 435
2	15	2 205							

（4）结转第二车间领用自制半成品成本，编制相关会计分录。

根据第二车间的半成品领用单：

借：基本生产成本——甲产品——第二步骤　　　　　　　　　　　　　　　15 435
　　贷：自制半成品——甲产品——第一步骤　　　　　　　　　　　　　　15 435

（5）登记第二车间甲产品的"第二步骤甲产品成本明细账"。登账依据为各种生产费用分配表、半成品领用单、第二车间定额成本资料、产成品交库单，登账结果如表10-10所示。

表10-10　第二步骤甲产品成本明细账　　　　　　　　　　　　　　　　　　　金额单位：元

摘要	产量/件	半成品	职工薪酬	制造费用	合计
月初在产品		5 980	1 345	2 805	10 130
本月费用		15 435	2 800	5 925	24 160
合计		21 415	4 145	8 730	34 290
完工转出产成品	100	15 335	2 900	6 015	24 250
单位成本/（元/件）		153.35	29	60.15	242.5
月末在产品		6 080	1 245	2 715	10 040

（6）编制相关会计分录，结转第二车间完工产成品成本。根据第二车间甲产品成本明细账中完工转出的产成品成本和第二车间的产成品交库单，编制相关会计分录。

借：库存商品——甲产品　　　　　　　　　　　　　　　　　　　　　　　24 250
　　贷：基本生产成本——甲产品——第二步骤　　　　　　　　　　　　　　24 250

3. 综合结转分步法下的成本还原

在综合结转分步法下，各生产步骤计算出的半成品或完工产品的成本具有如下缺点。

（1）产品成本不能反映原始成本项目。采用综合结转分步法各步骤所耗半成品成本是综合成本以"半成品"项目反映的，但其原始耗费应包括直接材料、直接人工、燃料及动力、制造费用等料工费各项成本，因此，这样计算出来的产品成本，没有反映半成品成本按原始成本构成项目。

（2）不符合产品成本结构实际，扭曲了成本结构状况。因为，在完工产品成本中，绝大部分是耗用上一步骤的半成品费用，其他费用只是最后一个生产步骤发生的，在产品成本中所占的费用比重较小，不能从整个企业的角度考核和分析产成品的构成与水平。为了满足成本管理的需要，应将顺序算出的完工产品的综合成本按照原始成本项目进行成本还原。

所谓成本还原，就是将最终产成品中的半成品项目的综合成本按照一定的标准，逐步分解还原成"直接材料""直接人工""制造费用"等原始成本项目，目的是按原始成本项目反映产成品成本资料。成本还原的标准是直接根据本月所产该种半成品的成本构成进行分解、还原。成本还原采用倒序法，从最后一个步骤开始，将完工产品所耗上一步骤的半成品的综合成本按上一步骤所产完工半成品的成本结构，逐步分解还原成原始成本项目，然后将还原后各步骤相同的原始成本项目数额相加，即求出按规定的原始成本项目反映的产品成本。

成本还原过程与产品的生产过程相反，如图10-3所示。

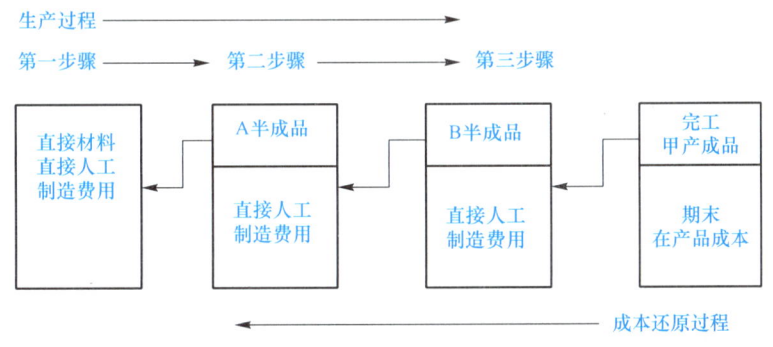

图10-3　成本还原程序

进行成本还原时，有以下两种还原方法。

第一，按成本结构比重还原法。按成本结构比重还原法，是指在进行成本还原时，按上一步骤生产的半成品各成本项目占全部成本的比重（成本的结构比率）进行成本还原的一种方法。

采用按成本结构比重还原法，首先确定各步骤生产的完工的产成品或半成品的成本结构；其次从最后一个生产步骤开始，将产品成本中需要还原的半成品综合成本乘以前一步骤该种半成品的各成本项目的比重，就可以把综合成本分解。如果成本核算在两步以上，就必须逐次将未还原的半成品成本按上述方法依次还原，直到将半成品成本还原为原始成本项目为止。其计算公式为

$$某成本项目还原分配率 = \frac{上步骤完工的半成品某成本项目金额}{上步骤完工的半成品成本合计}$$

某成本项目成本还原 = 本月完工产品耗用上一步骤半成品综合成本 × 项目还原分配率

【例10-3】　沿用【例10-1】资料，如果立新公司按成本结构比重还原成本，则还原计算过程如下（见表10-11）。

表 10-11 产品成本还原计算表（按成本结构比重还原法）

完工数量：4 800 件　　　　　　　　　　　　　　　　　　　　　　　　　　金额单位：元

项目	自制半成品		直接材料	直接人工	制造费用	合计
	B	A				
还原前甲产品成本	1 248 000			96 000	192 000	1 536 000
第二步骤半成品成本		560 000		200 000	280 000	1 040 000
第二车间成本结构 /%		53.85		19.23	26.92	100
第一次成本还原		672 048		239 990.4	335 961.6	1 248 000
第一步骤半成品成本			500 000	50 000	150 000	700 000
第一车间成本结构 /%			71.43	7.14	21.43	100
第二次成本还原			480 043.89	47 984.23	144 019.87	672 047.99
还原后产成品成本			480 043.89	383 974.63	671 981.47	1 535 999.99
还原后单位成本 /（元 / 件）			100	80	140	320

表 10-11 中，成本结构就是各项目的成本还原分配率。还原后，产成品成本各成本项目的成本金额为

直接材料 = 0 + 0 + 480 043.89 = 480 043.89（元）

直接人工 = 96 000 + 239 990.4 + 47 984.23 = 383 974.63（元）

制造费用 = 192 000 + 335 961.6 + 144 019.87 = 671 981.47（元）

第二，按综合成本总额比例还原法。按综合成本总额比例还原法，是指在进行成本还原时，按耗用的上一步骤半成品总成本占上一步骤生产时完工半成品总成本的比例进行成本还原的一种方法。其基本原理与按成本结构比重还原相同。

采用按综合成本总额比例还原法，首先确定各步骤要还原的半成品综合成本总额占上一步骤该半成品生产总成本的比例（还原分配率），即确定产成品成本中半成品综合成本占上一步骤本期所产该种半成品总成本的比例；其次以此比例从最后一个生产步骤开始，分别乘以上一步骤本期所产该种半成品各个成本项目的成本核算。其计算公式为

$$成本还原分配率 = \frac{本月本步骤产成品耗用上一步骤半成品成本合计}{本月上一步骤所产该种半成品成本合计}$$

成本项目还原数 = 上一步骤本月所产该半成品的某项目成本 × 成本还原分配率

【例 10-4】 沿用【例 10-1】资料，如果立新公司按综合成本总额比例还原成本，则计算结果如表 10-12 所示。

表 10-12 产品成本还原计算表（按综合成本总额比例还原法）

完工数量：4 800 件　　　　　　　　　　　　　　　　　　　　　　　　　　金额单位：元

项目	成本还原率	自制半成品		直接材料	直接人工	制造费用	合计
		B	A				
还原前甲产品成本		1 248 000			96 000	192 000	1 536 000

续表

项目	成本还原率	自制半成品 B	自制半成品 A	直接材料	直接人工	制造费用	合计
第二步半成品成本			560 000	200 000	280 000		1 040 000
第一次成本还原	1.2		672 000	240 000	336 000		1 248 000
第一步半成品成本				500 000	50 000	150 000	700 000
第二次成本还原	0.96			480 000	48 000	144 000	672 000
还原后产成品成本				480 000	384 000	672 000	1 536 000
还原后单位成本/(元/件)				100	80	140	320

表10-12中，成本还原率的计算如下。

第一次成本还原率＝1 248 000÷1 040 000＝1.2

第二次成本还原率＝672 000÷700 000＝0.96

两种方式的原理是一致的，关键是确定还原分配率，两种方法只是从不同侧面进行的成本还原，因而还原后的原始成本是没有区别的。

想一想： 综合结转分步法下为什么要进行成本还原？两种成本还原方法的主要区别在哪里？

4．综合结转分步法的评价

（1）优点：在各步骤产品成本明细账中，可以看出各步骤产品所耗上一步骤的半成品费用和本步骤加工费用的水平，从而便于进行产品步骤的成本分析。

（2）缺点：不能直接提供按原始成本项目构成反映的产品成本资料，进行成本还原的工作量较大。

（3）适用范围：管理上要求计算提供各步骤完工产品所耗半成品费用的情况。

（二）分项结转分步法

分项结转分步法是将各步骤耗用的上一步骤半成品成本，按照原始成本项目分项转入各该步骤产品成本明细账的各个相应成本项目中的一种方法。如果半成品通过半成品库收发，那么半成品明细账要分别登记成本项目。这种成本方法可以直接提供反映产品成本的原始结构的成本资料，明确产品成本的构成内容，但生产步骤较多时，转账手续比较烦琐，工作量大。

在分项结转分步法下，各步骤半成品可以按照实际成本结转，也可以按照计划成本结转后进行差异调整，但由于计划成本结转时各个成本项目进行成本差异调整的工作量大，分项结转分步法通常以实际成本结转。

【例10-5】 沿用【例10-1】资料（如表10-13、表10-14、表10-15所示），立新公司采用逐步结转分步法中的分项结转分步法计算产品成本。产品成本核算过程如表10-16、表10-17、表10-18所示。

表10-13　产品产量记录台账　　　　单位：件

项目	月初在产品	本月投（转）入	本月完工	月末在产品
第一车间	1 600	4 400	5 000	1 000

续表

项目	月初在产品	本月投（转）入	本月完工	月末在产品
第二车间	200	5 000	4 000	1 200
第三车间	1 400	4 000	4 800	600

表 10-14　月初在产品成本　　　　　　　　　　　　金额单位：元

项目	直接材料		直接人工		制造费用		合计
	上一步骤转入	本步骤发生	上一步骤转入	本步骤发生	上一步骤转入	本步骤发生	
第一车间		160 000		8 000		24 000	192 000
第二车间	20 000	2 000	5 000	6 000	7 000		40 000
第三车间	140 000	84 000	14 000	140 000	28 000		406 000

表 10-15　本月发生生产费用　　　　　　　　　　　金额单位：元

项　目	直接材料	自制半成品	直接人工	制造费用	合计
第一车间	440 000	—	47 000	141 000	628 000
第二车间	—		225 000	315 000	540 000
第三车间	—		88 000	176 000	264 000

表 10-16　第一车间产品成本核算单

产品时间：2022 年 8 月　　　　　　完工数量：5 000 件
产品名称：A 半成品　　　　　　　　在产数量：1 000 件　　　　　　　金额单位：元

项目		直接材料	直接人工	制造费用	合计
月初在产品成本		160 000	8 000	24 000	192 000
本月发生费用		440 000	47 000	141 000	628 000
生产费用合计		600 000	550 000	165 000	820 000
生产量	完工产品数量/件	5 000	5 000	5 000	—
	在产品数量/件	1 000	1 000	1 000	—
	在产品完工程度/%	100	50	50	—
	在产品约当产量/件	1 000	500	500	—
	约当总产量/件	6 000	5 500	5 500	—
费用分配率/（元/件）		100	10	30	140
本月完工 A 半成品成本		500 000	50 000	150 000	700 000
本月在产品成本		100 000	5 000	15 000	120 000

结转第一车间 A 半成品成本到第二车间继续加工，编制会计分录如下。

借：基本生产成本——第二车间——B 半成品　　　　　　　　　　　　　　　700 000
　　贷：基本生产成本——第一车间——A 半成品　　　　　　　　　　　　　　　700 000

表 10-17　第二车间产品成本核算单

产品时间：2022 年 8 月　　　　　　　　完工数量：4 000 件
产品名称：B 半成品　　　　　　　　　　在产数量：1 200 件　　　　　　　　　　　　　金额单位：元

项目		直接材料	直接人工		制造费用		合计
		上一步骤转入	上一步骤转入	本步骤发生	上一步骤转入	本步骤发生	
月初在产品成本		20 000	2 000	5 000	6 000	7 000	40 000
本月本步骤发生费用				225 000		315 000	540 000
本月上一步骤转入费用		500 000	50 000		150 000		700 000
生产费用合计		520 000	52 000	230 000	156 000	322 000	1 280 000
生产量	完工产品数量 / 件	4 000	4 000	4 000	4 000	4 000	—
	在产品数量 / 件	1 200	1 200	1 200	1 200	1 200	—
	在产品完工程度 / %	100	100	50	100	50	—
	在产品约当产量 / 件	1 200	1 200	600	1 200	600	—
	约当总产量 / 件	5 200	5 200	4 600	5 200	4 600	—
费用分配率 /（元 / 件）		100	10	50	30	70	260
本月完工 B 半成品成本		400 000	40 000	200 000	120 000	280 000	1 040 000
本月在产品成本		120 000	12 000	30 000	36 000	42 000	240 000

由于上一步骤转入本步骤的费用在上一步骤已经完成，因此完工程度为 100%。

结转第二车间 B 半成品成本到第三车间继续加工，编制会计分录如下。

借：基本生产成本——第三车间——甲成品　　　　　　　　　　　　　　　1 040 000
　　贷：基本生产成本——第二车间——B 半成品　　　　　　　　　　　　　　　1 040 000

表 10-18　第三车间产品成本核算单

产品时间：2022 年 8 月　　　　　　　　完工数量：4 800 件
产品名称：甲　　　　　　　　　　　　　在产数量：600 件　　　　　　　　　　　　　　金额单位：元

项目		直接材料	直接人工		制造费用		合计
		上一步骤转入	上一步骤转入	本步骤发生	上一步骤转入	本步骤发生	
月初在产品成本		140 000	84 000	14 000	140 000	28 000	406 000
本月本步骤发生费用				88 000		176 000	264 000
本月上一步骤转入费用		400 000	240 000		400 000		1 040 000
生产费用合计		540 000	324 000	102 000	540 000	204 000	1 710 000
生产量	完工产品数量 / 件	4 800	4 800	4 800	4 800	4 800	—
	在产品数量 / 件	600	600	600	600	600	—
	在产品完工程度 / %	100	100	50	100	50	—
	在产品约当产量 / 件	600	600	300	600	300	—
	约当总产量 / 件	5 400	5 400	5 100	5 400	5 100	—

续表

项目	直接材料 上一步骤转入	直接人工 上一步骤转入	直接人工 本步骤发生	制造费用 上一步骤转入	制造费用 本步骤发生	合计
费用分配率/(元/件)	100	60	20	100	40	320
本月完工B半成品成本	480 000	288 000	96 000	480 000	192 000	1 536 000
本月在产品成本	60 000	36 000	6 000	60 000	12 000	174 000

结转第三车间完工产品成本，编制会计分录如下。

借：库存商品——甲产品　　　　　　　　　　　　　　　1 536 000
　　贷：基本生产成本——第三车间——甲产品　　　　　　　　　1 536 000

从以上计算结果可以看出，分项结转分步法与综合结转分步法作为逐步结转分步法的两种方式，计算出的最终完工甲产品各成本项目是相同的，只是两种结转方式下最终完工甲产品的成本项目不同。

分项结转分步法与综合结转分步法作为逐步结转分步法的两种方式，半成品成本核算都是随着实物的转移结转的。与综合结转分步法相比，分项结转分步法还有以下特点：首先，分项结转分步法是将半成品成本按成本项目（而不是作为整体），分别转入下一步骤相应的成本项目；其次，分项结转分步法可以直接、正确地提供按原始成本项目反映的成本资料，不需要进行成本还原，便于从整个企业角度考核和分析产品成本计划的执行情况；最后，在分项结转分步法下，各步骤各成本项目发生的生产费用合并反映，成本结转工作比较复杂。

分项结转分步法适用于管理上不要求分别提供各步骤完工产品所耗上一步骤的半成品费用和本步骤加工费用的水平，但要求按原始成本项目的构成反映产品成本资料的企业。

（三）逐步结转分步法综合评价

从上述逐步结转分步法成本核算程序和结转方式上，我们能够得出以下结论。

第一，逐步结转分步法能提供各生产步骤的半成品成本资料，全面反映各步骤对上一步骤的半成品耗费水平和本步骤的加工费用水平，便于成本管理和控制。

第二，半成品成本结转与实物转移同步，能为半成品和在产品的实物管理与资金管理提供数据，便于资金与实物管理结合。

第三，各生产步骤的成本核算不能同时进行，要等到上一步骤半成品成本核算结转后，下一步骤才能进行，且成本核算工作比较复杂，影响了成本核算的及时性。

任务三　平行结转分步法

一、平行结转分步法的含义及适用范围

平行结转分步法，是指各生产步骤不计算半成品成本，只计算本步骤发生的生产费用及其应计入最终完工的产成品成本的"份额"，将各步骤的"份额"平行汇总，计算出最终完工产成品成本的一种方法。所谓"份额"就是指各生产步骤中的成本费用应计入最终完工产成品的成本数额。

在平行结转分步法下，各生产步骤不计算其生产的半成品成本，也不计算各步骤耗用的上一步骤转来的半成品成本，只计算本步骤发生的直接材料、直接人工、燃料及动力、制造费用以及这些费用中应计入最终产成品成本的"份额"，并将"份额"平行结转到产品的生产成本核算单中，汇总即成为最终完工的产成品成本。这种方法主要适用于不计算半成品成本的大量大批装配式生产和连续式多步骤生产，或半成品种类多、外销少的企业。

二、平行结转分步法的特点

（一）各生产步骤不计算半成品成本

各生产步骤不计算也不结转半成品成本，只计算本步骤发生的生产费用及应由产成品负担的份额。

（二）各生产步骤之间不结转半成品成本

平行结转分步法成本核算对象为最终完工的产成品，各生产步骤不计算也不结转半成品成本，只是按照产品的加工顺序，半成品实物从上一步骤转移到下一步骤。不论半成品实物是在各生产步骤之间直接转移，还是通过半成品库收发，都不进行半成品成本结转。也就是说，半成品成本不随半成品实物转移而结转，各步骤之间只进行实物转移，不进行成本结转，半成品的实物流转与成本结转相脱节。

（三）采用狭义完工产品和广义在产品概念

各步骤归集的生产费用，期末成本分配在应计入最终完工的产成品的"份额"与广义的在产品间完成。应计入最终完工产成品的"份额"是各生产步骤计入完工产品成本的生产费用，各生产步骤计入的成本"份额"之和构成产成品总成本。完工产品采用狭义完工产品概念，即只有最终完工的产成品才属于完工产品。在产品采用广义在产品概念，即本步骤加工中的在产品和本步骤已经加工完成，但未形成最终产成品的半成品，包括尚在本步骤加工的在产品，本步骤已完工转入半成品库的半成品；本步骤已完工转入以后步骤进一步加工、尚未最后制成的半成品（以后步骤的在产品）。

（四）汇总计算产成品的成本

将各步骤费用中应计入产成品的"份额"，平行结转、汇总计算该种产成品的总成本和单位成本。

三、平行结转分步法的计算程序

在平行结转分步法下，产品成本的计算程序要点有以下4个。

（一）设置产品生产成本明细账

按产品的生产步骤和品种设置产品生产成本明细账，用来计算每种产品在各步骤的生产费用总额。

（二）归集生产费用

按步骤分产品、分成本项目进行生产费用的归集。

（三）开设成本核算单进行期末成本处理

期末，各成本明细账归集的各步骤生产费用要在狭义的完工产品和广义的在产品之间分配，确定各生产步骤应计入完工产品成本的"份额"。

（四）计算完工产品成本

汇总各步骤计入最终完工产品成本的"份额"，计算完工产品总成本和单位成本。

平行结转分步法计算程序如图10-4所示。

第一车间成本明细账/元		第二车间成本明细账/元		第三车间成本明细账/元	
直接材料	9 000	直接材料	3 000	直接材料	2 000
直接人工	5 700	直接人工	3 600	直接人工	2 350
制造费用	4 300	制造费用	1 400	制造费用	1 150
完工成品成本/元		完工成品成本/元		完工成品成本/元	
直接材料	9 000	直接材料	2 500	直接材料	1 800
直接人工	5 700	直接人工	3 200	直接人工	2 000
制造费用	4 300	制造费用	1 100	制造费用	1 000
合计	19 000	合计	6 800	合计	4 800
在产品成本	4 000	在产品成本	1 200	在产品成本	700

产品成本汇总表

车间份额	产量/件	直接材料/元	直接人工/元	制造费用/元	成本合计/元
第一车间份额	100	9 000	5 700	4 300	19 000
第二车间份额		2 500	3 200	1 100	6 800
第三车间份额	100	1 800	2 000	1 000	4 800
合计	100	13 300	10 900	6 400	30 600
单位成本/(元/件)		133	109	64	306

图 10-4 平行结转分步法计算程序

四、平行结转分步法下产品成本核算

如何正确计算各步骤生产费用中应计入最终完工产成品成本的份额，即每一生产步骤的生产费用如何正确地在完工产成品和广义的在产品之间分配，是采用这一方法的关键所在。计算公式如下：

某步骤计入产成品份额＝产成品数量×单位产成品耗用该步骤半成品数量×该步骤半成品单位成本（分配率）

其中，某步骤计入产成品份额可采用约当产量比例法、定额比例法、在产品按定额成本计价法求得。分配时应按成本项目分别进行。

（一）约当产量比例法

某步骤（各成本项目）单位成本（分配率）＝（该步骤月初在产品成本＋本月发生生产费用）/该步骤约当总产量

某步骤（各成本项目）约当总产量＝产成品耗用该步骤半成品数量＋该步骤月末广义在产品约当产量＝产成品耗用该步骤半成品数量＋该步骤月末狭义在产品约当产量＋该步骤已完工留存在半成品库和以后步骤的半成品数量

或

某步骤（各成本项目）约当总产量＝该步骤月初半成品数量＋该步骤本月完工狭义半成品数量＋该步骤月末狭义在产品约当产量

（二）定额比例法

某步骤单位成本（分配率）＝（该步骤月初在产品费用＋本月发生费用）/[该步骤（广义）完工半成品定额消耗量（费用）＋该步骤月末狭义在产品定额消耗量（费用）]

某步骤（广义）完工半成品定额消耗量（费用）＝产成品耗用该步骤半成品定额消耗量（费用）＋该步骤已完工留存在半成品库和以下步骤的月末半成品定额消耗量（费用）

或

某步骤（广义）完工半成品定额消耗量（费用）＝该步骤月初半成品定额消耗量（费用）＋该步骤本月完工狭义半成品定额消耗量（费用）

【例 10-6】 工贸公司 2022 年 8 月生产 A 产品，经过两个步骤连续加工制成，每个步骤耗用前一个步骤1件半成品，所用原材料生产开始时一次性投入，采用定额比例法计算完工产品与在产品成本。本月完工产品2 000件，有关定额及费用资料如表10-19、表10-20所示。

表10-19　产品定额

项目	原材料定额消耗量/千克		定额生产工时/小时	
	第一步骤	第二步骤	第一步骤	第二步骤
完工产品	20 000	—	22 000	4 000
在产品	5 000	—	8 000	1 000

表10-20　月初在产品成本与本期生产费用　　　　　　　　　　　金额单位：元

项目	费用资料	直接材料	直接人工	制造费用	合计
第一步骤	月初在产品成本	780 000	144 000	48 000	972 000
	本月生产费用	2 520 000	936 000	600 000	4 056 000
第二步骤	月初在产品成本	—	144 000	96 000	240 000
	本月生产费用	—	876 000	744 000	1 620 000

根据上述资料，工贸公司2022年8月采用平行结转分步法计算成本过程如表10-21至表10-23所示。

表10-21　第一步骤A产品成本核算单

产品名称：A　　　　　产品时间：2022年8月　　　　完工数量：2 000件　　　金额单位：元

项目	定额耗量/件	定额工时/小时	直接材料	直接人工	制造费用	合计
月初在产品成本			780 000	144 000	48 000	972 000
本月生产费用			2 520 000	936 000	600 000	4 056 000
生产费用合计			3 300 000	1 080 000	648 000	5 028 000
费用分配率			132	36	21.6	—
完工产品成本	20 000	22 000	2 640 000	792 000	475 200	3 907 200
月末在产品成本	5 000	8 000	660 000	288 000	172 800	1 120 800

表10-21中，费用分配率即定额分配比例的计算如下。

直接材料分配率＝3 300 000÷（20 000＋5 000）＝132（元/千克）

直接人工分配率＝1 080 000÷（22 000＋8 000）＝36（元/小时）

制造费用分配率＝648 000÷（22 000＋8 000）＝21.6（元/小时）

完工产品成本与月末在产品成本为其定额与费用分配率的乘积。

第二步骤A产品成本核算单如表10-22、表10-23所示。

表 10-22　产品名称

产品名称：A　　　产品时间：2022 年 8 月　　　完工数量：2 000 件　　　金额单位：元

项目	定额工时 / 小时	直接材料	直接人工	制造费用	合计
月初在产品成本			144 000	96 000	240 000
本月生产费用			876 000	744 000	1 620 000
生产费用合计			1 020 000	840 000	1 860 000
费用分配率 /（元 / 件）			204	168	—
完工产品成本	4 000		816 000	672 000	1 488 000
月末在产品成本	1 000		204 000	168 000	372 000

表 10-23　产品成本核算汇总表

产品名称：A　　　产品时间：2022 年 8 月　　　完工产成品：2 000 件　　　金额单位：元

项目	直接材料	直接人工	制造费用	合计
第一步骤计入份额	2 640 000	792 000	475 200	3 907 200
第二步骤计入份额		816 000	672 000	1 488 000
产成品总成本	2 640 000	1 608 000	1 147 200	5 395 200
产成品单位成本 /（元 / 件）	1 320	804	573.6	2 697.6

【例 10-7】　立新公司 2022 年 8 月大量生产乙产品，经过第一车间、第二车间、第三车间三个步骤连续加工制成，每个步骤都耗用前一个步骤 2 件半成品，所用原材料在生产开始时一次性投入，采用约当产量比例法结转应计入产成品的成本"份额"，在产品完工程度均为 50%，有关产量与成本资料如表 10-24 至表 10-26 所示。

表 10-24　产品产量记录台账　　　　　　　　　　　　　　　单位：件

项目	月初在产品	本月投入	本月完工	月末在产品
第一车间	80	1 120	1 000	200
第二车间	200	500	600	100
第三车间	160	300	300	160

表 10-25　月初在产品成本　　　　　　　　　　　　　　　金额单位：元

项目	直接材料	直接人工	制造费用	合计
第一车间	118 680	34 800	27 840	181 320
第二车间	—	15 785	34 650	50 435
第三车间	—	25 200	12 040	37 240

表 10-26　本月发生生产费用　　　　　　　　　　　　　　　　　　　金额单位：元

项目	直接材料	直接人工	制造费用	合计
第一车间	1 661 520	487 200	389 760	2 538 480
第二车间	—	78 925	173 250	252 175
第三车间	—	75 600	36 120	111 720

根据上述资料，运用平行结转分步法计算乙产品成本的过程如表 10-27 至表 10-30 所示。

表 10-27　第一步骤乙产品成本核算单

产品名称：乙　　　　　产品时间：2022 年 8 月　　　　　完工产成品：300 件　　　　　金额单位：元

项目	直接材料	直接人工	制造费用	合计
月初在产品成本	118 680	34 800	27 840	181 320
本月生产费用	1 661 520	487 200	389 760	2 538 480
生产费用合计	1 780 200	522 000	417 600	2 719 800
完工产品数量 / 件	300	300	300	
完工产品耗用本步骤半成品数量 / 件	1 200	1 200	1 200	
在产品数量 / 件	1 040	1 040	1 040	
在产品约当产量 / 件	1 040	940	940	
约当产品总量 / 件	2 240	2 140	2 140	—
单位产品成本 /（元 / 件）	794.73	243.93	195.14	1 233.8
应计入产成品成本份额	953 676	292 716	234 168	1 480 560
月末在产品成本	826 524	229 284	183 432	1 239 240

表 10-27 中有关项目的计算如下。

（1）在产品约当产量的计算。每个步骤都耗用前一个步骤 2 件半成品，因此第二步骤每件在产品或半成品耗用 2 件第一步骤半成品，第三步骤每件在产品或产成品耗用 4 件第一步骤半成品。

直接材料项目在产品约当产量 ＝ 200 ＋ 100×2 ＋ 160×4 ＝ 1 040（件）
直接人工项目在产品约当产量 ＝ 200×50% ＋ 100×2 ＋ 160×4 ＝ 940（件）
制造费用项目在产品约当产量 ＝ 200×50% ＋ 100×2 ＋ 160×4 ＝ 940（件）

（2）应计入产成品的成本份额的计算。

直接材料成本份额 ＝ 300×4×794.73 ＝ 953 676（元）
直接人工成本份额 ＝ 300×4×243.93 ＝ 292 716（元）
制造费用成本份额 ＝ 300×4×195.14 ＝ 234 168（元）

产品单位成本即费用分配率的计算是本月生产费用除以约当总产量；月末在产品成本的计算可用本月生产费用合计扣除计入完工产成品成本份额后得到，也可以用广义在产品的约当产量乘以费用分配率得到。

表 10-28　第二步骤乙产品成本核算单

产品名称：乙　　　　产品时间：2022 年 8 月　　　　完工产成品：300 件　　　　金额单位：元

项目	直接材料	直接人工	制造费用	合计
月初在产品成本		15 785	34 650	50 435
本月生产费用		78 925	173 250	252 175
生产费用合计		94 710	207 900	302 610
完工产品数量/件		300	300	
完工产品耗用本步骤半成品数量/件		600	600	
在产品数量/件		420	420	
在产品约当产量/件		370	370	
约当产品总量/件	—	970	970	—
单位产品成本/（元/件）	—	97.64	214.33	311.97
应计入产成品成本份额		58 584	128 598	187 182
月末在产品成本		36 126	79 302	115 428

每个步骤都耗用前一个步骤 2 件半成品，第三步骤每件在产品或产成品耗用 2 件第二步骤半成品。

在产品约当产量＝100×50%＋160×2＝370（件）

其他各项目的计算同上。

表 10-29　第三步骤乙产品成本核算单

产品名称：乙　　　　产品时间：2022 年 8 月　　　　完工产成品：300 件　　　　金额单位：元

项目	直接材料	直接人工	制造费用	合计
月初在产品成本		25 200	12 040	37 240
本月生产费用		75 600	36 120	111 720
生产费用合计		100 800	48 160	148 960
完工产品数量/件		300	300	
完工产品耗用本步骤半成品数量/件		300	300	
在产品数量/件		160	160	
在产品约当产量/件		80	80	
约当产品总量/件	—	380	380	—
单位产品成本/（元/件）	—	265.26	126.74	392
应计入产成品成本份额		79 578	38 022	117 600
月末在产品成本		21 222	10 138	31 360

在产品约当产量＝160×50%＝80（件）

其他各项目的计算同上。

表 10-30　产品成本核算汇总表

产品名称：乙　　　　　　　时间：2022 年 8 月　　　　完工产成品：300 件　　　　金额单位：元

项目	直接材料	直接人工	制造费用	合计
第一步骤计入份额	953 676	292 716	234 168	1 480 560
第二步骤计入份额		58 584	128 598	187 182
第三步骤计入份额		79 578	38 022	117 600
产成品总成本	953 676	430 878	400 788	1 785 342
产成品单位成本 /（元 / 件）	3 178.92	1 436.26	1 335.96	5 951.14

五、平行结转分步法的优缺点

（一）优点

可简化和加速成本核算工作；能够直接提供按原始成本项目反映的产品成本资料，不必进行成本还原。

（二）缺点

不能提供半成品成本资料及各步骤耗用上一步骤半成品费用资料，因而不能全面反映各步骤生产耗费的水平，不利于各步骤的成本管理；各步骤不计算、不结转半成品成本，不能为在产品的实物管理和资金管理提供资料。

六、两种分步法的比较分析

逐步结转分步法与平行结转分步法相比，有以下几个方面的不同。

（一）在产品含义不同

在逐步结转分步法下，在产品是指狭义的在产品，即本步骤正在加工的在产品，客观存在的成本核算是按实物所在地反映的，有利于在产品资金的管理。在平行结转分步法下，在产品是指广义的在产品，不仅包括正在本步骤加工的在产品，而且包括本步骤加工完毕，但最后没有成为产成品的所有半成品，其成本保留在本步骤的明细账上，是按成本发生地反映的。

（二）半成品成本处理方法不同

逐步结转分步法要计算各步骤的完工半成品成本，半成品成本随实物的转移而转移；平行结转分步法不计算各步骤半成品成本，半成品实物向下一步骤转移但成本不随之结转，其成本直接转移到产品成本核算单中。

（三）产成品成本结转方式与计算方法不同

逐步结转分步法是按步骤依次计算成本，并按顺序依次结转半成品成本，最后步骤计算出产成品成本；平行结转分步法不需要计算半成品成本，只是将各步骤产成品应负担的"份额"平行结转汇总，合并计算出产成品成本。

（四）成本核算的及时性不同

在逐步结转分步法下，由于是按加工步骤顺序结转成本，一般要等到上一步骤成本核算完成后，才能计算下一步骤的成本，成本核算不够及时。在平行结转分步法下，各步骤成本核算不存在联系，它们可以在同一时间进行成本核算并平等计入产成品成本，成本核算比较及时。

此外，两种分步法在"自制半成品"会计账户的设置与适用范围上也存在差别，在平行结转分步法下不需要设置"自制半成品"账户。

项目小结

本项目主要介绍了成本核算的分步法。

分步法是以各种产品品种及其经过的生产步骤为成本核算对象，归集生产费用、计算产品成本的一种方法。分步法的特点包括：成本核算对象是产品品种及其经过的各生产步骤；成本核算按月定期进行，成本计算期与会计报告期一致，与生产周期不一致；期末成本分配，生产费用要在完工产品和期末在产品之间进行分配；各步骤归集的生产费用要在各生产步骤之间进行结转。根据企业的生产工艺特点和成本管理对各步骤成本资料的要求，分步法分为逐步结转分步法和平行结转分步法。

逐步结转分步法的计算特点是成本流转与实物流转一致，半成品成本包括上一步骤成本，采用广义完工产品和狭义在产品概念。逐步结转分步法按照各步骤生产的半成品在下一步骤成本明细账中的反映方式不同，又分为综合结转分步法和分项结转分步法。采用综合结转分步法结转成本时，还要进行成本还原，成本还原方法有按成本结构比例还原法和按综合成本总额比例还原法。平行结转分步法并不计算各步骤半成品的成本，只计算各步骤发生的费用应计入产成品的份额，最后将这些份额加总计算出产成品的成本。

复习与训练

一、单项选择题

1. 产品成本核算的分步法是（　　）的方法。
   A. 分车间计算产品成本
   B. 计算各步骤半成品和最后步骤产成品成本
   C. 计算产品成本中各步骤"份额"
   D. 按照生产步骤计算产品成本

2. 采用逐步结转分步法时，完工产品与在产品之间的费用分配，是（　　）之间的费用分配。
   A. 完工半成品与月末在产品
   B. 完工产成品与月末在产品
   C. 完工产成品与广义在产品
   D. 各生产步骤完工半成品及最后步骤完工产成品与狭义在产品

3. 采用平行结转分步法时，期末成本分配是（　　）之间的费用分配。
   A. 完工产成品与月末广义在产品　　　　B. 完工产成品与月末在产品
   C. 完工产成品与月末狭义在产品　　　　D. 各步骤完工半成品与期末在产品

4. 不计算半成品成本的是（　　）分步法。
   A. 逐步结转　　　B. 平行结转　　　C. 综合结转　　　D. 分项结转

5. 采用平行结转分步法，第二生产步骤的广义在产品不包括（　　）。
   A. 第一生产步骤正在加工的在产品　　　B. 第二生产步骤正在加工的在产品

C. 第二生产步骤完工入库的半成品　　　D. 第三生产步骤正在加工的在产品

6. 需要进行成本还原的是（　　　）分步法。
   A. 逐步结转　　　B. 平行结转　　　C. 综合结转　　　D. 分项结转

7. 利用总额比例进行成本还原，应以还原分配率分别乘以（　　　）各个成本项目的费用。
   A. 本月所产半成品　　　　　　　　　B. 本月所耗半成品
   C. 本月所产该种半成品　　　　　　　D. 本月所耗该种半成品

8. 成本还原的对象是（　　　）。
   A. 最后步骤的产成品成本　　　　　　B. 各步骤所耗上一步骤半成品综合成本
   C. 完工成品成本　　　　　　　　　　D. 各步骤半成品成本

9. 在平行结转分步法下，每一生产步骤完工产品的费用，是该步骤（　　　）。
   A. 完工在成品的成本　　　　　　　　B. 生产费用中用于在产品成本的份额
   C. 完工半成品的成本　　　　　　　　D. 生产费用中用于产成品成本的份额

10. 成本还原的目的是求得按（　　　）反映的产品成本资料。
    A. 计划成本项目　　　　　　　　　　B. 定额成本项目
    C. 半成品成本项目　　　　　　　　　D. 原始成本项目

11. 逐步结转分步法是为了分步计算（　　　）成本而采用的一种分步法。
    A. 完工产品　　　　　　　　　　　　B. 半成品
    C. 在产品　　　　　　　　　　　　　D. 完工产品和在产品

12. 各步骤之间只进行半成品的实物转移，而不进行半成品成本结转的成本结转方法是（　　　）分步法。
    A. 逐步结转　　　B. 平行结转　　　C. 综合结转　　　D. 分项结转

13. 采用平行结转分步法时，完工产品是指（　　　）。
    A. 企业最后完工的产品　　　　　　　B. 广义的在产品
    C. 第一步骤的半成品　　　　　　　　D. 各步骤所耗上一步骤半成品

14. 产品成本核算的分步法适用于（　　　）。
    A. 大量大批单步骤生产的企业　　　　B. 大量大批多步骤生产的企业
    C. 单件小批生产的企业　　　　　　　D. 单件小批多步骤生产的企业

15. 某产品由3个生产步骤完成，采用逐步结转分步法计算产品成本。本月第一生产步骤转入第二生产步骤的生产费用为4 600元，第二生产步骤转入第三生产步骤的生产费用为8 200元；本月第三生产步骤发生的加工费用为5 000元，月初在产品费用为1 600元，月末在产品费用为1 200元。本月该产品的完工产品成本为（　　　）元。
    A. 5 400　　　B. 12 800　　　C. 13 600　　　D. 21 800

二、多项选择题

1. 分步法的适用范围是（　　　）。
   A. 大量大批生产
   B. 单步骤或管理不要求分步计算成本的多步骤生产
   C. 小批单件生产
   D. 管理上要求分步骤计算成本的多步骤生产

2. 采用分步法时，作为成本核算对象的生产步骤可以（　　　）。
   A. 在一个车间内按工作班组设　　　　B. 按实际生产步骤设
   C. 在一个车间内按生产步骤设　　　　D. 将几个车间合并设

3. 在分步法中，相互对称的结转方法有（　　）。
   A. 逐步结转与分项结转　　　　B. 综合结转与分项结转
   C. 逐步结转与平行结转　　　　D. 综合结转与平行结转
4. 平行结转分步法，不提供（　　）等成本资料。
   A. 按原始项目反映的产成品　　B. 耗用的上一步骤的半成品
   C. 各步骤的完工半成品　　　　D. 按综合成本反映的完工产成品
5. 采用逐步结转分步法，按结转的半成品成本在下一步产品成本明细账中反映项目不同，可分为（　　）。
   A. 平行结转分步法　　　　　　B. 逐步结转分步法
   C. 综合结转法　　　　　　　　D. 分项结转法
6. 在下列情形中，需要进行成本还原的有（　　）。
   A. 各步骤半成品按实际成本结转
   B. 各步骤半成品按计划成本结转
   C. 各步骤半成品成本进行综合结转
   D. 需要从整个企业的角度考核和分析产成品构成与水平
7. 按总额比例还原时，计算成本还原分配率时所用的指标是（　　）。
   A. 本月产成品所耗上一步骤半成品成本合计
   B. 本月产品所耗本步骤成品成本合计
   C. 上月所产该种半成品成本合计
   D. 本月所产该种半成品成本合计
8. 在进行成本还原时，可采用按（　　）等还原方法进行。
   A. 结构比重　　B. 总额比例　　C. 成本份额　　D. 成本类型
9. 在逐步结转分步法下，中间各步骤半成品成本由（　　）等构成。
   A. 上一步骤转来的半成品成本　　B. 本步骤发生的直接材料费用
   C. 转到下一步骤的半成品成本　　D. 本步骤发生的加工费用
10. 在综合结转分步法下，半成品按计划成本计价结转时，自制半成品明细账除要设"收入""发出""结存"三栏外，还必须在这三栏下设（　　）等栏目。
    A. "数量"　　　　　　　　　　B. "计划成本"
    C. "实际成本"　　　　　　　　D. "成本差异"
11. 与综合结转分步法相比，分项结转分步法（　　）。
    A. 能反映原始成本构成　　　　B. 各步骤能同时计算成本
    C. 不需要进行成本还原　　　　D. 成本结转工作比较复杂

三、判断题

1. 逐步结转分步法可分为平行结转分步法和综合结转分步法两种。（　　）
2. 采用逐步结转分步法计算产品成本时，各步骤的费用由两部分组成，一部分是本步骤发生的费用，另一部分是上一步骤转入的半成品成本。（　　）
3. 综合结转分步法能够提供各个生产步骤的半成品成本资料。（　　）
4. 小批单件生产的企业，成本核算应采用品种法。（　　）
5. 采用平行结转分步法各步骤半成品成本不随半成品实物转移。（　　）
6. 成本还原对象是最后步骤的产成品成本。（　　）
7. 制造业的生产按工艺过程分为单步骤、双步骤和多步骤三种类型。（　　）

8. 采用分步法计算产品成本时，各步骤的费用由两部分组成，一部分是本步骤发生费用，另一部分是上一步骤转入的半成品成本。（   ）
9. 逐步结转分步法下的在产品一般是指广义的在产品。（   ）
10. 采用分项结转分步法时，不需要进行成本还原。（   ）
11. 平行结转分步法不能提供各个步骤的半成品成本资料。（   ）
12. 成本还原通常是从最后生产步骤开始的。（   ）
13. 无论是按结构比例还是按总额比重进行成本还原，成本还原分配率都只有一个。（   ）
14. 逐步结转分步法就是为了计算半成品成本采用的一种分步法。（   ）
15. 综合结转半成品成本有利于企业分析和考核产成品成本的结构。（   ）
16. 不论是综合结转还是分项结转，半成品成本都随着半成品实物的转移而结转。（   ）

四、实务操作题

1. 工贸公司设有第一车间、第二车间、第三车间 3 个基本生产车间，大量生产甲产品，生产工艺为顺序生产，其中，第一车间生产 A 半成品完工后交第二车间生产 B 半成品，第二车间将完工的 B 半成品交第三车间生产甲产品，本月该厂"生产费用记录资料表"和"生产数量记录资料表"如表 10-31 和表 10-32 所示。

表 10-31　生产费用记录资料表

产品名称：甲　　　　　　　　　　　　　　　　　　　　　　　　　　　　　　　　　　金额单位：万元

项目	第一车间	第二车间	第三车间
月初在产品成本	12 250	16 000	9 300
其中：直接材料	8 000		
直接人工	3 250	7 000	4 000
制造费用	1 000	9 000	5 300
本月本步骤生产费用	102 750	75 000	73 500
其中：直接材料	56 000		
直接人工	26 750	45 000	42 000
制造费用	20 000	30 000	31 500

表 10-32　生产数量记录资料表

产品名称：甲　　　　　　　　　　　　　　　　　　　　　　　　　　　　　　　　　　　　　单位：件

项目	第一车间	第二车间	第三车间
月初在产品	20	40	40
本月投入或上一步骤转入	220	200	200
本月完工转入下一步骤	200	200	220
月末在产品	40	40	20

原材料在第一步骤一次性投入。该厂采用平行结转分步法的综合结转法计算甲产品成本。各步骤按约当产量比例法分配生产费用，各步骤在产品完工程度均为 50%。

要求：

（1）填制 3 个车间生产成本核算单；

（2）编制相应的会计分录。

表 10-33 第一车间产品成本核算单

产品名称：A 半成品　　　　　　　　　　　　　　　　　　　　　　　　　　　金额单位：万元

摘要		直接材料	直接人工	制造费用	合计
月初在产品成本					
本月发生费用					
生产费用合计					
生产量	完工产品数量/件				
	在产品数量/件				
	在产品约当产量/件				
	约当总产量/件				
单位成本/（元/件）					
应计入产成品成本中的份额					
本月在产品成本					

表 10-34 第二车间产品成本核算单

产品名称：B 半成品　　　　　　　　　　　　　　　　　　　　　　　　　　　金额单位：万元

摘要		本步骤发生		合计
		直接人工	制造费用	
月初在产品成本				
本月本步骤发生费用				
生产费用合计				
生产量	完工产品数量/件			
	在产品数量/件			
	在产品约当产量/件			
	约当总产量/件			
单位成本/（元/件）				
应计入产成品成本中的份额				
本月在产品成本				

表 10-35 第三车间产品成本核算单

产品名称：甲产品　　　　　　　　　　　　　　　　　　　　　　　　　　　　金额单位：万元

摘要	本步骤发生		合计
	直接人工	制造费用	
月初在产品成本			

续表

摘要		本步骤发生		合计
		直接人工	制造费用	
本月本步骤发生费用				
本月上一步骤转入费用				
生产费用合计				
生产量	完工产品数量/件			
	在产品数量/件			
	在产品约当产量/件			
	约当总产量/件			
单位成本/(元/件)				
应计入产成品成本中的份额				
本月在产品成本				

表10-36 完工产品成本汇总表　　　　　　　　　　　　　金额单位：万元

项目	直接材料	直接人工	制造费用	合计
第一车间				
第二车间				
第三车间				
成本合计				
单位成本/(元/件)				

2. 工贸公司设有第一车间、第二车间、第三车间3个基本生产车间，大量生产甲产品，生产工艺为顺序生产，其中，第一车间生产A半成品完工后交第二车间生产B半成品，第二车间将完工的B半成品交第三车间生产甲产品，本月该厂"生产费用记录资料表"和"生产数量记录资料表"如表10-37和表10-38所示。

表10-37　生产费用记录资料表

产品名称：甲　　　　　　　　　　　　　　　　　　　　　　　　　　金额单位：元

项目	第一车间	第二车间	第三车间
月初在产品成本	7 250	26 000	40 000
其中：直接材料（半成品）	5 000	19 000	33 000
直接人工	1 250	4 000	4 000
制造费用	1 000	3 000	3 000
本月本步骤生产费用	102 250	70 000	73 500
其中：直接材料	55 000		
直接人工	26 250	40 000	42 000
制造费用	21 000	30 000	31 500

表 10-38　生产数量记录资料表

产品名称：甲　　　　　　　　　　　　　　　　　　　　　　　　　　　　　　　　　　　单位：件

项目	第一车间	第二车间	第三车间
月初在产品	20	40	40
本月投入或上一步骤转入	220	200	200
本月完工转入下一步骤	200	200	220
月末在产品	40	40	20

原材料在第一步骤一次性投入。该厂采用逐步结转分步法的综合结转法计算甲产品成本。各步骤按约当产量比例法分配生产费用，各步骤在产品完工程度均为50%。

要求：

（1）填制3个车间生产成本核算单；

（2）编制相应的会计分录；

（3）进行成本还原。

表 10-39　第一车间产品成本核算单

产品名称：A半成品　　　　　　　　　　　　　　　　　　　　　　　　　　　　　　　　金额单位：元

摘要		直接材料	直接人工	制造费用	合计
月初在产品成本					
本月发生费用					
生产费用合计					
生产量	完工产品数量/件				
	在产品数量/件				
	在产品约当产量/件				
	约当总产量/件				
费用分配率(半成品单位成本)/(元/件)					
本月完工A半成品总成本					
本月在产品成本					

表 10-40　第二车间产品成本核算单

产品名称：B半成品　　　　　　　　　　　　　　　　　　　　　　　　　　　　　　　　金额单位：元

摘要	上一步骤转入	本步骤发生		合计
	A半成品	直接人工	制造费用	
月初在产品成本				
本月本步骤发生费用				
本月上一步骤转入费用				
生产费用合计				

续表

摘要		上一步骤转入	本步骤发生		合计
		A 半成品	直接人工	制造费用	
生产量	完工产品数量/件				
	在产品数量/件				
	在产品约当产量/件				
	约当总产量/件				
费用分配率(半成品单位成本)/(元/件)					
本月完工 B 半成品总成本					
本月在产品成本					

表 10-41 第三车间产品成本核算单

产品名称：甲　　　　　　　　　　　　　　　　　　　　　　　　　　金额单位：元

摘要		上一步骤转入	本步骤发生		合计
		B 半成品	直接人工	制造费用	
月初在产品成本					
本月本步骤发生费用					
本月上一步骤转入费用					
生产费用合计					
生产量	完工产品数量/件				
	在产品数量/件				
	在产品约当产量/件				
	约当总产量/件				
费用分配率(完工产品单位成本)/(元/件)					
本月完工甲产品总成本					
本月在产品成本					

表 10-42 产品成本还原计算表　　　　　　　　　　　　　　金额单位：元

项目	还原分配率	B 半成品	A 半成品	直接材料	直接人工	制造费用	合计
还原前甲产品成本							
B 半成品生产成本							
第一次成本还原							
A 半成品生产成本							
第二次成本还原							
还原后产成品成本							

项目实训

实训十四：逐步综合结转分步法实训

（一）实训目的

通过实训让学生领会逐步综合结转分步法的基本原理和特点，掌握成本核算的基本程序和方法要点。

（二）实训资料

工贸棉纺厂生产的甲产品顺序经过第一车间、第二车间、第三车间3个基本生产车间加工，第一车间完工产品为A半成品，完工后全部交第二车间继续加工；第二车间完工产品为B产品，完工后全部交第三车间继续加工；第三车间完工产品为甲产成品。甲产品原材料在第一车间生产开始时一次性投入，各车间的工资和费用发生比较均衡，月末在产品完工程度约为50%。2022年5月有关成本核算资料如下。

1. 生产数量资料（见表10-43）。

表10-43　生产数量资料

产品名称：甲　　　　　　　　　　　2022年5月　　　　　　　　　　　单位：件

项目	第一车间	第二车间	第三车间
月初在产品数量	50	100	200
本月投入或上一步骤转入数量	550	500	500
本月完工转入下一步骤或交库数量	500	500	550
月末在产品数量	100	100	150

2. 生产费用资料（见表10-44）。

表10-44　生产费用资料

产品名称：甲　　　　　　　　　　　2022年5月　　　　　　　　　金额单位：元

项目	第一车间	第二车间	第三车间
月初在产品成本	36 250	130 000	400 000
其中：直接材料（半成品）	25 000	95 000	330 000
直接人工	6 250	20 000	40 000
制造费用	5 000	15 000	30 000
本月本步骤发生生产费用	511 250	350 000	367 500
其中：直接材料	275 000		
直接人工	131 250	200 000	210 000
制造费用	105 000	150 000	157 500

（三）实训要求

1. 根据上述资料开设3个车间的成本核算单并登记3个车间的成本费用。
2. 根据登记结果进行期末成本分配。

（四）实训准备

1. 复习教材内容，从理论上把握逐步综合结转分步法成本核算的基本原理及其成本核算程序和方法，掌握成本核算的基本特点。

逐步综合结转分步法成本核算程序：首先，计算第一步骤所产半成品成本并将其转入第二步骤；其次，将第二步骤发生的各种费用，加上第一步骤转入的半成品成本，计算出第二步骤所产半成品成本，并将其转入第三步骤，直到在最后步骤计算出完工产成品成本。

逐步综合结转分步法是将上一生产步骤转入下一生产步骤的半成品成本，不分成本项目，全部计入下一生产步骤产品生产成本明细账中的"直接材料"成本项目或专设"自制半成品"成本项目，综合反映各步骤所耗上一步骤所产半成品成本。

2. 准备必要的成本核算及会计处理的资料：转账凭证1张，生产成本明细账3张。

（五）实训过程

根据资料采用逐步综合结转分步法计算甲产品及其A半成品、B半成品（月末在产品成本按约当产量比例法计算），编制结转完工产成品的会计分录，登记产品生产成本明细账（表10-45至表10-47）。

表10-45 第一车间产品生产成本明细账

产品名称：A半成品　　　　　　　　　　2022年5月　　　　　　　　　　金额单位：元

摘要	直接材料	直接人工	制造费用	合计
月初在产品成本				
本月本步骤发生费用				
生产费用合计				
本月完工产品数量/件				
月末在产品约当产量/件				
约当总产量/件				
本月完工产品单位成本/（元/件）				
本月完工产品总成本				
月末在产品成本				

表10-46 第二车间产品生产成本明细账

产品名称：B半成品　　　　　　　　　　2022年5月　　　　　　　　　　金额单位：元

摘要	上一步骤转入	本步骤发生		合计
	A半成品	直接人工	制造费用	
月初在产品成本				
本月本步骤发生费用				
本月上一步骤转入费用				
生产费用合计				
本月完工产品数量/件				

续表

摘要	上一步骤转入	本步骤发生		合计
	A半成品	直接人工	制造费用	
月末在产品约当产量/件				
约当总产量/件				
本月完工产品单位成本/(元/件)				
本月完工产品总成本				
月末在产品成本				

表 10-47 第三车间产品生产成本明细账

产品名称：甲产成品　　　　　　　　2022 年 5 月　　　　　　　　金额单位：元

摘要	上一步骤转入	本步骤发生		合计
	A半成品	直接人工	制造费用	
月初在产品成本				
本月本步骤发生费用				
本月上一步骤转入费用				
生产费用合计				
本月完工产品数量/件				
月末在产品约当产量/件				
约当总产量/件				
本月完工产品单位成本/(元/件)				
本月完工产品总成本				
月末在产品成本				

实训十五：成本还原实训

（一）实训目的

通过实训，让学生掌握半成品成本综合结转的成本还原的计算程序和方法。

（二）实训资料

参见实训十四资料，第三车间产品生产成本明细账即甲产成品成本核算的结果（表 10-47）。

（三）实训要求

1. 根据资料，编制成本还原计算表，采用按综合成本总额比例还原法对第三车间所产甲产品总成本中的自制半成品成本进行成本还原。

2. 根据资料，编制成本还原计算表，采用按成本结构比例还原法对第三车间所产甲产品总成本中的自制半成品成本进行成本还原。

（四）实训准备

1. 复习教材，理解成本还原的原因和基本原理，掌握逐步综合结转分步法下进行成本还原的基本步骤和程序，能熟练运用成本还原的方法还原成本。

2. 准备好成本还原的资料和工具，即产品成本还原计算表2张。

（五）实训过程

1. 填列需要进行成本还原的原始成本资料及其相关成本资料。

2. 计算成本还原分配率（分别采用按综合成本总额比例法和按成本结构比例法计算）。

3. 根据计算的成本还原分配率对第三车间所产甲产品总成本中的自制半成品成本进行成本还原，完成"产品成本还原计算表"，如表10-48、表10-49所示。

表10-48　产品成本还原计算表（一）

产品名称：甲　　　　　　　产量：550件　　　　　2022年5月　　　　金额单位：元

项目	成本项目					
	B半成品	A半成品	直接材料	直接人工	制造费用	合计
还原前总成本						
B半成品成本构成						
B半成品成本还原						
A半成品成本构成						
A半成品成本还原						
还原后总成本						
还原后单位成本/（元/件）						

表10-49　产品成本还原计算表（二）

产品名称：甲　　　　　　　产量：550件　　　　　2022年5月　　　　金额单位：元

项目	成本还原分配率	成本项目					
		B半成品	A半成品	直接材料	直接人工	制造费用	合计
还原前总成本							
本月所产B半成品成本							
B半成品成本还原							
本月所产A半成品成本							
A半成品成本还原							
还原后总成本							
还原后单位成本/（元/件）							

实训十六：平行结转分步法实训

（一）实训目的

通过实训，让学生掌握平行结转分步法的含义、适用范围、特点和成本核算程序，熟练运用成本核算的平行结转分步法进行成本核算。

（二）实训资料

工贸棉纺厂生产的甲产成品顺序经过第一车间、第二车间、第三车间3个基本生产车间进行加工。原材料在第一车间生产开始时一次性投入，各车间工资和费用发生比较均衡，月末本车间在产品完工程度约为50%，2022年5月有关成本核算资料如下。

1. 生产数量资料（见表10-50）。

表10-50　生产数量资料

产品名称：甲　　　　　　　　　　　　2022年5月　　　　　　　　　　　　单位：件

项目	第一车间	第二车间	第三车间
月初在产品数量	50	100	200
本月投入或上一步骤转入数量	550	500	500
本月完工转入下一步骤或交库数量	500	500	550
月末在产品数量	100	100	150

2. 生产费用资料（见表10-51）。

表10-51　生产费用资料

产品名称：甲　　　　　　　　　　　　2022年5月　　　　　　　　　　　金额单位：元

项目	第一车间	第二车间	第三车间
月初在产品成本	321 250	175 000	70 000
其中：直接材料	175 000		
直接人工	81 250	100 000	40 000
制造费用	65 000	75 000	30 000
本月本步骤发生生产费用	511 250	350 000	367 500
其中：直接材料	275 000		
直接人工	131 250	200 000	210 000
制造费用	105 000	150 000	157 500

（三）实训要求

1. 根据资料采用平行结转分步法计算各生产步骤的甲产品成本，计入产品生产成本明细账和产品成本核算汇总表。

2. 根据产品成本核算汇总表编制会计分录结转完工产品的成本。

（四）实训准备

1. 从本步骤发生的生产费用构成、期末成本分配等方面了解平行结转分步法的特点，掌握平行结转分步法的成本核算步骤和技能，并注重与逐步综合结转分步法进行比较。

2. 准备好成本核算必要的会计资料和工具：转账凭证1张，产品生产成本明细账3张，产品成本核算汇总表1张等。

（五）实训过程

1. 根据上述资料开设 3 个生产步骤的产品生产成本明细账和完工产品成本核算表（见表 10-52 至表 10-55）。
2. 根据成本费用资料，在 3 个生产步骤的成本核算单上填列各步骤的成本费用金额。
3. 期末对 3 个车间的成本进行分配，计算各个车间应计入完工产品的成本份额。
4. 结转并汇总计算甲完工产品的总成本和单位成本，结转完工产品成本。
5. 编制结转的会计分录。

表 10-52　第一车间产品生产成本明细账

产品名称：甲　　　　　　　　　　2022 年 5 月　　　　　　　　　　金额单位：元

项目		直接材料	直接人工	制造费用	合计
月初在产品成本					
本月发生生产费用					
生产费用合计					
最终产成品数量/件					
在产品约当量	本步骤在产品约当量/件				
	已交下一步骤未完工半成品/件				
	在产品约当量小计/件				
生产总量（分配标准）/件					
单位产成品成本份额/（元/件）					
结转本月 550 件产成品成本份额					
月末在产品成本					

表 10-53　第二车间产品生产成本明细账

产品名称：甲　　　　　　　　　　2022 年 5 月　　　　　　　　　　金额单位：元

项目		直接材料	直接人工	制造费用	合计
月初在产品成本					
本月发生生产费用					
生产费用合计					
最终产成品数量/件					
在产品约当量	本步骤在产品约当量/件				
	已交下一步骤未完工半成品/件				
	在产品约当量小计/件				
生产总量（分配标准）/（元/件）					
单位产成品成本份额					
结转本月 550 件产成品成本份额					
月末在产品成本					

表 10-54　第三车间产品生产成本明细账

产品名称：甲　　　　　　　　　　　　　2022 年 5 月　　　　　　　　　　　金额单位：元

项目		直接材料	直接人工	制造费用	合计
月初在产品成本					
本月发生生产费用					
生产费用合计					
最终产成品数量 / 件					
在产品约当量	本步骤在产品约当量 / 件				
	已交下一步骤未完工半成品 / 件				
	在产品约当量小计 / 件				
生产总量（分配标准）/（元 / 件）					
单位产成品成本份额					
结转本月 550 件产成品成本份额					
月末在产品成本					

表 10-55　产品成本核算汇总表

产品名称：甲　　　　　　　产量：550 件　　　　　　　2022 年 5 月　　　　　金额单位：元

车间	直接材料	直接人工	制造费用	合计
第一车间应计入完工产品的成本份额				
第二车间应计入完工产品的成本份额				
第三车间应计入完工产品的成本份额				
本月完工产品总成本				
本月完工产品单位成本 /（元 / 件）				

项目十一 成本核算的辅助方法

ITEM 11

学习目标
○ 了解成本核算辅助方法的特点和适用范围
○ 理解分类法、定额成本法计算的基本原理
○ 掌握分类法、定额成本法的计算应用

能力目标
○ 能根据企业生产特点选择相应的成本核算辅助方法
○ 能运用分类法、定额成本法核算产品成本

思政目标
○ 培养学生团队精神和协作精神
○ 培养学生谨慎的工作态度，做事认真仔细
○ 培养学生良好的职业判断能力，成本计算准确无误

任务一 分类法

一、分类法的特点及适用范围

（一）分类法的概念

分类法是将不同品种、规格的产品按某种标准归类，把产品的类别作为成本核算对象，开设基本生产成本明细账，归集生产费用，计算各类完工产品总成本，在计算出各类完工产品成本的基础上按一定标准在类别内部各种产品之间分配费用的一种成本核算方法。其成本核算经过按产品类别分配和类内产品分配两个阶段，最终形成完工产品成本。

（二）分类法的特点

分类法的特点主要表现在以下几个方面。

1. 成本核算对象

分类法以产品的类别为成本核算对象，并开设基本生产成本明细账，归集该类别产品发生的生产费用，汇总计算出该类产品总成本。直接费用直接计入；各类产品共同耗用的费用，采用一定的分配标准分配计入。

2. 成本核算期

成本核算期由产品成本核算的基本方法决定。对于大量大批生产，如果用分类法结合品种法或分步法进行成本核算，则应定期在月末进行；如果与分批法结合运用，则成本核算期可不固定，而与生产周期一致。

3. 生产费用在完工产品和在产品之间的分配

月末生产费用总额通常要在每类完工产品和在产品之间分配，同时还要在类内不同品种（或规格）产品之间，采用适当的方法对完工产品的成本进行分配。

4. 分类法不能独立使用

分类法作为一种非独立的成本核算方法，要根据类内产品的生产工艺与组织特点，与品种法、分批法、分步法结合使用。

（三）分类法适用范围

1. 产品的品种或规格繁多并可以对产品进行合理分类的企业

只要产品品种规格繁多，并可以按照一定标准进行分类的企业均可采用分类法。例如，照明企业不同类别和瓦数的灯泡生产，电子元件企业不同类别和规格的电子元件的生产等。

2. 生产联产品、副产品和等级产品的企业

有些工业企业在生产过程中对同一种原料进行加工，可以同时生产出几种主要产品、非主要产品和质量不同的产品，它们分别是联产品、副产品和等级产品。例如，炼油厂可以从原油中同时提炼出汽油、煤油和柴油等几种主要产品，在炼油过程中产生渣油、石油焦等。这些产品负担的生产费用一般需要采用一定的分配方法确定，但必须采用分类法计算各种产品的成本。

3. 除主要产品外，还生产一些零星产品的企业

这些零星产品在生产工艺以及原材料的消耗上不一定相近，但它们的品种、规格多，数量少，费用比重小，为了简化核算，这些零星产品也可以归为一类，用分类法计算成本。

（四）影响分类法成本核算的因素

合理划分产品类别，选择适当的类内分配标准，是影响分类法成本核算的关键因素。

1. 确定产品类别

一般应将产品的结构、生产工艺技术和所耗原材料基本相同或相近的产品归为一类。如果类距规定过大，就会影响成本核算正确性；如果类距规定过小，就会使成本核算工作变复杂。

2. 选择类内产品费用分配标准

类内产品费用分配标准有：定额消耗量、定额费用、售价，以及产品的重量、体积和长度等定额类、成果类、消耗类标准。

3. 选择分配标准

应尽量选择与产品成本高低关系较大的分配标准。各成本项目可采用同一分配标准，也可采用不同分配标准，以使分配结果更合理。

二、分类法的成本核算程序

在分类法下，产品成本核算的基本程序可归纳如下。

（一）合理确定产品类别，按产品类别设立生产成本明细账

在采用分类法计算产品成本时，首先，要将产品按照性质、结构、用途、生产工艺过程、耗用原材料的不同标准，划分为若干类别，例如，制鞋厂可以按照耗用的不同原材料将产品分为塑料鞋、布鞋、皮鞋等，轧钢厂可以根据产品的结构将产品分为圆钢、钢板、角钢、钢管等类别；其次，要把产品类别作为成本核算对象设立生产成本明细账。

（二）归集生产费用，计算各类别完工产品的总成本

根据生产费用的用途，区分类别产品的生产费用情况，在按产品类别开设的生产成本明细账内，按照规定的成本项目汇集生产费用，期末采用适当的方法在各类完工产品与月末在产品之间分配生产费用，计算各类完工产品的总成本。

（三）采用适当方法，计算类内各种产品成本

类别产品成本核算完成后，计算分配类内各种产品的成本，即在计算出每类产品的总成本后，选择合理的分配标准，在每类产品的各种产品之间分配生产费用，计算每类产品内各种产品的总成本。

计算类内各种产品成本的方法通常有定额比例法和系数分配法两种。

1. 定额比例法

在一些定额管理基础较好，定额资料完整、准确、稳定的企业里，可按类内各种产品的定额成本或定额耗用量的比例分配计算各种产品的成本。其计算公式如下：

费用分配率＝该类产品该项费用总额／类内各种产品该项费用的定额成本（或定额消耗量）之和

类内某种产品某项费用实际成本＝类内该产品该项费用的定额成本（或定额消耗量）× 费用分配率

2. 系数分配法

系数分配法是将分配标准折算成相对固定的系数，按照系数比例分配同类产品内各种（规格）产品的成本。系数分配法的实际应用步骤如下。

（1）要在类内产品中选择一种产量大、生产稳定、规格适中的产品作为标准产品，把标准产品的单位系数定为"1"。

（2）应将类内其他各种产品与标准产品进行比较，分别求出其他产品与标准产品的比例，即"系数"。

某产品系数 ＝ 该产品售价（或定额耗量、体积等）／标准产品售价（或定额耗量、体积等）

（3）每种产品的系数确定以后，将类内各种产品的实际产量，分别乘以该种产品的系数，折算为总系数。总系数又称为"标准产量"，是系数分配法的分配标准。

某产品总系数（标准产量）＝该产品实际产量 × 该产品系数

（4）根据分配标准，计算出费用分配率以后，即可计算出类内各种产品的实际总成本和单位成本。

费用分配率＝该类产品应分配的费用总额／各种产品总系数之和

某产品应分配费用＝该产品总系数 × 费用分配率

想一想： 分类法的核心是什么？按类别归集生产费用并计算出一类产品成本后，是否需要按品种计算产品成本？

三、分类法应用举例

【例 11-1】工贸公司甲类产品中有 A、B、C、D 四种产品，其中，B 产品为标准产品，类内产品的费用分配标准为：材料按系数分配法分配，材料系数按费用定额确定，直接人工和制造费用按实际工时分配。

2022 年 4 月的相关材料如下。

（1）产品的直接材料定额：A 产品为 18 元／件、B 产品为 10 元／件、C 产品为 24 元／件、D 产品为 8 元／件。

（2）各种产品生产工时统计：A 产品为 5 600 小时、B 产品为 4 000 小时、C 产品为 6 000 小时、

D产品为4 400小时。

（3）本月各种产品完工产品产量：A产品为100件、B产品为120件、C产品为90件、D产品为150件。

（4）甲类产品月初在产品成本、本月发生费用、完工产品成本和月末产品成本资料，见甲类产品的"基本生产成本明细账"，如表11-1所示。

表11-1　基本生产成本明细账

产品类别：甲类　　　　　　　　　　　产品名称：A、B、C、D　　　　　　　　　金额单位：元

2022年		凭证		摘要	直接材料	直接人工	制造费用	合计
月	日	种类	编号					
4	1			月初在产品成本	45 860	16 980	12 360	75 200
4	30			本月发生费用	135 000	39 850	35 640	210 490
4	30			生产费用合计	180 860	56 830	48 000	285 690
4	30			产成品成本	143 100	42 800	37 000	222 900
4	30			月末在产品成本	37 760	14 030	11 000	62 790

要求：采用分类法计算各种产品的产成品成本。

甲类产品成本核算过程如下。各种产品的原材料费用总系数如表11-2所示。

表11-2　各种产品原材料费用系数计算表

产品名称	材料定额/（元/件）	单位产品系数	完工产品产量/件	总系数
A	18	1.8	100	180
B	10	1	120	120
C	24	2.4	90	216
D	8	0.8	150	120
合计	—	—	—	636

（1）计算各种产品的产成品直接材料。

材料费用分配率＝143 100/636＝225（元/件）

A产品的产成品直接材料＝225×180＝40 500（元）

B产品的产成品直接材料＝225×120＝27 000（元）

C产品的产成品直接材料＝225×216＝48 600（元）

D产品的产成品直接材料＝225×120＝27 000（元）

（2）计算各种产品的产成品直接人工。

直接人工分配率＝42 800/（5 600＋4 000＋6 000＋4 400）＝2.14（元/小时）

A产品的产成品直接人工＝2.14×5 600＝11 984（元）

B产品的产成品直接人工＝2.14×4 000＝8 560（元）

C产品的产成品直接人工＝2.14×6 000＝12 840（元）

D产品的产成品直接人工＝2.14×4 400＝9 416（元）

（3）计算各种产品的产成品制造费用。

制造费用分配率＝37 000/（5 600＋4 000＋6 000＋4 400）＝1.85（元／小时）

A产品的产成品制造费用＝1.85×5 600＝10 360（元）

B产品的产成品制造费用＝1.85×4 000＝7 400（元）

C产品的产成品制造费用＝1.85×6 000＝11 100（元）

D产品的产成品制造费用＝1.85×4 400＝8 140（元）

（4）各种产品的产成品成本合计。

A产品的产成品成本合计＝40 500＋11 984＋10 360＝62 844（元）

B产品的产成品成本合计＝27 000＋8 560＋7 400＝42 960（元）

C产品的产成品成本合计＝48 600＋12 840＋11 100＝72 540（元）

D产品的产成品成本合计＝27 000＋9 416＋7 140＝44 556（元）

根据上述计算编制产成品成本核算表，如表11-3所示。

表11-3 产成品成本核算表

2022年4月　　　　　　　　　　　　　　　　　　金额单位：元

项目	产量／件	材料费用定额／（元／件）	单位产品材料系数	材料费用总系数	实际工时／小时	直接材料	直接人工	制造费用	成本合计
分配率	—	—	—	—	—	225	2.14	1.85	—
A产品	100	18	1.8	180	5 600	40 500	11 984	10 360	62 844
B产品	120	10	1	120	4 000	27 000	8 560	7 400	42 960
C产品	90	24	2.4	216	6 000	48 600	12 840	11 100	72 540
D产品	150	8	0.8	120	4 400	27 000	9 416	8 140	44 556
合计	460	—	—	636	20 000	143 100	42 800	37 000	222 900

根据甲类产品类内各种产成品成本核算表及产成品验收入库单，编制会计分录如下。

借：库存产品——甲类产品——A产品　　　　　　　　　　　　　　62 844
　　　　　　　　　　　　——B产品　　　　　　　　　　　　　　42 960
　　　　　　　　　　　　——C产品　　　　　　　　　　　　　　72 540
　　　　　　　　　　　　——D产品　　　　　　　　　　　　　　44 556
　　贷：基本生产成本——甲类产品　　　　　　　　　　　　　　　222 900

【例11-2】 工贸公司为大量大批单步骤生产企业，生产A_1、A_2、A_3三种型号的产品，所耗的原材料相同，工艺相近。为了简化成本核算工作，故将其归集为一类（A类）计算，采用分类法计算产品成本。类内各种产品之间分配费用的标准为：原材料费用按各种产品原材料定额成本系数分配计算（以A_2产品为标准产品）；其他费用按定额工时比例分配。期初、期末在产品成本按年初固定数计算。A类产品8月有关产量、费用等资料如表11-4、表11-5所示。

表 11-4　A 类产品产量及定额记录

产品名称	产量 / 件	原材料单位定额成本 /（元 / 件）	工时定额 / 小时
A_1	10 000	270	10
A_2	12 000	300	12
A_3	5 000	450	15

表 11-5　A 类产品费用资料　　　　　　　　　　　　　　　　　　金额单位：元

摘要	直接材料	直接人工	制造费用	合计
月初在产品成本	40 000	3 000	5 000	48 000
本月发生生产费用	900 600	111 650	175 450	1 187 700
生产费用合计	940 600	114 650	180 450	1 235 700

其计算过程如下。

（1）按产品类别（A 类）开设产品成本明细账，如表 11-6 所示。

表 11-6　产品成本明细账

产品名称：A 类　　　　　　　　　　2011 年 8 月　　　　　　　　　　金额单位：元

摘要	直接材料	直接人工	制造费用	合计
月初在产品成本	40 000	3 000	5 000	48 000
本月发生生产费用	900 600	111 650	175 450	1 187 700
生产费用合计	940 600	114 650	180 450	1 235 700
本月完工产品成本	900 600	111 650	175 450	1 187 700
期末在产品成本	40 000	3 000	5 000	48 000

（2）以 A_2 产品为标准产品，确定 A_1、A_2、A_3 三种产品的用料系数。编制"产品原材料费用系数计算表"，如表 11-7 所示。

表 11-7　产品原材料费用系数计算表

产品名称	原材料单位定额成本 /（元 / 件）	原材料费用系数
A_1	270	0.9
A_2	300	1
A_3	450	1.5

（3）采用分类法计算 A_1、A_2、A_3 三种产品成本，并编制 A 类产品内各种产品成本核算表，如表 11-8 所示。

表 11-8　A 类产品内各种产品成本核算表　　　　　　　　　　　金额单位：元

项目（1）	产量/件（2）	原材料费用系数（3）	原材料费用总系数（4）	定额工时系数（5）	定额工时/小时（6）	直接材料（7）	直接人工（8）	制造费用（9）	合计
			=（2）×（3）		=（2）×（5）	=（4）×分配率	=（6）×分配率	=（6）×分配率	（10）
分配率						31.6	0.35	0.55	
A_1 产品	10 000	0.9	9 000	10	100 000	284 400	35 000	55 000	374 400
A_2 产品	12 000	1	12 000	12	144 000	379 200	50 400	79 200	508 800
A_3 产品	5 000	1.5	7 500	15	75 000	237 000	26 250	41 250	304 500
合计	27 000		28 500		319 000	900 600	111 650	175 450	1 187 700

各种费用分配率计算如下。
（1）原材料费用分配率 = 900 600 ÷ 28 500 = 31.6（元/件）
（2）直接人工分配率 = 111 650 ÷ 319 000 = 0.35（元/小时）
（3）制造费用分配率 = 175 450 ÷ 319 000 = 0.55（元/小时）

四、联产品、副产品的成本核算

（一）联产品的成本核算

1．联产品的概念

联产品，是指使用同种原材料、经过同一个加工工艺过程同时生产出的具有同等地位、不同用途的主要产品。这些产品在经济上都有重要意义。例如，炼油厂同时利用原油加工成汽油、柴油、煤油等主要产品；豆制品加工厂可以同时生产出豆浆、豆花、豆腐、豆皮等主要产品；炼焦厂在炼焦过程中同时生产出焦炭和煤气等。

2．联产品的主要特征

（1）联产品都是企业的主要产品，是企业生产活动的主要目标。
（2）联产品成本核算的关键是联合成本的分配计算，即确定分离点。
（3）联产品销售价格较高，对企业收入有较大贡献。
（4）要生产一种产品，通常需要生产所有联产品。

3．联产品的成本核算

企业在生产中投入相同的原材料，经过同一生产过程后，在某一"点"分离各种联产品，通常称这一点为"分离点"。分离后的联产品，有的可以直接出售，有的需要进一步加工再出售。通常把这些分离前发生的成本称为"联合成本"或"共同成本"，把进一步加工的成本称为"可归属成本"或"专属成本"。联产品应负担的联合成本与可归属成本之和即该联产品的成本。联产品成本构成，如图 11-1 所示。

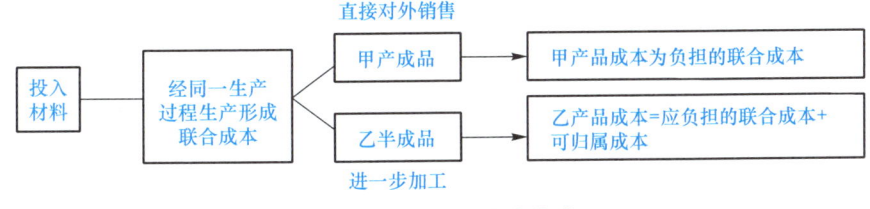

图 11-1　联产品成本构成

由图 11-1 可知，联产品成本核算的关键是联合成本的分配。联产品成本核算本质上也是分类法的典型应用。联合成本的分配方法常用的有系数分配法、实物量分配法、销售价值分配法和净实现价值分配法等。目前，我国使用较多的是系数分配法。

系数分配法是将各种联产品的实际产量按事前规定的系数折算为相对生产量，然后将联产品的联合成本按各种联产品的相对产量比例分配。

【例 11-3】工贸公司本月甲类产品联合成本资料为：直接材料 1 440 万元，直接人工 1 505 万元，制造费用 4 730 万元，合计 7 675 万元。甲类产品包括 A、B、C 三种产品。类内产品成本采用系数分配法进行分配。A、B、C 三种产品的材料费用系数分别为 1.2、1、0.8，加工费用项目系数依据工时定额计算。A、B、C 三种产品的工时定额分别为 200 小时/件、400 小时/件、360 小时/件。本月 A、B、C 三种产品完工产量分别为 50 000 件、60 000 件、30 000 件。

要求：根据资料分配联合成本，计算各种产品的成本。

（1）总系数计算，如表 11-9 所示。

表 11-9 总系数计算表

产品名称	实际产量/件	材料项目		加工项目		
		系数	总系数	工时定额/(小时/件)	系数	总系数
A	50 000	1.2	60 000	200	0.5	25 000
B	60 000	1	60 000	400	1	60 000
C	30 000	0.8	24 000	360	0.9	27 000
合计			144 000			112 000

（2）产品成本核算，如表 11-10 所示。

表 11-10 产品成本核算表　　　　　　　　　　　　　　　　金额单位：元

产品	实际产量/件	分配标准		总成本				单位成本/(元/件)
		材料项目总系数	加工项目总系数	直接材料	直接人工	制造费用	合计	
A	50 000	60 000	25 000	600 000	336 000	1 056 000	1 992 000	39.84
B	60 000	60 000	60 000	600 000	806 000	2 534 000	3 940 000	65.67
C	30 000	24 000	27 000	240 000	363 000	1 140 000	1 743 000	58.1
合计		144 000	112 000	1 440 000	1 505 000	4 730 000	7 675 000	

各种费用分配率计算如下：

材料费用分配率 = 1 440 000 ÷ 144 000 = 10（元/件）

工资费用分配率 = 1 505 000 ÷ 112 000 = 13.437 5（元/件）

制造费用分配率 = 4 370 000 ÷ 112 000 = 42.232 1（元/件）

（二）副产品成本核算

1. 副产品的含义

有些企业在生产主要产品的过程中，还会附带生产出一些非主要产品，这些非主要产品一般称为"副产品",如炼油过程中产生的渣油、石油焦,肥皂生产中产生的甘油,机械加工企业生产中产生的金属屑,木材加工企业生产中产生的锯末等。副产品虽然不是企业的主要产品,但有经济价值并可对外销售,因此应加强管理和核算。

2. 副产品的特点

(1)副产品在企业的生产中所占比重较小。
(2)副产品不是独立的生产过程,与主产品的生产状况密切相关。
(3)副产品可以作为产品独立出售。

3. 副产品的成本核算方法

由于副产品不是主要产品,为了简化成本核算工作,可以首先采用与分类法相类似的方法计算成本,即将副产品与主产品合为一类产品并设立生产成本明细账,归集生产费用、计算产品成本;其次将副产品按照一定的方法计价,从生产成本明细账归集的主、副产品总成本中扣除,并把主副产品总成本扣除副产品成本以后的余额,作为主产品的实际总成本。

在计算副产品的成本时,一般是将主、副产品合并为一类产品,按类归集生产费用,月末采用一定的标准进行类内产品的分配。

(1)与一般的分类法相同,月末将生产部门发生的共同费用按照一定的标准在主、副产品之间进行分配。

【例 11-4】 某企业在生产 A 产品的同时,还可以附带生产出一种甲原料,对甲原料进行再加工,可以生产出对外出售的 B 产品,两种产品在同一个车间生产。企业为了简化核算,将两种产品作为一类产品进行成本核算,其中,A 产品是主产品,B 产品是副产品。A、B 产品费用分配标准为:B 产品的材料费用按费用定额 5 元/千克计价,并从材料费用总额中扣除,本月生产甲原料为 800 千克,对其中的 600 千克进行了再加工;该车间本月发生材料费用 20 500 元。该车间本月生产 A、B 产品共发生直接人工 105 300 元,制造费用 42 390 元,按定额工时比例在 A、B 产品之间分配,A、B 产品定额工时资料如表 11-11 所示。

表 11-11 产品定额工时计算表

产品名称	工时定额/(小时/件)	产量/件	定额工时/小时
A	50	500	25 000
B	20	100	2 000
合计	—	—	27 000

本月 A、B 产品的月初在产品资料和月末在产品资料为定额成本,其中,A 在产品直接材料定额为 32.5 元/件,直接人工定额为 23.5 元/件,制造费用定额为 27.5 元/件;B 在产品直接材料定额为 24 元/件,直接人工定额为 70 元/件,制造费用定额为 28 元/件。

成本核算步骤如下。

①计算 A 产品、B 产品材料费用:
甲原料 800 千克承担原料成本 = 800×5 = 4 000(元)
其中,600 千克进行了再加工生产 B 产品,其余 200 千克库存。
A 产品本月承担材料费用 = 20 500 - 4 000 = 16 500(元)
B 产品本月发生材料费用 = 600×5 = 3 000(元)

②计算 A 产品、B 产品直接人工:
直接人工分配率 = 105 300/27 000 = 3.9(元/小时)

A产品分摊的直接人工＝3.9×25 000＝97 500（元）
B产品分摊的直接人工＝3.9×2 000＝7 800（元）
③计算A产品、B产品制造费用：
制造费用分配率＝42 390 / 27 000＝1.57（元 / 小时）
A产品分摊的制造费用＝1.57×25 000＝39 250（元）
B产品分摊的制造费用＝1.57×2 000＝3 140（元）
根据上述计算结果，登记"基本产品成本明细账"，如表11-12、表11-13所示。

表11-12 基本生产成本明细账（一）

产品名称：A　　　　　　　　　　　　　　　　　　　　　　　　　　　　　　金额单位：元

凭证		摘要	产量/件	直接材料	直接人工	制造费用	合计
种类	编号						
略	略	月初在产品（定额成本）	200	6 500	4 700	5 500	16 700
		本月发生费用	400	20 500	97 500	39 250	157 250
		减：原料	800（千克）	4 000	—	—	4 000
		生产费用合计	600	23 000	102 200	44 750	169 950
		完工产品成本	500	19 750	99 850	42 000	161 600
		单位成本/（元/件）	—	39.5	199.7	84	323.2
		月末在产品（定额成本）	100	3 250	2 350	2 750	8 350

注：甲原料的成本4 000（800×5）元从直接材料成本中一次性扣除。

表11-13 基本生产成本明细账（二）

产品名称：B　　　　　　　　　　　　　　　　　　　　　　　　　　　　　　金额单位：元

凭证		摘要	产量/件	直接材料	直接人工	制造费用	合计
种类	编号						
略	略	月初在产品（定额成本）	50	700	1 500	800	3 000
		本月发生费用	120	3 000	7 800	3 140	13 940
		生产费用合计	170	3 700	9 300	3 940	16 940
		完工产品成本	100	2 720	7 200	2 820	12 740
		单位成本/（元/件）	—	27.2	72	28.2	127.4
		月末在产品（定额成本）	70	980	2 100	1 120	4 200

（2）事先确定副产品的固定成本，月末按固定成本核算副产品成本，总成本减去副产品的成本即主产品成本。这种方法比较简单，但是计算的结果有一定的假设性，副产品成本估算得过高或过低，都会影响主产品的成本水平。

【例11-5】 沿用【例11-4】的相关资料，采用简化的计算方法，事先确定B产品的单位固定成本为：直接材料28元/件、直接人工85元/件、制造费用24元/件。按固定成本扣除副产品成本，可以不设置B产品成本明细账，将费用全部归集在A产品的基本生产成本明细账中，直接进行计算,如表 11-14 所示。

表 11-14 基本生产成本明细账　　　　　　金额单位:元

凭证		摘要	产量/件	直接材料	直接人工	制造费用	合计
种类	编号						
		月初在产品(定额成本)	200	6 500	4 700	5 500	16 700
		本月发生费用	400	20 500	105 300	42 390	168 190
略	略	费用合计		27 000	110 000	47 890	184 890
		减:B产品成本(固定成本)		2 800	8 500	24 00	13 700
		A完工产品成本	500	20 950	99 150	42 740	162 840
		单位成本/(元/件)	—	41.90	198.30	85.48	325.68
		月末在产品(定额成本)	100	3 250	2 350	2 750	8 350

根据上述计算,编制"产成品成本汇总表",如表 11-15 所示。

表 11-15　产成品成本汇总表　　　　　　金额单位:元

产品名称	产量/件	总成本				单位成本/(元/件)
		直接材料	直接人工	制造费用	合计	
A	500	20 950	99 150	42 740	162 840	325.68
B	100	2 800	8 500	2 400	13 700	137
合计	—	23 750	107 650	45 140	176 540	—

(3)按照副产品的售价减去销售税金和销售利润以后的余额计价(若副产品与主产品分离以后需要再加工,则需要加上再加工的可归属成本)。按照企业制定的副产品计划(或定额)成本计价。采用上述方法计算确定的副产品成本为简化计算,通常可以从主、副产品总成本中的直接材料项目扣除,以求得主产品的总成本。

【例 11-6】 某企业在生产 A 产品的同时,附带生产出了丙副产品,丙副产品分离后要进一步加工后才能出售。本月 A 产品及副产品共发生成本 150 000 元,其中,直接材料占 50%,直接人工占 20%,制造费用占 30%。丙副产品进一步加工发生直接人工 2 000 元,制造费用 2 500 元。本月生产 A 产品 2 500 千克,丙副产品 2 000 千克。丙副产品单位售价为 12 元/千克,单位税金和利润合计为 2 元。

丙副产品应负担的联合成本=2 000×(12-2)-(20 00+2 500)=15 500(元)

"副产品成本核算单"如表 11-16 所示。

表 11-16　副产品成本核算单

产品名称:丙　　　　　产量:2 000 千克　　　　　年　月　日　　　　金额单位:元

成本项目	分摊的联合成本	可归属成本	副产品总成本	副产品单位成本/(元/千克)
直接材料	7 750	0	7 750	3.875
直接人工	3 100	2 000	5 100	2.55
制造费用	4 650	2 500	7 150	3.575
合计	15 500	4 500	20 000	10

在表 11-16 中，分摊的联合成本：

直接材料＝ 15 500×50% ＝ 7 750（元）

直接人工＝ 15 500×20% ＝ 3 100（元）

制造费用＝ 15 500×30% ＝ 4 650（元）

A 产品实际总成本＝ 150 000 － 15 500 ＝ 134 500（元）

A 产品单位成本＝ 134 500÷2 500 ＝ 53.8（元／千克）

随着生产发展和科学技术进步，有些工业企业需要综合治理废气、废液和废渣（以下简称"三废"）。"三废"一经利用就成了副产品，应该按照副产品的成本核算方法计算其成本。

在实际工作中，如果副产品的加工处理时间不长、费用不大，为了简化计算工作，副产品可以按计划单位成本计价，从主、副产品的生产费用总额中扣除，余额为主产品，大大简化了成本核算工作。

任务二　定额成本法

一、定额成本法的基本原理

（一）定额成本法的含义及特点

1. 定额成本

定额成本，是指根据企业现行材料消耗定额、工时定额、费用定额以及其他有关资料计算的一种成本控制目标。产品定额成本的制定过程也是对产品成本事前控制的过程。定额成本是计算产品实际成本的基础，也是企业对生产费用进行事中控制和事后分析的依据。

产品的定额成本与计划成本既有相同之处，又有不同之处。

（1）产品的定额成本与计划成本的相同之处。两者都是以生产耗费的消耗定额和计划单价为依据确定目标成本。例如，原材料费用定额是产品原材料消耗定额与原材料计划单价的乘积，生产工资费用定额是产品生产工时定额与生产工资计划单价的乘积，制造费用定额是产品生产工时定额与制造费用计划单价的乘积。

（2）产品的定额成本与计划成本的不同之处。企业制定的定额成本和计划成本都是成本控制的目标，定额成本和计划成本的制定过程都是对产品成本进行事前控制的过程。定额成本是根据企业现行消耗定额制定的，随着生产技术的进步和劳动生产率的提高，消耗定额必须不断修订，定额成本在年度内有可能因企业消耗定额的修订而发生变动；计划成本是根据企业计划期（通常为年度）内的平均消耗定额制定的，在计划期（年度）内，计划成本通常是不变的。同时，计划成本是企业计划年度内成本控制的目标，是考核和分析企业成本计划完成与否的依据；而定额成本是计算产品实际成本的基础，是生产费用日常（事中）控制的依据。

定额成本法既是成本管理方法，也是成本核算方法，它以产品的制造成本为对象，最终结果是产品的实际成本，因此可以作为计税和对外报告的依据。而计划成本法是一种合理的估计，计算的产品成本不能作为对外报告和计税的依据，因此只属于成本管理方法。

2. 定额成本法的含义

产品成本核算的定额成本法是以产品的定额成本为基础，加减脱离定额差异和定额变动差异，进而计算产品实际成本的一种方法。定额成本法是为了加强成本管理、进行成本控制，采用的一种成本核算与成本管理相结合的辅助方法。

3. 定额成本法的适用范围

定额成本法不是成本核算的基本方法，与企业生产类型没有直接联系。定额成本法主要适用于定额管理制度比较健全，定额管理基础工作比较好，产品生产已经定型，各项消耗定额比较准确、稳定的企业。

4. 定额成本法的特点

（1）事前制定产品的消耗定额、费用定额和定额成本，并将其作为降低成本的目标。

（2）在生产费用发生的当时将符合定额的费用和发生的差异分别核算，加强对成本差异的日常核算、分析和控制。

（3）月末在定额成本的基础上加减各种成本差异，计算产品的实际成本，为成本的定期分析和考核提供数据。

因此，定额成本法不仅是一种产品成本核算的方法，还是一种对产品成本进行直接控制、管理的方法。

5. 定额成本法的应用条件

采用定额成本法进行产品成本核算的主要目的是加强成本管理，这种方法和其他方法相比计算较为复杂，而且对企业的成本管理水平要求较高。因此，企业必须具备相应的条件才能采用定额成本法进行核算。定额成本法的应用条件主要有以下几个。

（1）企业有较完善的定额管理制度，各生产部门能够有效地贯彻定额计划。

（2）产品的生产工艺比较稳定，可以较准确地估算各项费用的定额标准。

（3）企业需要利用产品成本资料进行成本管理和成本分析，需要具备较完备的成本历史资料。

（二）定额成本法的基本核算原理

定额成本法与生产类型没有直接联系，其基本核算原理是：产品的实际成本是由定额成本、脱离定额差异、材料成本差异、定额变动差异4个因素组成。计算产品实际成本的基本公式为

产品实际成本＝定额成本 ± 脱离定额差异 ± 材料成本差异 ± 定额变动差异

1. 脱离定额差异

脱离定额差异，是指产品生产过程中各项实际发生的生产费用脱离现行定额的差异。脱离定额差异反映了企业各项生产费用支出的合理程度和执行现行定额的工作质量。从含义来看，脱离定额差异应当包括材料成本差异。但在实际工作中，为了便于产品成本的分析和考核，一般单独计算产品成本应负担的材料成本差异。

2. 材料成本差异

材料成本差异也是产品生产费用脱离定额差异的一部分，因为采用定额法计算产品成本的企业，原材料的日常核算总是按计划成本计价组织，所以原材料项目的脱离定额差异仅指消耗数量的差异（量差），其金额为原材料消耗数量差异与其计划单位成本的乘积，不包括材料成本差异（价差）。因此，应当单独计算产品成本应负担的材料成本差异，其金额是该产品按计划单位成本和材料实际消耗量计算的材料总成本与材料成本差异率的乘积。

3. 定额变动差异

定额变动差异，是指由于修订定额产生的新旧定额之间的差异，是定额自身变动的结果，与生产费用支出的节约和超支无关。企业年度内修订定额一般在月初进行，在有定额变动的月份，本月投入产品的定额成本是按新定额计算的，只有月初在产品的定额成本是按旧定额计算的。因此，定额变动差异是月初在产品账面定额成本与按新定额计算的定额成本之间的差异。

二、定额成本的计算

定额成本是根据企业现行材料消耗定额、工时定额、费用定额及其他有关资料计算的一种目标成本。

定额成本的制定，必须先制定单位产品的消耗定额、费用定额。产品的定额成本一般由企业的计划、技术、会计等部门共同制定。

当产品的零部件不多时，可以先根据零部件原材料的消耗定额、工序计划和工时消耗定额以及原材料的计划单价、计划小时工资率和计划小时费用率计算零部件定额成本，然后汇总计算零部件和产成品的定额成本。当产品的零部件较多时，为了简化成本核算工作，也可以不计算零部件定额成本，而是根据所有零部件原材料消耗定额、工序计划和工时消耗定额的零部件定额卡，以及原材料计划单价、计划的工资率和其他费用率，计算零部件定额成本；最后汇总计算产成品定额成本，或者根据零部件的定额卡直接计算产成品的定额成本。

为了便于进行成本分析和考核，定额成本包括的成本项目和计算方法，应该与计划成本、实际成本包括的成本项目和计算方法一致。

需要区分成本定额和定额成本两个概念：成本定额，是指企业根据产品的生产工艺确定的单位产品的消耗标准，是计算定额成本的基础；定额成本，是指企业根据产品产量和成本定额标准计算出的某个生产期的成本目标。要计算产品在某个生产期的定额成本，先要确定产品的成本定额，二者之间的关系如下：

$$某产品的定额成本 = 该种产品的成本定额 \times 本期产量$$

（一）材料定额成本的计算

1. 材料成本定额的确定

（1）消耗量定额的确定。企业应根据产品的生产工艺特点，将每种产品耗用的材料按材料种类分别确定定额消耗量，如果产品是连续式多步骤生产，而且材料是按生产步骤陆续投料的，就要分步骤确定材料消耗量定额，并将各步骤的定额汇总。

（2）计划单价的确定。采用定额成本法进行产品成本核算的企业，材料一般按计划成本计价，每种材料确定一个相对固定的计划价格，材料的入库、领用、结存等核算，在平时都按计划价格计算，月末再根据材料成本差异率计算发出材料应负担的成本差异。

（3）单位产品材料成本定额的确定。单位产品的材料成本定额计算公式如下：

$$材料成本定额 = \sum（消耗定额 \times 计划价格）$$

2. 定额成本的计算

材料成本定额确定后，可以根据产品的实际产量计算某产品的材料定额成本，计算公式如下：

$$产品的材料定额成本 = 该种产品的材料成本定额 \times 本期实际产量$$

（二）直接人工定额成本的计算

1. 成本定额的确定

（1）工时定额的确定。企业应根据产品的生产工艺特点确定每种产品的生产工时定额，如果产品是连续式多步骤生产的，就要分步骤确定生产工时定额，并将各步骤的定额汇总。

（2）单位工时直接人工费用的确定。

（3）单位产品直接人工成本定额的确定。根据工时定额和单位工时直接人工费用，单位产品直接人工成本定额计算公式如下：

$$单位产品直接人工成本定额 = \sum（工时定额 \times 单位工时直接人工）$$

2. 定额成本的计算

直接人工成本定额确定后，根据产品的实际产量计算出生产期的某产品人工定额成本。

某产品的人工定额成本＝该种产品的人工成本定额 × 本期实际产量

（三）制造费用定额成本的计算

1. 成本定额的确定

根据工时定额和单位工时制造费用，计算单位产品制造费用成本定额。

单位产品制造费用成本定额＝∑（工时定额 × 单位工时制造费用）

2. 定额成本的计算

确定了制造费用的成本定额后，根据产品的实际产量计算某生产期的产品制造费用定额成本。

某产品的制造费用定额成本＝该种产品的制造费用成本定额 × 本期实际产量

采用定额成本法计算产品成本，应当根据企业现行消耗定额和费用定额，按照企业确定的成本项目分产品品种（企业确定的成本核算对象）分别制定产品定额成本。定额成本制定后，要编制出各种产品的定额成本表。为了便于进行成本分析和考核，定额成本采用的成本项目和计算方法应当与计划成本、实际成本采用的成本项目和计算方法一致。

【例 11-7】大华工厂进行 A 产品的生产，当年 3 月，该厂投入 A 产品 300 件，月初在产品 25 件，月末完工 310 件，在产品 15 件。材料在生产时一次性投入，其定额资料如表 11-17 所示。

表 11-17　大华工厂产品消耗定额计算表

产品名称：A　　　　　　　　　　　　　　　　　　　　　　　　　　　　　　　金额单位：元

材料编号	计量单位	材料消耗定额/（千克/件）	计划单价/（元/件）	材料费用定额/（元/件）
C110	千克	90	5	450
工时定额/（小时/件）	直接工资		制造费用		产品定额成本合计
	工资率/（元/小时）	金额	费用率/（元/小时）	金额	
100	0.6	60	0.4	40	550

由表 11-17 得"本月定额成本表"，如表 11-18 所示。

表 11-18　本月定额成本表

产品名称：A　　　　　　　　　　　　　　　　　　　　　　　　　　　　　　　金额单位：元

成本项目	定额成本
直接材料	300×450 ＝ 135 000
直接人工	300×60 ＝ 18 000
制造费用	300×40 ＝ 12 000
合计	165 000

💡 **想一想**：在定额成本法下，期末完工产品的成本由哪几部分组成？采用定额成本法计算产品成本应具备哪些条件？

三、定额差异的计算

（一）脱离定额差异的计算

脱离定额差异，是指实际发生的费用与定额成本的差额，由于产品定额成本应当按照企业规定的成本项目制定，脱离定额差异也应当按照成本项目分别核算。

1. 直接材料脱离定额差异的计算

直接材料脱离定额差异包括材料耗用量差异（量差）和材料价格差异。材料价格差异即材料成本差异，一般单独计算。这里只指材料耗用量差异（量差），即生产过程中产品实际耗用材料数量与其定额耗用量之间的差异，用公式表示为

直接材料脱离定额差异＝原材料计划价格费用－原材料定额费用
＝实际消耗量×材料计划单价－定额消耗量×材料计划单价
＝（实际消耗量－定额消耗量）×材料计划单价（量差）

直接材料脱离定额差异计算方法，一般有限额领料单法、材料切割核算法和盘存法三种。

（1）限额领料单法。限额领料单法又叫"限额法"或"差异凭证法"，是指为了控制材料领用，在采用定额成本法时实行限额领料制度，符合定额的原材料应根据"限额领料单"等定额凭证领发。由于特殊原因需要超额领料或者领用代用材料时，应根据专设的"超额材料领料单""代用材料领料单"等差异凭证，经过一定的审批手续领发。办理退料手续时，"退料单"也应视为差异凭证。"超额材料领料单"上的材料数额，属于材料脱离定额的超支差异；"退料单"中所列的原材料数额和"限额领料单"中的原材料余额，都是原材料脱离定额的节约差异。

限额领料单法的计算步骤如下：
①根据定额成本资料和计划产量确定本月的材料领用限额，设置"限额领料单"；
②根据实际领料情况，分别填制"限额领料单"和"超额材料领料单"（或退料单）；
③计算领料差异；
④根据本月实际产量计算材料定额耗用量；
⑤根据材料定额耗用量和材料实际耗用量计算用料差异；
⑥计算材料费用脱离定额的差异。

【例 11-8】某企业甲产品 8 月的计划产量为 100 件，其材料消耗量定额为 10 千克/件，材料的计划单价为 6 元/千克，本月实际领料 800 千克。

要求：计算材料脱离定额差异。

假设出现如下三种情况。

第一种情况：本期投产产品数量等于限额领料单规定的产品数量，即本月实际产量为 100 件，且月初和月末均无余料，其领料差异就是材料耗用量差异。

领料限额＝10×100＝1 000（千克）

材料定额耗用量＝10×100＝1 000（千克）

领料差异＝800－1 000＝-200（千克）

材料耗用量差异＝800－1 000＝-200（千克）

材料脱离定额差异＝-200×6＝-1 200（元）（节约差异）

第二种情况：本期投产产品数量等于限额领料单规定的产品数量，即本月实际产量为 100 件，月初有余料 100 千克，月末有余料 20 千克。

领料限额＝10×100＝1 000（千克）

材料定额耗用量＝10×100＝1 000（千克）

领料差异＝800－1 000＝-200（千克）

材料耗用量差异＝（800＋100－20）－1 000＝-120（千克）

材料脱离定额差异＝-120×6＝-720（元）（节约差异）

第三种情况：本期投产产品数量不等于限额领料单规定的产品数量，如本月实际产量90件，月初有余料180千克，月末有余料10千克。

领料限额＝10×100＝1 000（千克）

材料定额耗用量＝10×90＝900（千克）

领料差异＝800－1 000＝-200（千克）

材料耗用量差异＝（800＋180－10）－900＝70（千克）

材料脱离定额差异＝70×6＝420（元）（超支差异）

需要注意的是，材料耗用脱离定额产生的差异（量差）与生产环节的管理有密切关系，领料差异不一定是用料差异。因为投产的数量不一定等于规定的产品数量，在期初、期末车间有余料（未办理退料手续）的情况下，所需原材料的数量也不一定等于原材料的实际消耗量。只有投产产品数量等于规定的产品批量且车间期初、期末均无余料或期初、期末余料数量相等时，领料（或发料）差异才是用料脱离定额的差异。这是进行材料成本分析的重点。

（2）材料切割核算法。为了核算用料差异，更好地控制用料，某些贵重材料或经常大量使用且需要在准备车间或下料工段切割后才能进一步加工的材料，如板材料、棒材等，除了采用限额领料单法以外，还采用材料切割核算法，填制"材料切割核算单"计算材料脱离定额的差异，控制用料。"材料切割核算单"应当按切割材料的批别开立，其中，填列发交切割材料的种类、数量、消耗定额以及应切割的毛坯数量；切割完成后，再填写实际切割成的毛坯数量和材料的实际消耗量等。在根据切割的毛坯数量和消耗定额计算出材料的定额耗用量后，可以与实际耗用量相比较，确定脱离定额差异。

采用"材料切割核算单"进行材料切割的核算，能及时反映材料的使用情况和发生差异的具体原因，有利于加强对材料消耗的控制和监督。在有条件的情况下，与车间或班组的经济核算结合起来可以收到更好的效果。

（3）盘存法。盘存法，是指通过定期盘存的方法核算材料脱离定额差异。

在大量生产，不能按照上述分批核算原材料脱离定额差异的情况下，除仍要使用限额领料单等定额凭证和超额领料单等差异凭证，以便控制日常材料的实际消耗外，还应定期通过盘存的方法核算差异。

盘存法核算材料脱离定额差异的过程如下。

①根据"产品入库单"等凭证记录的完工产品数量和实地盘存确定的期初及期末在产品数量，计算出本期投产产品数量。

本期投产产品数量＝本期完工产品数量＋期末盘存在产品数量－期初盘存在产品数量

②根据"限额领料单""超额材料领料单""退料单"等材料凭证以及车间余料的盘存数量，计算原材料实际消耗量。

③用本期投产产品数量乘以单位产品材料定额消耗量，计算出原材料定额消耗量；将材料实际消耗量与定额消耗量比较，计算出材料脱离定额差异。

$$\begin{matrix}直接材料\\脱离定额差异\end{matrix} = \left(\begin{matrix}本期材料\\实际消耗量\end{matrix} - \begin{matrix}本期材料\\产品数量\end{matrix} \times \begin{matrix}单位产品\\材料定额消耗量\end{matrix} \right) \times 材料计划单价$$

这种方法一般适用于原材料在生产开始时一次性投入的产品。

【例 11-9】 生产乙产品用C材料，乙产品期初在产品为50件。本期完工产品为1 000件，期末在产品为150件。生产乙产品用原材料系在生产开始时一次性投入，乙产品的原材料消耗定额为2千克/件，原材料的计划单价为10元/千克，"限额领料单"中载明的本期已实际领料数量为2 100千克，车间期初余料为50千克、期末余料为20千克。有关数据计算如下：

投产产品数量＝1 000＋150－50＝1 100（件）
原材料定额消耗量＝1 100×2＝2 200（千克）
原材料实际消耗量＝2 100＋50－20＝2 130（千克）
原材料脱离定额差异（数量）＝2 130－2 200＝－70（千克）(节约)
原材料脱离定额差异（金额）＝－70×10＝－700（元）(节约)

原材料的定额消耗量和脱离定额差异，应分批或定期按照成本核算对象汇总，编制原材料定额费用和脱离定额差异汇总表，自制半成品的定额消耗量、定额费用和脱离定额差异核算方法与原材料的相同。

2. 直接人工脱离定额差异的计算

（1）在计件工资制下，生产工人职工薪酬属于直接计入费用，其脱离定额差异的计算与原材料脱离定额差异的计算相类似，符合定额的生产工人职工薪酬，应该反映在产量记录中；脱离定额的差异通常反映在专设的"工资补付单"等差异凭证中，主要指在计件单价之外支付的工资、津贴、补贴等。

（2）在计时工资制下，生产工人职工薪酬属于间接计入费用，其脱离定额的差异不能在平时按照产品直接计算，只有在月末实际生产工人职工薪酬总额和产品生产总工时确定以后，才能按照下列公式计算。

某产品直接人工脱离定额差异＝该产品实际直接人工－该产品定额直接人工
＝该产品实际生产工时×实际小时费用率－该产品定额生产工时×
计划小时费用率

其中，

计划小时费用率＝计划产量的定额直接人工总额/计划产量的定额生产工时总额
实际小时费用率＝实际直接人工总额/实际生产工时总额

某产品实际产量的定额工时＝(该产品本月完工产品产量＋月末在产品约当产量－月初在产品约当产量)×单位产品工时定额

在定额成本法下，无论采用哪种工资形式，都应根据核算资料按照成本核算对象汇总编制定额直接人工和脱离定额差异汇总表，该汇总表反映产品的定额直接人工、实际直接人工、直接人工脱离定额差异及产生的原因等资料，以考核和分析各种产品直接人工定额的执行情况，并据以计算产品的直接人工，如表11-19所示。

表11-19 定额直接人工和脱离定额差异汇总表

2022年5月 金额单位：元

产品名称	定额直接人工			实际直接人工			脱离定额差异
	定额工时总额/小时	计划小时费用率/（元/小时）	定额人工费用总额	实际工时总额/小时	实际小时费用率/（元/小时）	实际人工费用总额	
A	80 000		160 000	75 000		157 500	－2 500
B	70 000		140 000	73 000		153 300	＋13 300
C	60 000		120 000	53 500		112 350	－7 650

续表

产品名称	定额直接人工			实际直接人工			脱离定额差异
	定额工时总额/小时	计划小时费用率/（元/小时）	定额人工费用总额	实际工时总额/小时	实际小时费用率/（元/小时）	实际人工费用总额	
D	10 000		20 000	12 000		25 200	+5 200
合计	220 000	2	440 000	213 500	2.1	448 350	8 350

3. 制造费用脱离定额差异的计算

制造费用是生产单位为生产产品和提供劳务发生的间接费用，在日常核算中不能分产品（成本核算对象）计算。各种产品应负担的定额制造费用和脱离定额差异，只有在月末时才能按照上述计时工资的计算公式确定（见表11-20）。

制造费用属间接计入费用，其脱离定额差异不能在平时按照产品直接计算，只有在月末按照以下公式计算。

某产品制造费用脱离定额差异＝该产品制造费用实际分配额－该产品定额制造费用

其中，

某产品定额制造费用＝该产品实际完成定额工时 × 计划小时制造费用分配率
某产品实际制造费用＝该产品实际生产工时 × 实际小时制造费用分配率
计划小时制造费用率＝计划产量的定额制造费用总额 / 计划产量的定额生产工时总额
实际小时制造费用率＝实际制造费用总额 / 实际生产工时总额

表 11-20 定额制造费用和脱离定额差异汇总表

2022 年 5 月　　　　　　　　　　　　　　　　　金额单位：元

产品名称	定额制造费用			实际制造费用			脱离定额差异
	定额工时总额/小时	计划小时费用率/（元/小时）	定额制造费用总额	实际工时总额/小时	实际小时费用率/（元/小时）	实际制造费用总额	
A	80 000		120 000	75 000		114 000	-6 000
B	70 000		105 000	73 000		110 960	+5 960
C	60 000		90 000	53 500		81 320	-8 680
D	10 000		15 000	12 000		18 240	+3 240
合计	220 000	1.5	330 000	213 500	1.52	324 520	-5 480

【例 11-10】 沿用【例 11-7】资料，大华工厂本次生产中发生直接材料 134 000 元，直接工资 18 200 元，制造费用 11 900 元。计算各成本项目的定额成本，编制"本月定额成本和脱离定额成本差异汇总表"（见表 11-21）。

表 11-21 本月定额成本和脱离定额成本差异汇总表　　　　　金额单位：元

成本项目	定额费用	实际费用	脱离定额差异
直接材料	300×450 = 135 000	134 000	-1 000
直接人工	300×60 = 18 000	18 200	+200
制造费用	300×40 = 12 000	11 900	-100

（二）材料成本差异的分配

材料成本差异是材料的价格差异。采用定额计算成本是为了便于产品的分析和考核，原材料的日常核算必须按计划成本进行。正因如此，原材料的定额费用和脱离定额的差异都按原材料的计划成本核算。原材料脱离定额差异只是以计划单价反映消耗量上的差异（量差），未包括价格因素。因此，月末在计算产品的实际原材料费用时，需计算耗用原材料应分摊的成本差异，即耗用原材料的价格差异。

某产品应分配的原材料成本差异＝原材料实际耗用量 × 材料计划单价 × 材料成本差异率
　　　　　　　　　　　　　＝（该产品原材料定额费用 ± 原材料脱离定额差异）× 材料成本差异率

【例 11-11】 沿用【例 11-10】资料，本月直接材料实际发生 134 000 元，材料成本差异率为节约差 3%，计算 A 产品应负担的材料成本差异。

A 产品应负担的材料成本差异＝ 134 000×（-3%）＝ -4 020（元）

【例 11-12】 某企业 2022 年 8 月生产甲产品 100 件，产品材料消耗量定额为 5 千克/件，月实际耗用材料 540 千克，材料的计划单价为 8 元/千克，本月材料成本差异率为 -2%。

要求：计算材料成本差异及甲产品的实际材料费用。

根据上述资料可以进行下列计算。

甲产品的材料定额成本＝ 5×100×8 ＝ 4 000（元）

甲产品的计划价格费用＝ 540×8 ＝ 4 320（元）

甲产品的材料脱离定额差异＝（540 - 5×100）×8 ＝ 320（元）

甲产品应分摊的材料成本差异＝（4 000 + 320）×（-2%）＝ -86.4（元）

甲产品的实际材料费用＝ 4 000 + 320 - 86.4 ＝ 4 233.6（元）

根据资料编制"材料成本差异分配表"，如表 11-22 所示。

表 11-22 材料成本差异分配表

2022 年 8 月　　　　　　　　　　　　　　　　　　　　　　　　　　　　金额单位：元

产品名称	定额费用	脱离定额差异	计划价格费用	材料成本差异率	材料成本差异	材料实际成本
甲	4 000	320	4 320	-2	-86.4	4233.6

各种产品应分配的材料成本差异，一般均由该产品的完工产品成本负担，月末在产品不再负担。

（三）定额变动差异的计算

1. 定额成本调整

定额成本调整额＝按新定额计算的月初在产品成本－按定额计算的月初在产品成本

注意：当定额降低时，为负数，从月初在产品定额中减去；当定额提高时，为正数，加入月初在产品定额。

2. 定额变动差异

定额变动差异是新旧定额之间的差额，即由于修订定额或生产耗费的计划价格产生的新旧定额之间的差额，是对月初按旧定额计算的定额成本按当月新定额进行的调整。在本月费用中调整定额成本，其调整额称为"定额变动差异"，其计算方法与定额成本调整额的计算方法是一样的，只是加减号正好相反。定额降低时，加入本月的成本；定额提高时，从本月的成本中减去。

定额成本调整额与定额变动差异额是对同一项目的调整处理，二者的金额相等，加减号相反，这样就避免了在发生定额调整的月份出现不合理费用。

定额成本的修订一般在月初、季初或年初定期进行，但在定额变动的月份，月初在产品的定额成本仍然按照旧定额计算，因此需要按新定额计算月初在产品的定额变动差异，用以调整月初在产品的定额成本。

定额变动的计算应分成本项目进行，计算公式如下：

月初在产品定额变动差异＝（新定额－旧定额）× 月初在产品中定额变动的零部件数量

在构成产品的零部件种类较多的情况下，可以将月初在产品按修订后的定额计算的定额成本与修订前的定额成本进行比较，计算出定额变动差异，也可先根据变动前后单位产品的定额成本计算一个定额变动系数，再据以确定月初在产品定额变动差异，计算公式如下：

月初在产品定额变动差异＝按旧定额计算的月初在产品费用×（1－定额变动系数）

定额变动系数 ＝ 按新定额计算的单位产品费用/按旧定额计算的单位产品费用

【例 11-13】 甲产品的一些零件从本月 1 日起实行新的原材料消耗定额，单位产品旧的原材料费用定额为 12 元，新的原材料费用定额为 11.4 元，该产品月初在产品按旧定额计算的原材料定额费用为 12 000 元，月初在产品定额变动差异计算结果如下。

定额变动系数＝ 11.4÷12 ＝ 0.95

月初在产品定额变动差异＝ 12 000×（1－0.95）＝ 600（元）

月初在产品定额变动差异通常表现为月初在产品价值的降低（贬值）。此时，应从月初在产品定额费用中扣除该项差异，加入本月产品成本；反之，则为月初在产品增值的差异，应加入月初在产品定额费用，同时从本月产品成本中扣除同等金额。

在有月初在产品定额变动差异时，产品实际成本的计算公式应补充为

在产品实际成本＝按现行定额计算的产品定额成本 ± 脱离现行定额差异 ± 原材料在产品成本差异 ± 月初在产品定额变动差异

一般，定额变动差异应按照定额成本比例在完工产品和月末在产品之间进行分配，因为这种差异不是当月工作的结果，不应全部计入当月完工产品成本。但是，若定额变动差异额较小，或者月初在产品本月全部完工，那么定额变动差异可以全部由完工产品负担，月末在产品不再负担。

在定额成本法下，产品实际成本的计算应在产品成本明细账中按照成本项目分别进行。但是为了适应定额法的要求，采用的产品成本明细账及各种费用分配表或汇总表都应按照定额消耗量、定额费用和各种差异分设专栏或专行，以便按照前述方式，以定额成本为基础加减各种差异计算产品实际成本。

四、产品实际成本的计算

定额成本法计算实际成本的基本过程如下。

（1）事先制定产品定额成本。根据消耗定额和费用定额，按照产品品种和规定的成本项目计算产品定额成本，编制产品定额成本核算表。

（2）按成本核算对象设置产品成本明细账，专栏内各成本项目应分设"定额成本""脱离定额差异""定额变动差异"等各小栏目。

（3）在定额成本修订的当月，应调整月初在产品的定额成本，计算月初定额变动。

（4）生产费用发生时，按成本项目将符合定额的费用和脱离定额的差异分别核算，并予以汇总。

（5）按确定的成本核算基本方法汇集各项费用和定额成本差异，按一定标准在完工产品和在产品之间分配。

（6）将本月完工产品的定额成本加减各种差异，调整计算出完工产品的实际成本。

产品实际成本＝产品定额成本 ± 脱离定额差异 ± 材料成本差异 ± 月初在产品定额变动差异

【例 11-14】 立新公司乙产品的生产工艺为单步骤大批量生产，企业采用品种法进行成本核算，由于该种产品的各种定额资料比较准确，在品种基础上采用定额成本法进行成本核算，2022 年 9 月相关资料如下。

（1）月初在产品的定额成本资料如表 11-23 所示。

表 11-23 月初在产品定额成本及差异表

产品名称：乙　　　　　　　　　　2022 年 9 月　　　　　　　　　　金额单位：元

成本项目	月初在产品成本				
	按旧定额计算的在产品成本	定额成本调整额	按新定额计算的在产品成本	脱离定额差异	材料成本差异
直接材料	8 000	-300	7 700	-50	
直接人工	5 000	+100	5 100	+80	-10
制造费用	3 000	—	3 000	+10	
合计	16 000	-200	15 800	+40	-10

（2）本月在产品定额成本资料，如表 11-24 所示。

表 11-24 本月在产品定额成本及差异表

产品名称：乙　　　　　　　　　　2022 年 9 月　　　　　　　　　　金额单位：元

成本项目	月初在产品成本			
	按新定额计算的产品成本	脱离定额差异	材料成本差异	定额变动差异
直接材料	16 300	-100		+300
直接人工	9 900	+150	+400	-100
制造费用	7 000	+30		—
合计	33 200	+80	+400	+200

（3）月末将脱离定额差异和材料成本差异按定额比例在完工产品与月末在产品之间分配，定额变动差异全部由完工产品承担，完工产品与月末在产品的定额成本资料如表 11-25 所示。

表 11-25 完工产品与月末在产品定额成本表

产品名称：乙　　　　　　　　　　2022 年 9 月　　　　　　　　　　金额单位：元

成本项目	完工产品定额成本	月末在产品定额成本
直接材料	18 000	6 000
直接人工	14 000	1 000
制造费用	8 000	2 000
合计	40 000	9 000

要求：计算本月完工产品和月末在产品的实际成本。

根据上述资料，计算如下：

材料脱离定额差异分配率 = [(-50) + (-100)] ÷ (7 700 + 16 300) = -0.63%

完工产品分摊的材料脱离定额差异＝－0.63%×18 000＝－113.4（元）
月末在产品分摊的材料脱离定额差异＝（－150）－（－113.4）＝－36.6（元）
直接人工脱离定额差异分配率＝（80＋150）÷（5 100＋9 900）＝1.53%
完工产品分摊的直接人工脱离定额差异＝1.53%×14 000＝214.2（元）
月末在产品分摊的直接人工脱离定额差异＝230－214.2＝15.8（元）
制造费用脱离定额差异分配率＝（10＋30）÷（3 000＋7 000）＝0.4%
完工产品分摊的制造费用脱离定额差异＝0.4%×8 000＝32（元）
月末在产品分摊的制造费用脱离定额差异＝40－32＝8（元）
材料成本差异分配率＝（－10＋400）÷（7 700＋16 300）＝1.63%
完工产品分摊的材料成本差异＝1.63%×18 000＝293.4（元）
月末在产品分摊的材料成本差异＝（－10＋400）－293.4＝96.6（元）

根据计算结果及相关成本资料，可以计算出本月完工产品和月末在产品的实际成本，计算结果如表11-26所示。

表11-26 乙产品成本核算表

产品名称：乙　　　　　　　　　　2022年9月　　　　　　　　　　金额单位：元

成本项目	完工产品成本					月末在产品成本			
	定额成本	脱离定额差异	材料成本差异	定额变动差异	实际成本	定额成本	脱离定额差异	材料成本差异	实际成本
直接材料	18 000	－113.4		＋300	18 480	6 000	－36.6		6 060
直接人工	14 000	214.2	293.4	－100	14 114.2	1 000	15.8	96.6	1 015.8
制造费用	8 000	32		—	8 032	2 000	8		2 008
合计	40 000	132.8	293.4	200	40 626.2	9 000	－12.8	96.6	9 083.8

五、定额成本法的优缺点

（一）定额成本法的优点

定额成本法最主要的优点是，在产品成本核算的过程中，将产品成本的事先计划、事中控制和事后分析有机地结合在一起，这样可以为企业的成本管理提供以下信息。

（1）产品在现有生产条件下的最低成本（定额成本）。
（2）成本差异产生的原因。
（3）产品成本降低的潜力。

（二）定额成本法的缺点

定额成本法最主要的缺点是，成本核算的工作量较大，主要表现在以下几个方面。
（1）在生产开始前要尽量准确地估算各种产品的定额。
（2）在生产过程中要分别计算产品的定额成本和脱离定额的差异。
（3）在定额变动的情况下，要计算定额变动差异。

项目小结

本项目主要介绍了产品成本核算的辅助方法，即分类法和定额成本法。

分类法是以产品的类别为成本核算对象归集生产费用，计算产品成本的方法。在分类法下应首先计算各类产品的总成本，其次分配计算类内各种产品的成本。另外，还比较分析了联产品和副产品，并介绍了联产品与副产品成本核算的方法。

定额成本法是以产品的定额成本为基础，加减脱离定额差异和定额变动差异，进而计算产品实际成本的方法。

复习与训练

一、单项选择题

1. 采用分类法的目的，在于（　　）。
   A. 准确计算各种产品成本　　　　　B. 简化产品成本核算工作
   C. 分类计算产品成本　　　　　　　D. 加强成本控制
2. 成本核算分类法的特点是（　　）。
   A. 按产品类别计算产品成本
   B. 按产品品种计算产品成本
   C. 按产品类别计算各类产品成本，类内各种产品的间接费用采用一定方法分配确定
   D. 按产品类别计算各类产品成本，类内各种产品的成本采用一定的方法分配确定
3. 产品的（　　）是系数分配法下的分配标准。
   A. 总系数或标准产量　　　　　　　B. 售价
   C. 定额成本　　　　　　　　　　　D. 面积
4. 按照系数比例分配同类产品中各种产品成本的方法是一种（　　）。
   A. 完工产品和月末在产品之间分配费用的方法
   B. 单纯的产品成本核算方法
   C. 简化的分类法
   D. 分配间接费用的方法
5. 定额成本不包括（　　）定额。
   A. 直接人工　　　B. 直接材料　　　C. 制造费用　　　D. 废品损失
6. 以下不属于确定原材料脱离定额差异方法的是（　　）。
   A. 限额法　　　　B. 分割法　　　　C. 盘存法　　　　D. 定额比例法
7. 原材料脱离定额差异是（　　）。
   A. 价格差异　　　　　　　　　　　B. 数量差异
   C. 原材料成本差异　　　　　　　　D. 变动差异
8. 定额法在适用范围上（　　）。
   A. 与生产类型没有直接联系　　　　B. 与生产类型有直接联系
   C. 适用于单件小批生产　　　　　　D. 适用于大量大批生产

9. 某产品原材料定额费用为10 000元,原材料脱离定额差异为-2 000元,材料成本差异率为-1%,该产品应分配的原材料成本差异为( )元。
   A. 20 　　　　　　B. -80 　　　　　　C. -100 　　　　　　D. -120
10. 联产品是指( )。
   A. 同种材料加工出的主要产品和副产品　　B. 不同材料加工出的不同产品
   C. 同种材料加工出的几种主要产品　　　　D. 同种材料加工出的不同质量产品
11. 联产品在分离前计算出的总成本称为( )。
   A. 直接成本　　　　B. 间接成本　　　　C. 联合成本　　　　D. 分项成本
12. 下列各项中,不是联合成本分配方法的是( )。
   A. 系数分配法　　　　　　　　　　　　　B. 净实现价值分配法
   C. 相对销售收入分配法　　　　　　　　　D. 计划分配法

二、多项选择题

1. 分类法不是一种独立的成本核算方法,往往要与( )等成本核算方法联合使用。
   A. 定额成本法　　B. 系数法　　C. 品种法　　D. 分批法
   E. 分步法
2. 分类法对类内产品成本的计算,一般可以采用的方法有( )分配法。
   A. 系数　　　　B. 实物量　　　　C. 定额比例　　　　D. 相对销售收入
3. 按照系数比例分配同类产品中各种产品成本的方法( )。
   A. 是一种单独的产品成本核算方法
   B. 是分类法的一种
   C. 是一种分配完工产品和在产品成本的方法
   D. 是一种简化的分类法
4. 在确定系数时,一般选择( )的产品作为标准产品。
   A. 产量较大　　　　　　　　　　　　B. 经济技术指标居中
   C. 生产稳定　　　　　　　　　　　　D. 规格适中
5. 采用分类法计算产品成本,某类产品中各种产品之间分配费用的标准可以选用( )。
   A. 定额消耗量　　　　　　　　　　　B. 定额费用
   C. 产品体积　　　　　　　　　　　　D. 相对固定的系数
6. 原材料脱离定额差异的计算方法有( )。
   A. 限额法　　　　B. 年限法　　　　C. 盘存法　　　　D. 切割法
7. 在定额成本法下,产品的实际成本是( )的代数和。
   A. 按现行定额成本核算的产品定额成本　　B. 材料成本差异
   C. 脱离现行定额的差异　　　　　　　　　D. 月初在产品定额变动差异
8. 采用定额成本法计算产品成本,应具备的条件有( )。
   A. 定额管理制度比较健全　　　　　　　B. 定额管理工作基础比较好
   C. 产品生产已经定型　　　　　　　　　D. 消耗定额比较准确、稳定
9. 计算和分析脱离定额成本差异主要包括( )。
   A. 直接材料脱离定额差异　　　　　　　B. 直接人工脱离定额差异
   C. 制造费用脱离定额差异　　　　　　　D. 管理费用脱离定额差异

10. 等级产品是指（　　）。
   A. 使用同一种原材料
   B. 使用不同的原材料
   C. 经过同一生产过程生产出的品种相同而质量不同的产品
   D. 采用不同的生产工艺技术生产出的品种相同而质量不同的产品
11. 下列关于副产品及其成本核算的描述，正确的有（　　）。
   A. 副产品是指在主要产品生产过程中，附带生产出的非主要产品
   B. 副产品不是企业生产活动的主要目的
   C. 副产品的价值比较低时，副产品可以不负担分离前的联合成本
   D. 可以按定额成本核算副产品成本
12. 成本核算的辅助方法（　　）。
   A. 不能单独应用
   B. 必须与基本方法结合应用
   C. 能够单独应用
   D. 根据需要确定是否与基本方法结合应用

三、判断题

1. 分类法成本核算的特点是按照产品的类别归集费用，计算该类产品成本；类内不同品种（或规格）产品的成本按照一定的分配方法分配确定。（　　）
2. 定额成本包括的成本项目应该与实际成本包括的成本项目完全一致。（　　）
3. 分类法可适用于产品规格繁多，并可以按一定标准分类的企业。（　　）
4. 分类法在类内各种产品之间分配费用，采用系数法分配，选择标准产品时，一般选择产量最大的产品作为标准产品。（　　）
5. 分类法不需要按照产品品种计算成本，因而可以简化成本核算工作。（　　）
6. 副产品是指在主要产品生产过程中附带生产出的非主要产品。（　　）
7. 定额变动差异是定额本身变动的结果，它与生产中费用支出的节约或浪费无关；而脱离定额差异则反映生产费用支出符合定额的程度。（　　）
8. 定额变动差异是指实际费用与定额费用之间的差额。（　　）
9. 定额成本法不仅是一种成本核算方法，还是一种产品成本控制方法。（　　）
10. 产品的定额成本就是按各种有关的现行定额计算的成本。（　　）
11. 企业计算定额成本时，依据的消耗定额在计划期内通常保持不变，以保证定额的稳定性；各项消耗定额的修改一般在年末进行。（　　）
12. 脱离定额差异是指在生产过程中，各项生产费用的实际支出脱离现行定额或预算数。（　　）
13. 在计时工资形式下，生产工资脱离定额的差异不能在平时按照产品直接计算，只有在月末实际生产工资确定以后才能计算。（　　）
14. 联产品在分离点前发生的成本称为"综合成本"（联合成本），联产品的成本核算应该采用分类法。（　　）
15. 副产品是指在同一生产过程中，利用不同原材料生产出的价值较低的产品。（　　）

项目实训

实训十七：分类法实训

（一）实训目的

通过实训，让学生了解分类法的特点和适用范围，掌握分类法成本核算的基本方法，掌握联产品和副产品的计算方法。

（二）实训资料

1. 立新公司是一个以生产石油制品为主的制造企业，主要生产甲、乙两类产品。甲类产品耗用石油原料，同时生产A产品、B产品、C产品，即A产品、B产品、C产品为联产品；乙类产品的主产品为D产品，附带生产出价值低的副产品E产品，E产品按计划成本核算。甲、乙两类产品分别在两个车间生产，两车间均为单步骤生产。

在甲类产品中，A产品、B产品、C产品只是辅料不同，其他工艺均相同。因此，对甲类产品费用分配的标准为：成本项目中原材料费用按各种原材料定额成本系数的比例分配，直接人工和制造费用按定额工时的比例分配。虽然每类产品的不同产品都有月末在产品，但是因其所占比重较小，企业为进一步简化成本核算，对月末在产品成本不计算。

2. 立新公司2022年3月有关成本资料如表11-27至表11-32所示。

表11-27　产品定额资料　　　　　　　　　　　　　　　　　　金额单位：元

产品名称	产量/吨	直接材料费用定额	工时消耗定额
A（标准产品）	100	120	40
B	200	132	60
C	120	180	75
D	300	—	—
E	2	—	—

表11-28　E副产品单位计划成本　　　　　　　　　　　　　　金额单位：元

产品名称	成本项目			合计
	直接材料	直接人工	制造费用	
E	1 000	2 000	3 000	6 000
合计	1 000	2 000	3 000	6 000

表 11-29 耗用材料分配汇总表

2022 年 3 月　　　　金额单位：元

应借科目	明细科目	原材料
基本生产成本	甲类产品	49 500
	乙类产品	80 000
制造费用	甲类产品	10 000
	乙类产品	4 000
管理费用		1 000
合计		144 500

表 11-30 工资费用分配汇总表

2022 年 3 月　　　　金额单位：元

应借科目	明细科目	应付工资	应付福利费
基本生产成本	甲类产品	35 833	5 017
	乙类产品	17 544	2 456
制造费用	甲类产品	8 772	1 228
	乙类产品	5 263	737
管理费用		1 200	168
合计		68 612	9 606

表 11-31 折旧费用分配表

2022 年 3 月　　　　金额单位：元

应借科目	明细科目	折旧额
制造费用	甲类产品	300
	乙类产品	800
管理费用		200
合计		1 300

表 11-32 办公费用、培训费用和其他费用汇总表

2022 年 3 月　　　　金额单位：元

应借科目	明细科目	成本或费用项目	金额
制造费用	甲类产品	办公费	1 000
		差旅费	1 200
		其他费用	530
	乙类产品	办公费	1 500
		差旅费	2 000
		其他费用	700
管理费用		办公费	600
		其他费用	200
合计			7 730

(三)实训要求

1. 根据成本核算需要,开设"基本生产成本"账户及其明细账(按类别开设)和"制造费用"明细账。
2. 根据费用发生情况及各项要素费用分配表进行相应的会计处理。
3. 对 A、B、C 联产品进行类别内分配。
4. 对 D、E 产品分别核算主产品和副产品成本。
5. 计算过程中分配率一律保留四位小数,金额保留两位小数。

(四)实训准备

1. 复习教材知识要点,理顺运用分类法进行成本核算的基本原理与要点,掌握运用分类法进行成本核算的技能与步骤,关键是合理分配标准的选择。
2. 必要的会计资料包括记账凭证、基本生产总账和明细账账页若干张,以及成本核算单等成本核算工具。

(五)实训过程

1. 按类别开设二类产品的成本核算单,如表 11-33、表 11-34 所示。

表 11-33 产品成本核算单(一)

产品类别:甲类　　　　　　　　　2022 年 3 月　　　　　　　　　金额单位:元

项目	成本项目			合计
	直接材料	直接人工	制造费用	
月初在产品成本				
本月发生费用				
本月生产费用合计				
完工产品成本				
期末在产品成本				

表 11-34 产品成本核算单(二)

产品类别:乙类　　　　　　　　　2022 年 3 月　　　　　　　　　金额单位:元

项目	成本项目			合计
	直接材料	直接人工	制造费用	
月初在产品成本				
本月发生费用				
本月生产费用合计				
完工产品成本				
期末在产品成本				

2. 根据成本费用分配表进行相应的会计处理。
3. 计算各类完工产品的总成本,在开设的成本核算单内按照规定的成本项目汇集生产费用。期末,采用适当的方法在各类完工产品与月末在产品之间分配生产费用,计算各类完工产品的总成本,如表 11-35、表 11-36 所示。
4. 在求出每类产品的总成本后,按资料给出的分配标准,在每类产品的各种产品之间分配生产费用,计算每类产品内各种产品的总成本,如表 11-35、表 11-36 所示。

表 11-35　分品种产品成本核算表

产品类别：甲类　　　　　　　　　　2022 年 3 月　　　　　　　　　　金额单位：元

项目	产量/吨	材料费用系数	直接材料总系数	定额工时/小时	定额总工时/小时	直接材料	直接人工	制造费用	合计
费用分配率/（元/小时）									
A 产品									
B 产品									
C 产品									
合计									

表 11-36　产品成本核算表

产品名称：D　　　　　2022 年 3 月　　　　产量：　　件　　　　金额单位：元

月	日	项目	直接材料	直接人工	制造费用	合计
		期初在产品成本				
		本月发生的费用				
		减：E 产品计划成本				
		生产费用合计				
		产成品成本				
		单位成本				
		期末在产品成本				

5. 编制"产品成本汇总表"，如表 11-37 所示。

表 11-37　产品成本汇总表

2022 年 3 月　　　　　　　　　　　　金额单位：元

成本项目	A 产品		B 产品		C 产品		D 产品		E 产品		合计
	总成本	单位成本/（元/件）	总成本	单位成本/（元/件）	总成本	单位成本/（元/件）	总成本	单位成本/（元/件）	总成本	单位成本/（元/件）	
直接材料											
直接人工											
制造费用											
合计											

实训十八：定额成本法实训

（一）实训目的

通过实训，使学生理解并掌握定额成本法的含义、适用范围和特点，理顺定额成本法成本核算程序，能熟练运用定额成本法计算产品成本。

（二）实训资料

立新公司生产A产品，2022年6月有关成本资料如下。

1. 月初在产品成本。

A产品月初在产品定额成本为49 000元，其中，直接材料为24 000元，直接人工为15 000元，制造费用为10 000元；月初在产品脱离定额差异为502元，其中，直接材料为−1 250元，直接人工为752元，制造费用为1 000元。

2. 本月成本资料。

本月A产品单位产品直接材料定额成本由上月的650元调整为620元。

本月A产品投入原材料定额成本为185 350元，按计划单位价格和实际消耗量计算的原材料费用为187 530元，材料成本差异率为1.5%；本月人工费用定额为115 800元，实际人工费用为120 500元；本月制造费用定额为79 550元，实际制造费用为75 350元。

完工入库产品300件，单位产品定额成本为1 220元，其中，直接材料为620元，直接人工为350元，制造费用为250元。

（三）实训要求

1. 根据给定的成本资料制定定额成本表。
2. 确定并核算脱离定额差异。
3. 在本月完工产品和月末在产品之间分配成本差异。
4. 计算本月完工产品的实际总成本和单位成本。

（四）实训准备

1. 整理思路，明确定额成本法的原理与程序，掌握定额成本法下成本核算的技能。
2. 必要的会计处理资料和成本核算工具若干：转账凭证10张，产品消耗定额计算表1张，定额成本和脱离定额成本差异汇总表1张，产品成本核算单1张。

（五）实训过程

1. 编制材料费用、工资费用和制造费用的定额成本核算表，确定本月产品的定额成本，如表11-38所示。

表11-38　产品消耗定额计算表

产品名称：A　　　　　　　　　　　　　　　　　　　　　　　　　　　　金额单位：元

材料编号	计量单位	材料消耗定额	计划单价		材料费用定额
	千克				
工时定额		直接工资		制造费用	产品定额成本合计
		工资率	金额	费用率	金额	

根据表11-38填制"本月定额成本表"，如表11-39所示。

表 11-39　本月定额成本表

产品名称：A　　　　　　　　　　　　　　　　　　　　　　　　　　　　金额单位：元

成本项目	定额成本
直接材料	
直接人工	
制造费用	
合计	

2. 在完工产品和月末在产品之间分配脱离定额差异（材料成本差异和定额变动差异全部由完工产品成本负担），如表 11-40 所示。

表 11-40　本月定额成本和脱离定额成本差异汇总表

产品名称：A　　　　　　　　　　　　　　　　　　　　　　　　　　　　金额单位：元

成本项目	定额成本	实际费用	脱离定额差异
直接材料			
直接人工			
制造费用			
合计			

根据题目提供数据填写"月初在产品定额成本及脱离定额差异表"，如表 11-41 所示。

表 11-41　月初在产品定额成本及脱离定额差异表

产品名称：A　　　　　　　　　　　　　　　　　　　　　　　　　　　　金额单位：元

成本项目	定额成本	脱离定额差异
直接材料		
直接人工		
制造费用		
合计		

3. 计算并结转本月完工产品实际成本，填写完成 A 产品成本核算单，如表 11-42 所示。

表 11-42　产品成本核算单

产品名称：A　　　　　　　　　　产量：　　　　　　　　　　　　　　　金额单位：元

成本项目		直接材料	直接人工	制造费用	合计
月初在产品	定额成本				
	脱离定额差异				
月初在产品定额变动	定额成本调整				
	定额变动差异				

续表

成本项目		直接材料	直接人工	制造费用	合计
本月发生生产费用	定额成本				
	脱离定额差异				
	材料成本差异				
生产费用合计	定额成本				
	脱离定额差异				
	材料成本差异				
	定额变动差异				
差异分配率	脱离定额差异				
产成品成本	定额成本				
	脱离定额差异				
	材料成本差异				
	定额变动差异				
	实际总成本				
	实际单位成本				
月末在产品	定额成本				
	脱离定额差异				

项目十二 成本报表与成本分析

ITEM 12

学习目标

○ 了解成本报表的编制要求
○ 掌握基本成本报表的结构与编制
○ 掌握基本成本报表的分析方法

能力目标

○ 能编制产品生产成本表
○ 能编制主要产品单位成本表
○ 能对基本成本报表进行分析和说明
○ 能参与管理部门的成本决策并根据企业生产的特点选择相应的成本计算辅助方法

思政目标

○ 培养学生团队精神和协作精神
○ 培养学生谨慎的工作态度，做事认真仔细
○ 培养学生良好的职业分析能力，成本报表编制准确无误

任务一 编制成本报表

一、成本报表及编制要求

成本报表是根据产品成本核算资料及其他有关资料编制，反映企业一定时期产品成本水平和费用支出情况，据以分析企业成本计划执行情况和结果的报告文件。正确、及时地编制成本报表是成本会计的一项重要工作内容。

成本报表属于内部报表，其编制目的主要是满足企业内部经营管理的需要，属于企业的商业秘密，不对外公开。因此，成本报表的种类、格式、项目、指标的设计和编制方法、编报日期、具体报送对象，国家都不做统一规定，而是由企业自行决定。

> **思政小常识**

我国一直努力从各方面完善商业秘密保护工作。2017年11月4日，第十二届全国人民代表大会常务委员会第三十次会议修订了《中华人民共和国反不正当竞争法》。2019年4月23日，第十三届全国人民代表大会常务委员会第十次会议针对商业秘密有关条款进行修订。完善商业秘密保护，不断加强商业秘密的立法和司法保护，扩展商业秘密的保护范围，并加大保护力度，不断提升商业秘密保护水平，最大限度保护国内外商业秘密权利人的利益，保证社会主义市场经济蓬勃发展，为社会和谐发展、人民安居乐业提供保障。

作为一名成本会计人员，除了遵守商业秘密保护法律、法规外，还要提升自身保护商业秘密的能力。具体来说，要做到谨言慎行，不乱打听、不乱传播，对自己掌握的商业秘密守口如瓶。

在编制成本费用报表时，除遵守会计报表编制内容完整、指标实用、数字真实和编报及时等一般要求外，还应结合企业生产的特点和管理要求，做到以下四点。

（一）成本费用报表内容的专题性

作为内部报表，成本报表的编制内容应具有专门性。作为满足企业内部生产经营管理需要的报表，其编制应考虑成本管理工作中各方面的专门需要，进行有针对性的设计，提供专题性的成本信息资料。专题性强调的是成本费用报表的设置应适应企业内部成本管理中某一方面的需要，突出成本管理中的重点问题，在对成本形成产生重大影响或费用发生集中的部门，应单独设置有关成本费用报表，以提供充分的成本信息，从而满足企业内部成本管理的需要。

（二）成本费用报表指标的实用性

成本费用报表指标的设置应以适应企业内部成本管理需要为标准。成本指标既可以按完全成本反映，也可以按变动成本和固定成本反映，还可以考虑将成本指标与生产工艺流程以及各项消耗定额对照，以便从最原始的资料入手，分析成本升降的原因，挖掘降低产品成本的潜力。

（三）成本费用报表格式的针对性

成本费用报表格式的设计应针对某一具体业务的特点及其存在的问题，做到重点突出、简明扼要，切忌表的格式复杂庞大，避免无用的烦琐计算。

（四）成本费用报表编报的及时性

为了反映成本计划和费用预算的执行情况，成本费用报表可以像财务报表一样定期按月、季、半年、年编制，以便为企业成本预测、编制成本计划提供必要的成本信息。在日常成本核算过程中，为了及时反馈成本信息和提示存在的问题，还需要以旬报、周报、日报甚至班报为形式编制不定期成本费用报表，从而使有关部门了解生产耗费的变化情况和发展趋势，并采取相应的措施改进工作，以加强成本控制。

二、产品生产成本表的编制

（一）产品生产成本表的类型与结构

1. 产品生产成本表的类型

产品生产成本表是反映企业在报告期内生产的全部产品（包括可比产品和不可比产品）的总成本报表。该表一般分为两种：一种按成本项目反映，另一种按产品种类反映。

按成本项目反映的产品生产成本表是按成本项目汇总反映企业在报告期内发生的全部生产成本的报表；按产品种类反映的产品生产成本表是按产品种类汇总反映企业在报告期内生产的全部产品的单位成本和总成本的报表。

通过产品生产成本报表，企业管理者可以了解本期生产的所有商品产品的成本水平，明确成本计划的完成情况，并能利用该表分析可比产品成本降低任务的完成情况，考核全部产品和主要产品成本计划的执行结果。同时，由于产品生产成本表能够综合反映一个企业商品产品的成本全貌，因此还能为企业预测未来产品成本水平和制定合理的目标成本提供依据。

2. 产品生产成本表的结构

产品生产成本表是企业成本报表体系中的主要报表，它由表首、基本部分和补充资料三部分内容构成。通常情况下，表首部分由报表名称、编制单位与日期、金额单位等构成；基本部分将全部产品分为可比产品和不可比产品，列示其各种产品的单位成本、本月总成本、本年累计总成本；补充资料部分主要列示可比产品成本降低额和成本降低率等指标。

按成本项目反映的产品生产成本表，基本结构是按成本项目列示产品总成本，并按上年实际数、本年计划数、本月实际数和本年实际数分项、分栏反映，其基本格式如表12-1所示。

表 12-1　产品生产成本表（按成本项目反映）

编制单位：　　　　　　　　　　2022 年 12 月　　　　　　　　　　金额单位：元

成本项目	上年实际	本年计划	本月实际	本年实际
直接材料				
直接人工				
制造费用				
产品生产成本				

按产品种类反映的产品生产成本表，基本结构是按产品种类——可比产品和不可比产品汇总反映企业一定时期内生产的全部产品的单位成本和总成本，并根据实际产量，按上年实际平均、本年计划数、本月实际数、本年累计实际平均数，分品种、分栏反映，其一般格式和内容如表12-2所示。

表 12-2　产品生产成本表（按产品类别反映）

编制单位：　　　　　　　　　　2022 年 12 月　　　　　　　　　　金额单位：元

产品名称	实际产量		单位成本				本月总成本			本年累计总成本		
	本月（1）	本年累计（2）	上年实际平均（3）	本年计划数（4）	本月实际数（5）	本年累计实际平均（6）	按上年实际平均单位成本核算（7）	按本年计划单位成本核算（8）	本月实际（9）	按上年实际平均单位成本核算（10）	按本年计划单位成本核算（11）	本年实际（12）
					=（9）÷（1）	=（12）÷（2）	=（1）×（3）	=（1）×（4）		=（2）×（3）	=（2）×（4）	
可比合计 其中： 甲产品 乙产品 不可比合计 其中： 丙产品												
全部产品生产成本												

可比产品，是指以前年度正式生产过，具有较完备成本资料的产品，因此产品生产成本表在可比产品的单位成本、本月总成本和本年累计总成本等项目中分别列出上年实际数、本年计划数、本月实际数和本年累计实际平均数等具体指标，以便分析可比产品成本降低任务的完成情况。不可比产品，是指以前年度没有正式生产过，因而也没有完备成本资料的产品，以及上年试制成功今年正式投产的产品，因此在产品生产成本表对不可比产品的单位成本、本月总成本和本年累计总成本，以及对全部产品生产总成本的项目，只列出本年计划数、本月实际数和本年累计实际平均数，以利于分析不可比产品、全部产品的生产成本计划执行情况。

（二）产品生产成本表的编制方法

产品生产成本表的编制依据主要是报告期的成本账簿资料（有关产品的"产品成本明细账"、产品成本核算单等）、年度成本计划资料和上年成本报表有关项目等。按产品类别反映的产品生产成本表各项目的具体填列方法如下。

1. "产品名称"项目

"产品名称"项目填列主要的可比产品与不可比产品的名称。

2. "实际产量"项目

"实际产量"项目应根据"产品成本明细账"的记录计算填列。

3. "单位成本"各项目

（1）"上年实际平均单位成本"项目应根据上年度报表所列各种可比产品的全年累计实际平均单位成本填列。

（2）"本年计划单位成本"项目应根据年度成本计划的有关资料填列。

（3）"本月实际单位成本"项目应根据有关产品成本明细账中的资料，按下列公式计算填列。

$$某产品本月实际单位成本 = \frac{该产品本月实际总成本}{该产品本月实际产量}$$

（4）"本年累计实际平均单位成本"项目应根据有关产品成本明细账资料计算填列，计算公式为

$$某产品本年累计实际平均单位成本 = \frac{该产品本年累计实际总成本}{该产品累计实际产量}$$

4. "本月总成本"各项目

（1）"按上年实际平均单位成本核算"项目为本月实际产量与上年实际平均单位成本的乘积。

（2）"按本年计划单位成本核算"项目为本月实际产量与本年计划单位成本的乘积。

（3）"本月实际"项目应根据本月有关产品成本明细账的记录填列。

5. "本年累计总成本"各项目

（1）"按上年实际平均单位成本核算"项目为本年累计实际产量与上年实际平均单位成本的乘积。

（2）"按本年计划单位成本核算"项目为本年累计实际产量与本年计划单位成本的乘积。

（3）"本年实际"项目为根据有关的产品成本明细账资料填列。

产品生产成本表的补充资料部分有关项目的计算公式如下：

可比产品成本降低额 = 可比产品按上年实际平均单位成本核算的总成本 − 可比产品本年实际总成本

$$可比产品成本降低率 = \frac{可比产品成本降低额}{可比产品按上年实际平均单位成本计算的总成本}$$

若上述计算结果为负数,表示可比产品成本的超支额和超支率。可比产品成本降低率的"本年计划数"应根据年度成本计划填列。

三、主要产品单位成本表的编制

(一) 主要产品单位成本表的内容和结构

1. 主要产品单位成本表的意义

主要产品单位成本表是反映企业在报告期内生产的各种主要产品单位成本的构成情况和各项主要技术经济指标执行情况的报表。

主要产品单位成本表是对产品生产成本表的有关单位成本做的补充说明。根据该表,可以考核各种主要产品单位成本计划的执行结果,分析各成本项目和消耗定额的变化及其原因,分析成本构成的变化趋势等。总之,主要产品单位成本表有助于分析成本变动的内在原因,挖掘降低成本的潜力。

2. 主要产品单位成本表的结构

主要产品单位成本表按产品品种分别设置,分为产量、单位成本和主要技术经济指标三部分。

(1) 产量部分主要包括产品名称、规格、计量单位、单位售价和各种产量资料。

(2) 单位成本部分分别按成本项目列示"历史先进水平""上年实际平均""本年计划""本月实际""本年累计实际"平均的单位成本,分别反映"直接材料""直接人工""制造费用"等主要成本项目的金额及合计数。

(3) 主要技术经济指标部分分别列示主要材料和工时的历史先进水平、上年实际平均、本年计划、本月实际和本年累计实际平均的单位用量。

"主要产品单位成本表"的格式和内容如表 12-3 所示。

表 12-3 主要产品单位成本表

编制单位:立新公司　　　　　　　　2022 年 12 月　　　　　　　　金额单位:元

产品名称	甲产品		本月计划产量		180	
规格			本月实际产量		200	
产量单位	台		本年计划产量		1 800	
销售单价	140		本年累计实际产量		2 200	
成本项目	历史先进水平		上年实际平均		本年计划		本月实际		本年累计实际平均	
直接材料	55		60		58		56		56	
直接人工	18		20		16		16		15	
制造费用	12		20		16		16		18	
合计	85		100		90		88		89	
技术经济指标	单位	单位用量	金额	单位用量	金额	单位用量	金额	单位用量	金额	单位用量	金额
A 材料	千克	15	3	16	2.5	15	2.4	14	2.5	15	2.4
B 材料	千克	10	1	10	2	11	2	10	2.1	10	2
工时	小时	36	—	42	—	40	—	36	—	38	—

（二）主要产品单位成本表的编制方法

主要产品单位成本表的编制依据主要是有关产品的"产品成本明细账"资料、成本计划、历年有关成本资料、上年度本表有关资料及产品产量、材料和工时的消耗量等资料，应按主要产品分别编制，其各项目的填列方法如下。

（1）"本月计划产量"和"本年计划产量"项目，应分别根据本月和本年产品产量计划填列。

（2）"本月实际产量"和"本年累计实际产量"项目，应根据统计提供的产品产量资料或产品入库单填列。

（3）"成本项目"各项目，应按成本核算单中单位成本资料填列。

（4）"主要技术经济指标"项目，应反映主要产品每一单位产量消耗的主要原材料、燃料、工时等的数量，并根据业务核算资料填列。

（5）"历史先进水平"各项目，应反映本企业历史上该种产品成本最低年度的实际平均单位成本和实际单位用量，并根据有关年份成本资料填列。

（6）"上年实际平均"各项目，应反映上年实际平均单位成本和单位用量，并根据上年度成本表的"本年累计实际平均"单位成本和单位用量的资料填列。

（7）"本年计划"各项目，应反映本年计划单位成本和单位用量，并根据年度成本计划资料填列。

（8）"本月实际"各项目，应反映本月实际单位成本和单位用量，并根据本月产品成本明细账等有关资料填列。

（9）"本年累计实际平均"各项目，应反映本年初至本月末该种产品的平均实际单位成本和单位用量，并根据年初至本月末的已完工产品成本明细账等有关资料，采用加权平均计算后填列。有关计算公式如下：

$$某产品实际平均单位成本 = \frac{该产品累计总成本}{该产品累计产量}$$

$$某产品实际平均用量 = \frac{该产品累计总用量}{该产品累计产量}$$

对表中不可比产品，不填列"历史先进水平""上年实际平均"的单位成本和单位用量。对表中按成本项目反映的"上年实际平均""本年计划""本月实际""本年累计实际平均"的单位成本合计，应与产品生产成本表中的各该产品单位成本金额分别相等。

四、制造费用明细表的编制

（一）制造费用明细表及构成

制造费用明细表是反映企业在报告期内基本生产车间发生的各项制造费用情况的报表。根据制造费用明细表，可以了解报告期内制造费用的实际支出水平；可以考核制造费用计划的执行情况，判断制造费用的变化趋势，以便加强对制造费用的控制和管理等。

制造费用明细表的结构是按制造费用各项目列示"本年计划数""上年实际数""本年实际数"三项资料，其结构和内容如表12-4所示。

表 12-4　制造费用明细表

编制单位：立新公司　　　　　　　　　　2022 年 12 月　　　　　　　　　　金额单位：元

项目	行次	本年计划数	上年实际数	本年实际数
工资	1	3 000	4 000	3 800
职工福利费	2	420	560	532
折旧费	3	1 750	1 700	1 700
修理费	4	3 500	2 000	3 600
租赁费	5	600	—	600
物料消耗	6	7 000	7 000	7 800
低值易耗品摊销	7	800	880	840
水电费	8	10 000	11 000	10 000
办公费	9	5 800	6 400	6 880
差旅费	10	1 500	1 800	2 200
运输费	11	3 000	3 000	3 100
保险费	12	1 400	1 300	1 500
劳动保护费	13	700	700	760
修理期间的停工损失	14	2 000	—	2 300
其他	15	500	600	400
合计	20	41 970	40 940	46 012

（二）制造费用明细表的编制方法

（1）"本年计划数"各项目，应根据本年制造费用预算填列。

（2）"上年实际数"各项目，应根据上年度本表的"本年实际数"相应数据填列。如果表内所列费用项目与上年度的费用项目在名称和内容上不一致，应对上年度的各项数据按本年度表内项目的规定调整。

（3）"本年实际数"各项目，应根据本年"制造费用明细账"中各费用项目本年累计的实际发生额填列。

任务二　分析成本报表

成本分析是利用成本核算及其相关资料，对成本水平及其构成情况进行评价，以揭示影响成本升降的各种因素，寻求成本降低途径的一种管理活动。成本分析是成本会计的重要组成部分，是成本管理工作的重要环节，包括事前分析、事中分析和事后分析三个方面。本书主要从事后的角度对主要商品产品、技术经济指标对单位成本的影响、降低成本的主要措施和成本效益等四个方面内容进行分析。

思政小常识

企业运用比较分析法揭示成本差异，以便采取措施降低成本。会计人员在个人进步和发展方面也可以运用比较分析法，通过实际与计划、过去与现在、自己与他人的对比发现问题，然后分析问题，并积极寻找方法解决问题，以实现个人的成长。

例如，在日常工作中，会计人员时刻总结和反思自己的专业技能是否有提升，工作能力是否有进步，是否认真钻研业务，等等。一名合格的会计人员不仅要在工作时严肃认真、一丝不苟，不断提高工作质量，还要树立不断探索和进取的职业道德观。

一、成本报表分析的主要方法

在进行成本分析中，可供选择的技术方法（也称"数量分析方法"）很多，企业应根据分析的目的、分析对象的特点、掌握的资料等情况确定应采用哪种方法进行成本分析。成本分析的具体方法是完成成本分析目标的重要手段，通常采用的成本分析方法有：比较分析法、比率分析法、因素分析法等。

（一）比较分析法

比较分析法是把两个经济内容相同、时间或空间地点不同的经济指标相减，从而进行分析的一种方法。比较分析法是日常分析工作中最常用的一种方法。

由于分析者的目的不同，对比的基数也有所不同。一般来说，对比的基数有计划数（预算数）、定额数、以往年度同期实际数，以及本企业历史最好水平和国内外同行业先进水平。

比较分析法是一种绝对数的比较分析，只适用于对同类型企业、同质指标进行对比分析。采用对比分析法时，应注意对比的成本指标，在经济内容、计算方法、计算期间和影响指标形成的客观条件等方面的可比性。如果相比的指标之间有不可比因素，则应先按可比的口径调整，再进行对比。

【例 12-1】 某公司 2022 年末进行成本分析时，编制的"成本对比分析表"如表 12-5 所示。

表 12-5 成本对比分析表　　　　　金额单位：元

产品名称	成本计划	本年实际	差异额	差异率/%
A	350 000	358 000	8 000	2.29
B	750 000	734 000	-16 000	-2.13
C	430 000	420 000	-10 000	-2.33
合计	1 530 000	1 512 000	-18 000	-1.18

从表 12-5 可以看出，各种产品成本的升降情况是不一样的。A 产品超支，B、C 两种产品成本降低幅度较大。对于 A 产品来说，应找出成本超支的原因，并提出进一步降低成本的措施方案。

（二）比率分析法

比率分析法是通过计算有关指标之间的相对数，即比率进行分析评价的一种方法。比率分析法一般有以下三种形式。

1. 相关比率分析法

相关比率分析法是通过计算两个性质不完全相同又相关的指标的比率进行分析的一种方法。通常计算的相关比率指标有

$$产值成本率 = 成本 / 产值 \times 100\%$$

$$销售收入成本率 = 成本 / 销售收入 \times 100\%$$
$$成本利润率 = 利润 / 成本 \times 100\%$$
$$存货周转率 = 销售成本 / 存货平均占用额$$

2. 构成比率分析法

构成比率分析法是通过计算某项指标的各个组成部分占总体的比重，即部分与总体的比率进行数量分析的一种方法。

$$直接材料费用占产品成本的比率 = 直接材料费用 / 产品成本 \times 100\%$$
$$管理费用占期间费用的比率 = 管理费用 / 期间费用总额 \times 100\%$$

3. 趋势比率分析法

趋势比率分析法是对某项经济指标不同时期数值进行对比，求出比率后分析其增减速度和发展趋势的一种分析方法。由于计算时采用的基期数值不同，趋势比率又分为定基比率和环比比率两种形式。

$$定基比率 = 比较期数值 / 固定基期数值 \times 100\%$$
$$环比比率 = 比较期数值 / 前一期数值 \times 100\%$$

比率分析法的主要优点在于，通过比率计算可以把某些不可比的企业变成可比的企业，便于外部决策者或内部决策者在选择投资方案时进行比较分析。但比率分析法存在不足：比率的数字只反映比值，不能说明其绝对额的变动；无法说明指标变动的具体原因。成本分析的目标一方面是发现问题，另一方面是查明原因。

（三）因素分析法

因素分析法是将某一综合性指标分解为各个相互关联的因素，通过测定这些因素对综合性指标差异额的影响程度的一种分析方法。在成本分析中采用因素分析法，就是将构成成本的各种因素进行分解，测定各个因素变动对成本计划完成情况的影响程度，据此对企业的成本计划执行情况进行评价，并提出进一步的改进措施。因素分析法一般有以下两种。

1. 连环替代法

采用连环替代法，大致要经过指标分解、依次替代、比较替代结果和综合影响金额等四个阶段，其计算方法与公式如下。

设某项经济指标 N 是由 a、b、c 三个因素组成的。在分析时，若用实际指标与计划指标进行对比，则计划指标与实际指标的计算公式如下。

$$计划指标\ N_0 = a_0 \times b_0 \times c_0$$
$$实际指标\ N_1 = a_1 \times b_1 \times c_1$$

分析对象为 $N_1 - N_0$ 的差额。

采用因素分析法测定各因素变动对指标 N 的影响程度时，各项计划指标、实际指标及替代指标的计算公式如下。

计划指标 $N_0 = a_0 \times b_0 \times c_0$ ……………（1）
第一次替代 $N_2 = a_1 \times b_0 \times c_0$ ……………（2）
第二次替代 $N_3 = a_1 \times b_1 \times c_0$ ……………（3）
实际指标 $N_1 = a_1 \times b_1 \times c_1$ ……………（4）

各因素变动对指标 N 的影响数额计算公式如下：

由于 a 因素变动对指标 N 的影响 =（2）－（1）= $N_2 - N_0$
由于 b 因素变动对指标 N 的影响 =（3）－（2）= $N_3 - N_2$
由于 c 因素变动对指标 N 的影响 =（4）－（3）= $N_1 - N_3$

将上述 3 个项目相加，即各因素变动对指标 N 的影响程度，它应与分析对象相等。

指标的替代顺序应遵循基本因素在前,从属因素在后;数量指标在前,质量指标在后;实物量指标在前,价值量指标在后的规律。

【例 12-2】 某公司生产甲产品,本月相关资料如表 12-6 所示。

表 12-6 产量及其他有关资料　　　　　　　　　　金额单位:元

项目	计划数	实际数
产品产量/件	250	200
单位产品材料消耗量/(千克/件)	48	50
材料单价/(元/千克)	9	10
材料费用	108 000	100 000

分析对象= 100 000 − 108 000 = −8 000(元)

根据因素分析法的替代原则,材料费用 3 个因素的替代顺序为产量、单耗、单价。各因素变动对甲产品材料费用的影响实际比计划降低 8 000 元的测定结果如下:

计划材料费用= 250×48×9 = 108 000(元)①
第一次替代= 200×48×9 = 86 400(元)②
第二次替代= 200×50×9 = 90 000(元)③
实际材料费用= 200×50×10 = 100 000(元)④

各因素变动对材料费用降低 8 000 元的影响程度如下:

由于产量变动的影响=②−①= 86 400 − 108 000 = −21 600(元)
由于材料单耗变动的影响=③−②= 90 000 − 86 400 = 3 600(元)
由于材料单价变动的影响=④−③= 100 000 − 90 000 = 10 000(元)
3 个因素变动对材料费用的影响=− 21 600 + 3 600 + 10 000 = −8 000(元)

连环替代法主要用于分析计算综合经济指标变动的原因及各因素的影响程度。但该方法存在一定的局限性,在运用时应注意它的如下特点:因素分解的正确性,连环替代的顺序性,替代因素的连环性,计算结果的假设性。

2. 差额计算分析法

差额计算分析法是连环替代法的一种简化形式,是利用各个因素的实际数与基期数的差额,直接计算各个因素变动对经济指标的影响程度。以上述经济指标 N 为例,采用差额计算法时的计算公式如下:

由于 a 因素变动对指标的影响= $(a_1 − a_0)×b_0×c_0$
由于 b 因素变动对指标的影响= $a_1×(b_1 − b_0)×c_0$
由于 c 因素变动对指标的影响= $a_1×b_1×(c_1 − c_0)$

【例 12-3】 沿用【例 12-2】资料,采用差额计算分析法的结果如下:

由于产量增加对材料费用的影响= (200 − 250)×48×9 = −21 600(元)
由于材料单耗变动对材料费用的影响= 200×(50 − 48)×9 = 3 600(元)
由于材料单价变动对材料费用的影响= 200×50×(10 − 9) = 10 000(元)
由于各因素变动对材料费用的影响= −21 600 + 3 600 + 10 000 = −8 000(元)

两种方法的计算结果虽然相同,但采用差额计算分析法显然要比连环替代分析法简化很多。

二、产品生产总成本的分析

成本分析的内容，一般包括对总成本和单位成本的分析。总成本分析可以按产品类别分析和按成本项目分析，单位成本分析则应从一般分析和项目分析两个方面着手。

产品生产总成本的分析，是以产品生产成本表为依据的，应从以下方面着手。

（一）按产品类别分析

对按产品类别反映的生产成本表的分析，一般可以从以下两个方面进行。一是本期实际成本与计划成本的对比分析。通过这方面的成本分析，确定全部产品和各种主要产品实际成本与计划成本的差异，了解成本计划的执行结果。二是本期实际成本与上年实际成本的对比分析。对于可比产品来说，在进行这方面的成本对比时，可以分析可比产品成本本期比上年的升降情况。

在按产品类别进行分析时，应计算全部产品的成本降低额和降低率以及可比产品成本与不可比产品成本的降低额和降低率，每种产品成本的降低额和降低率。成本降低额和降低率的计算公式如下：

成本降低额＝按实际产量计算的实际成本－按实际产量计算的计划成本

$$成本降低率 = \frac{成本降低额}{按实际产量计算的计划成本}$$

【例 12-4】某公司本年度生产三种产品，有关产量及成本资料如表 12-7 所示。

表 12-7　产量及单位成本资料　　　　　金额单位：元

产品分类		实际产量/件	计划单位成本	实际单位成本
可比产品	甲产品	100	2 000	1 900
	乙产品	120	2 500	2 450
不可比产品	丙产品	150	3 200	3 260

根据上述资料按产品类别分析，计算企业全部产品成本计划完成情况的结果如下：

甲产品成本降低额＝100×1 900－100×2 000＝－10 000（元）

甲产品成本降低率＝－10 000/（100×20 000）×100%＝－5%

据此计算结果，可编成"全部产品成本计划完成情况分析表"，如表 12-8 所示。

表 12-8　全部产品成本计划完成情况分析表　　　　　金额单位：元

产品分类		总成本		差异	
		按计划计算	按实际计算	降低额	降低率/%
可比产品	甲产品	200 000	190 000	－10 000	－5
	乙产品	300 000	294 000	－6 000	－2
	合计	500 000	484 000	－16 000	－3.2
不可比产品	丙产品	480 000	489 000	9 000	1.875
合计		980 000	973 000	－7 000	－0.714

(二)按成本项目分析

按成本项目反映的产品生产成本表的分析,一般可以采用对比分析法、构成比率分析法和相关指标比率分析法进行。按成本项目分析,是指将按成本项目反映的全部产品的实际总成本与按成本项目反映的实际产量计划总成本进行比较,计算每个成本项目成本降低额和降低率对总成本的影响,其计算公式如下:

某成本项目实际成本比计划成本降低额 = 该成本项目实际成本 − 该成本项目按实际产量计算的计划成本

$$\text{某成本项目实际成本比计划成本降低率} = \frac{\text{该成本项目实际成本比计划成本降低额}}{\text{该成本项目按实际产量计算的计划成本}}$$

$$\text{某成本项目降低额对总成本的影响} = \frac{\text{该成本项目实际成本比计划成本降低额}}{\text{按实际产量计算的全部商品产品计划成本}}$$

【例 12-5】 某公司有关产品各成本项目资料如表 12-9 所示。

要求:根据表 12-9,按成本项目分析计算企业全部产品成本计划完成情况。

表 12-9 全部产品成本计划完成情况分析表

金额单位:元

成本项目	全部产品成本		差异		各成本项目降低额对总成本的影响/%
	计划	实际	降低额	降低率/%	
直接材料	588 000	564 340	−23 660	−4.02	−2.414 3
燃料及动力	98 000	87 570	−10 430	−10.64	−1.064 3
直接工资	147 000	165 410	18 410	12.52	1.878 6
制造费用	147 000	155 680	8 680	5.90	0.885 7
合计	980 000	973 000	−7 000	−0.71	−0.714 3

表 12-9 中数字计算过程如下:

直接材料项目实际成本比计划成本降低额 = 564 340 − 588 000 = −23 660(元)

直接材料项目实际成本比计划成本降低率 = −23 660 / 588 000 × 100% = −4.02%

直接材料项目降低额对总成本的影响 = −23 660 / 980 000 × 100% = −2.414 3%

其他项目计算过程同理。

(三)可比产品成本降低任务完成情况的分析

计算可比产品成本降低任务完成情况,可以检查企业成本降低工作的成绩,由于具有可比性,考核其降低情况具有重要的参考价值。可比产品成本分析包括可比产品成本降低任务的完成情况和变动的原因两个方面。可比产品成本降低任务完成情况分析所需各项指标的计算公式为

可比产品成本实际降低额 = $\sum$实际产量 × (上年实际单位成本 − 本年实际单位成本)
= 实际产量按上年实际单位成本核算总成本 − 实际产量按本年实际单位成本核算总成本

可比产品成本计划降低额 = $\sum$计划产量 × (上年实际单位成本 − 本年计划单位成本)
= 计划产量按上年实际单位成本核算总成本 − 计划产量按本年计划单位成本核算的总成本

$$\text{可比产品成本实际降低率} = \frac{\text{可比产品成本实际降低额}}{\text{实际产量按上年实际单位成本计算的总成本}}$$

$$\text{可比产品成本计划降低率} = \frac{\text{可比产品成本计划降低额}}{\text{计划产量按上一年实际单位成本计算的总成本}}$$

分析对象：

降低额＝可比产品成本实际降低额－可比产品成本计划降低额

降低率＝可比产品成本实际降低率－可比产品成本计划降低率

各因素变动对可比产品成本降低任务完成情况的影响，主要有产品单位成本、产品品种构成、产品产量等。

1. 产品单位成本变动的影响

可比产品成本计划降低额，是根据本年计划单位成本和上年实际单位成本比较计算的；可比产品成本实际降低额，是根据本年实际单位成本和上年实际单位成本计算的。这样，当本年实际单位成本发生变动时，必然会引起可比产品成本降低额和降低率的变动。

2. 产品品种构成变动的影响

产品品种构成，是指各种产品数量在全部产品数量总和中所占的比重，由于各种产品的实物数量不能简单相加，在进行可比产品成本分析时，一般是把某产品的成本占全部产品成本的比重作为产品品种构成，其计算公式如下：

$$\text{某产品的品种构成} = \frac{\text{某产品产量} \times \text{该产品上年（计划或实际）单位成本}}{\text{每种产品产量} \times \text{该产品上年（计划或实际）单位成本}}$$

当企业生产两种以上产品时，若各种产品的实际产量与计划产量不是同比例增减，就会引起品种构成的变动。在企业生产的多种产品中，每种产品成本的降低幅度是不一样的，有的还可能超支。企业若增加成本降低幅度大的产品的生产比重，或降低成本降低幅度小的产品的生产比重，可比产品平均降低率和降低额就会提高；反之，成本降低率和降低额就会下降。所以，产品品种构成的变动，同时影响成本降低额和成本降低率。

3. 产品产量变动的影响

可比产品成本降低任务，是用可比产品的计划产量分别乘以该产品上年实际单位成本和计划单位成本的差额计算的；实际完成情况，是根据可比产品实际产量分别乘以该产品上年实际单位成本与本年实际单位成本的差额计算的。从这一计算过程可以看出，当产品的品种构成和单位成本不变时，产品产量的变动会引起成本降低额发生同比例的变动，但不影响成本降低率的变动。因此，单纯产量的变动仅影响成本降低额，不影响成本降低率的变动。

【例 12-6】某公司本年度生产甲、乙、丙三种产品，有关资料如表 12-10 所示。

表 12-10 产品产量及单位成本资料

产品名称	产量/件		单位成本/（元/件）		
	计划	实际	上年实际	本年计划	本年实际
甲	100	120	1 200	1 150	1 100
乙	150	200	850	830	810
丙	200	210	630	615	610

根据上述资料对可比产品成本降低任务完成情况分析的结果如下。

（1）可比产品成本计划降低任务的计算结果如表 12-11 所示。

表 12-11　可比产品成本计划降低任务　　　　　　　　　　　　　　　金额单位：元

可比产品	计划产量/件	单位成本/（元/件）		总成本		降低任务	
		上年	计划	上年	计划	降低额	降低率/%
甲产品	100	1 200	1 150	120 000	115 000	500	4.17
乙产品	150	850	830	127 500	124 500	3 000	2.35
丙产品	200	630	615	126 000	123 000	3 000	2.38
合计	—	—	—	373 500	362 500	11 000	2.945

（2）可比产品成本实际完成情况如表 12-12 所示。

表 12-12　可比产品成本实际完成情况

可比产品	实际产量/件	单位成本/（元/件）			总成本			完成情况	
		上年	计划	实际	上年	计划	实际	降低额	降低率/%
甲产品	120	1 200	1 150	1 100	144 000	138 000	132 000	12 000	8.333
乙产品	200	850	830	810	170 000	166 000	162 000	8 000	4.706
丙产品	210	630	615	610	132 300	129 150	128 100	4 200	3.175
合计	—	—	—	—	446 300	433 150	422 100	24 200	5.422

根据上述资料，可计算出分析的对象：

降低额 = 24 200 − 11 000 = 13 200（元）

降低率 = 5.422% − 2.945% = 2.477%

（3）可比产品成本降低任务完成情况采用因素分析法的计算过程如表 12-13 所示。

表 12-13　可比产品成本降低任务完成情况分析

影响因素				计算方法	
顺序	产量	品种构成	单位成本	降低额	降低率
（1）	计划	计划	计划	计划降低额 11 000 元	计划降低率 2.945%
（2）	实际	计划	计划	实际产量的上年总成本 × 计划降低率 446 300×2.945% = 13 143.535（元）	计划降低率 2.945%
（3）	实际	实际	计划	实际产量的上年总成本 × 实际产量的计划总成本 446 300 − 433 150 = 13 150（元）	本步骤的降低额 / 实际产量的上年总成本×100% = 13 150/446 300×100% = 2.946%
（4）	实际	实际	实际	实际降低额 24 200 元	实际降低率 5.422%
各因素的影响： （2）−（1）产量因素的影响 （3）−（2）品种构成因素的影响 （4）−（3）单位成本因素的影响				13 143.535 − 11 000 = 2 143.535（元） 13 150 − 13 143.535 = 6.465（元） 24 200 − 13 150 = 11 050（元）	2.946% − 2.945% = 0.001% 5.422% − 2.946% = 2.476%
合计				13 200 元	2.477%

三、主要产品单位成本分析

主要产品单位成本分析是依据主要产品单位成本报表资料进行的。对全部产品成本计划完成情况进行总结分析后,还应对主要产品的单位成本进行具体分析,从而确定成本升降的原因,提出进一步改进措施。主要产品单位成本分析一般是先将产品单位成本的实际数与计划等指标进行比较,计算其差异额和差异率,然后在此基础上分析各主要成本项目产生差异的原因。

(一) 直接材料项目的分析

单位材料费用受到材料消耗数量和材料价格两个因素的影响,其计算公式如下:

$$单位产品材料费用=单位产品材料消耗量 \times 材料单价$$

各因素变动对材料费用影响的计算公式如下:

材料耗用量变动对单位成本的影响=$\sum[(材料实际单位耗用量-材料计划单位耗用量) \times 材料计划单价]$

材料价格变动对单位成本的影响=$\sum[(材料实际单价-材料计划单价) \times 材料实际单位耗用量]$

【例12-7】 某公司生产甲产品,材料项目的有关资料如表12-14所示。

表12-14 材料项目的有关资料　　　　　　　　　　金额单位:元

材料名称	单位耗用量/千克		材料单价/(元/千克)		材料成本		差异
	计划	实际	计划	实际	计划	实际	
A	120	125	62	65	7 440	8 125	685
B	80	75	30	28	2 400	2 100	−300
C	60	62	42	46	2 520	2 852	332
合计	—		—		12 360	13 077	717

材料耗用量变动对单位成本的影响=(125−120)×62+(75−80)×30+(62−60)×42
　　　　　　　　　　　　　　　=244(元)

材料价格变动对单位成本的影响=(65−62)×125+(28−30)×75+(46−42)×62
　　　　　　　　　　　　　　=473(元)

各种因素变动对直接材料费用的影响=244+473=717(元)

纺织、冶金、化工等企业,在产品生产过程中会使用多种原材料,这时需要根据产品的特点、工艺规程要求,将各种材料按一定的比例配料投入使用。每种材料消耗量占材料总消耗量的比例,称为"材料配比"。在各种材料单价不同的情况下,改变材料的配比也会影响产品的单位成本。材料项目的分析,受到材料耗用量、价格和材料配比3个因素的影响。其具体计算公式如下:

单位产品材料消耗总量变动对单位成本的影响=(单位产品材料实际总耗用量−单位产品材料计划总消耗量)× 计划配比的材料平均计划单价

材料配比变动对单位成本的影响=(实际配比的材料平均计划单价−计划配比的材料平均计划单价)× 单位产品材料实际总消耗量

材料价格变动对单位成本的影响=$\sum[(材料实际单价-材料计划单价) \times 材料实际单位耗用量]$

$$计划配比的材料平均计划单价 = \frac{\sum(各种材料计划消耗量 \times 材料的计划单价)}{材料计划总消耗量}$$

$$\text{实际配比的材料平均计划单价} = \frac{\sum(\text{各种材料实际消耗量} \times \text{材料的计划单价})}{\text{材料实际总消耗量}}$$

【例 12-8】某大公司生产甲产品,"材料项目有关资料表"如表 12-15 所示。

表 12-15 材料项目有关资料表　　　　　　　金额单位:元

材料名称	计划				实际				差异
	耗用量/千克	配比/%	单价/(元/千克)	成本/元	耗用量/千克	配比/%	单价/(元/千克)	成本	
A	320	40	100	32 000	294	37	102	29 988	-2 012
B	200	25	80	16 000	210	26	81	17 010	+1 010
C	120	15	60	7 200	168	21	55	9 240	+2 040
D	160	20	40	6 400	126	16	35	4 410	-1 990
合计	800	100	—	61 600	798	100	—	60 648	-952

分析对象:60 648 - 61 600 = -952(元)
计划配比的材料平均计划单价= 61 600/800 = 77(元/千克)
实际配比的材料平均计划单价=(294×100 + 210×80 + 168×60 + 126×40)/798
　　　　　　　　　　　　= 76.842(元/千克)
单位产品材料消耗总量变动对单位成本的影响=(798 - 800)×77 = -154(元)
材料配比变动对单位成本的影响=(76.842 - 77)×798 = -126.084(元)
材料价格变动对单位成本的影响=(102 - 100)×294 +(81 - 80)×210 +(55 - 60)×
　　　　　　　　　　　　　168 +(35 - 40)×126.084
　　　　　　　　　　　　= -672.42(元)
各因素变动对单位成本影响的金额= - 154 - 126.084 - 672.42 = -952.504(元)

(二)直接人工成本项目的分析

分析产品单位成本中直接人工成本的变化应结合具体的工资制度和工资费用计入产品成本的具体方法进行。在计件工资制度下,由于单位产品成本中规定有计件单价(定额内),只要计价单价不变,单位产品成本中的工资费用就不会发生变化。在计时工资制度下,若企业只生产一种产品,则影响单位成本工资费用高低的因素有生产工人工资总额和产品产量;若企业生产多种产品,单位产品成本中包含的工资费用是按工时比例分配计入产品成本的,则产品单位成本中工资费用的多少取决于生产单位产品的工时消耗和工资分配率两个因素的变动情况。

单位产品直接人工费用受单位产品工时消耗量和工资分配率两个因素的影响,其计算公式如下:

　　　　　　　　　单位产品直接人工费用=单位产品工时消耗量×工资分配率

各因素变动对直接人工费用影响的计算公式如下:

单位产品工时消耗量变动对单位成本的影响=(实际单位产品工时耗用量-计划单位产品工时耗用量)× 计划工资分配率

工资分配率变动对单位成本的影响=(实际工资分配率-计划工资分配率)× 实际单位产品工时消耗量

【例 12-9】 某公司生产甲产品,"单位产品人工费用项目有关资料表"如表 12-16 所示。

表 12-16 单位产品人工费用项目有关资料表 金额单位:元

项目	消耗量/(工时/小时)		工资分配率/(元/小时)		直接人工成本		
	计划	实际	计划	实际	计划	实际	差异
甲产品	50	40	2	2.375	100	95	-5

分析对象:95 － 100 ＝ -5(元)

单位产品工时消耗量变动对单位成本的影响＝(40 － 50)×2 ＝ -20(元)

工资分配率变动对单位成本的影响＝(2.375 － 2)×40 ＝ 15(元)

各因素变动对单位成本影响的金额＝－ 20 ＋ 15 ＝ -5(元)

(三)制造费用成本项目的分析

影响制造费用实际脱离计划的原因主要是工时消耗和制造费用分配率。

单位产品制造费用受单位产品工时消耗量和制造费用分配率两个因素的影响,其计算公式如下:

$$单位产品制造费用 ＝ 单位产品工时消耗量 \times 制造费用分配率$$

各因素变动对制造费用影响的计算公式如下:

单位产品工时消耗量变动对单位成本的影响＝(实际单位产品工时耗用量－计划单位产品工时耗用量)× 计划分配率

制造费用分配率变动对单位成本的影响＝(实际制造费用分配率－计划制造费用分配率)× 实际单位产品工时消耗量

【例 12-10】 某公司生产甲产品,"单位产品制造费用项目有关资料表"如表 12-17 所示。

表 12-17 单位产品制造费用项目有关资料表 金额单位:元

项目	消耗量(工时)/小时		费用分配率/(元/小时)		制造费用		
	计划	实际	计划	实际	计划	实际	差异
甲产品	50	40	1.76	2.35	88	94	6

分析对象:94 － 88 ＝ 6(元)

做一做:根据表 12-17 资料,计算并分析单位产品工时消耗量和制造费用分配率两个因素对单位成本的影响,说明单位成本实际超过计划(6 元)是如何形成的。

 **项目小结**

本项目主要介绍了成本报表与成本分析。

成本报表是根据产品成本的核算资料以及其他有关资料编制，反映企业一定时期产品成本水平和费用支出情况，据以分析企业成本计划执行情况和结果的报告文件。编制和分析成本报表是成本会计工作的一项重要内容。

成本报表一般包括产品生产成本表、主要产品单位成本表、制造费用明细表等。

成本分析是利用成本核算资料及其相关资料，对成本水平及其构成情况进行评价，以提示影响成本升降的各种因素，寻求成本降低途径的一种管理活动。成本分析是会计的重要组成部分，是成本管理工作的重要环节。通常采用的成本分析方法有：比较分析法、比率分析法、因素分析法等。

可比产品成本降低计划完成情况的分析以及因素分析，是成本计划完成情况分析的重点和难点。

对主要产品成本计划完成情况的分析，是在全部产品成本计划完成情况分析基础上做的深入分析，目的是寻找降低产品成本的途径。

 **复习与训练**

一、单项选择题

1. 产品生产成本表是反映企业在报告期内生产的（　　）报表。
   A. 全部产品单位成本　　　　　　　B. 主要产品单位成本
   C. 全部产品总成本　　　　　　　　D. 部分产品总成本

2. 产品生产成本表在计算总成本时，以（　　）为基础，按上年实际平均、本年计划和实际单位成本核算总成本并分品种分栏反映。
   A. 计划产量　　　　　　　　　　　B. 上年产量
   C. 实际产量　　　　　　　　　　　D. 预计完成产量

3. 可比产品成本降低额与降低率之间的关系是（　　）。
   A. 成反比　　　　　　　　　　　　B. 成正比
   C. 同方向变动　　　　　　　　　　D. 无直接关系

4. 主要产品单位成本的计划完成情况分析，通常首先采用（　　）进行分析。
   A. 对比分析法　　　　　　　　　　B. 趋势分析法
   C. 比率分析法　　　　　　　　　　D. 连环替代法

5. 假定某企业可比产品成本资料中，按上年平均单位成本核算的本年累计总成本是507 600元，本年实际累计总成本是482 220元，则可比产品成本上升降低率是（　　）。
   A. 5%　　　　　B. -5%　　　　　C. 5.26%　　　　　D. -5.26%

6. 采用连环替代法，可以揭示（　　）。
   A. 产生差异的因素　　　　　　　　B. 产生差异的因素和各因素的影响程度
   C. 产生的成本差异　　　　　　　　D. 产生差异的因素和各因素的变动原因

7. 主要产品单位成本的一般分析，通常首先采用（　　）进行分析。
A. 对比分析法　　　　　　　　　　B. 趋势分析法
C. 比率分析法　　　　　　　　　　D. 连环替代法
8. 下列关于主要产品单位成本表的说法，错误的是（　　）。
A. 主要产品单位成本表是反映报告期内生产的各主要产品单位成本构成情况的报表
B. 主要产品单位成本表应按主要产品分别编制
C. 主要产品单位成本表是对产品生产成本表的补充说明
D. 主要产品单位成本表是反映企业在报告期内全部产品单位成本构成情况的报表
9. 生产单一品种情况下，影响可比产品成本降低额变动的因素仅有（　　）。
A. 产品产量　　　　　　　　　　　B. 产品产量和产品单位成本
C. 产品单位成本　　　　　　　　　D. 产品产量、单位成本和品种结构
10. （　　）是进行成本分析的主要依据。
A. 成本制度　　　　　　　　　　　B. 成本预测
C. 成本报表　　　　　　　　　　　D. 企业会计准则

二、多项选择题

1. 工业企业成本报表一般包括（　　）。
A. 产品生产成本表　　　　　　　　B. 主要产品单位成本表
C. 制造费用明细表　　　　　　　　D. 各种期间费用明细表
2. 主要产品单位成本表反映的单位成本包括（　　）。
A. 本月实际　　　　　　　　　　　B. 历史先进水平
C. 本年计划　　　　　　　　　　　D. 上年实际平均
3. 在生产多品种产品情况下，影响可比产品成本降低额变动的因素有（　　）。
A. 产品产量　　　　　　　　　　　B. 产品单位成本
C. 产品价格　　　　　　　　　　　D. 产品品种结构
4. 企业成本报表编制的要求是（　　）。
A. 内容完整　　　B. 报送及时　　　C. 指标实用　　　D. 数字真实
5. 连环替代的顺序性表现在（　　）。
A. 先数量指标，后质量指标　　　　B. 先基本因素，后从属因素
C. 先质量指标，后数量指标　　　　D. 先实物量指标，后价值量指标
6. 成本报表分析的主要内容包括（　　）。
A. 成本计划完成情况分析　　　　　B. 主要产品单位生产成本分析
C. 费用预算执行情况分析　　　　　D. 成本效益分析
7. 单位成本报表的分析应该主要从（　　）等方面着手。
A. 一般分析　　　　　　　　　　　B. 项目分析
C. 类别成本分析　　　　　　　　　D. 项目成本分析
8. 可比产品成本分析包括可比产品成本降低任务的（　　）两个方面。
A. 完成情况　　　　　　　　　　　B. 变动原因
C. 降低额　　　　　　　　　　　　D. 降低率
9. 主要产品单位生产成本表中反映的内容主要包括（　　）等。
A. 产品产量　　　　　　　　　　　B. 单位成本
C. 产品售价　　　　　　　　　　　D. 主要技术经济指标

三、判断题

1. 按规定成本报表是对外报送和公布的会计报表。（   ）
2. 成本报表的种类、项目、格式和编制方法等可由企业自行确定。（   ）
3. 产品生产成本报表的补充资料部分通常只反映可比产品的降低率资料。（   ）
4. 不可比产品是上年及以前年度没生产过，没有上年及以前年度成本资料的产品。（   ）
5. 按成本项目反映的产品生产成本表是按成本项目汇总反映企业在报告期内发生的全部生产成本额及单位成本额的报表。（   ）
6. 制造费用明细表应包括辅助生产车间制造费用的发生额。（   ）
7. 在填列可比产品成本降低率指标时，如果成本下降则用负数填列。（   ）
8. 成本降低额和降低率如果是负数，就说明成本是降低的；反之，成本是提高的。（   ）
9. 连环替代分析法是差额计算分析法简化的计算分析方法。（   ）
10. 不论按产品类别，还是按成本项目对产品生产成本的分析，都要采用对比分析法进行。（   ）
11. 影响产品成本中原材料费用变动的因素，不外乎量差与价差两个方面。（   ）
12. 产品产量增减变动会使成本降低额同比例增减，但不会使成本降低率发生变动。（   ）

项目实训

实训十九：产品生产成本表的编制与分析实训

（一）实训目的

通过实训，让学生了解产品生产成本表编制的基本依据，熟悉并领会产品生产成本表编制的一般程序，掌握并能运用产品生产成本表的编制和分析方法，获得对一般生产企业成本报表较强的编制和分析能力。

（二）实训资料

1. 立新公司共生产甲、乙、丙、丁四种产品，其中，甲、乙、丙三种产品为可比产品，丁产品为不可比产品。2022年12月，立新公司生产的甲、乙、丙、丁四种产品的相关成本资料如表12-18所示。

表12-18　各种产品产量和成本资料

金额单位：元

产品名称	实际产量/件		单位成本/（元/件）		本月实际总成本	本年实际累计总成本
	本月	本年累计	上年实际	本年计划		
甲	100	1 100	163.1	162.3	16 150	178 750
乙	200	2 450	134.2	135	27 360	332 955
丙	300	3 500	110.3	108.4	31 920	374 850
丁	200	2 000		92	18 000	182 000

2. 按现行价格计算的产品产值为3 600 000元。

（三）实训要求

1. 根据提供的资料，计算填列产品生产成本表的有关项目。
2. 根据有关项目的资料，计算填列产品生产成本表的补充资料。
3. 分析产品生产成本计划完成的总体情况。
4. 分析可比产品成本降低任务完成情况。

（四）实训准备

1. 根据教材内容整理成本报表的编制与分析要点，熟悉并掌握按照产品种类反映的产品生产成本表各项目及其补充资料的填列方法；熟悉并掌握用产品生产成本表进行必要评价和分析的技能。
2. 按产品种类反映的产品生产成本表1张。

（五）实训过程

1. 计算填列产品生产成本表有关项目（见表12-19）。

（1）计算和填列甲、乙、丙、丁四种产品按上年实际平均单位成本核算的、按本年计划单位成本核算的本月总成本和本月实际总成本。

（2）计算和填列按上年实际平均单位成本核算的、按本年计划单位成本核算的本年累计总成本和本年实际累计总成本。

（3）计算填列本月实际单位成本和本年累计实际平均单位成本。

（4）计算填列可比产品成本、不可比产品成本及其全部产品成本的合计数。

表12-19 产品生产成本表（按产品种类反映）

编制单位： 　　　　　　　　　2022年12月　　　　　　　　　金额单位：元

产品名称		实际产量/件		单位成本/(元/件)				本月总成本			本年累计总成本	
		本月(1)	本年累计(2)	上年实际平均(3)	本年计划(4)	本月实际(5)	本年累计实际平均(6)	按上年实际平均单位成本核算(7)	按本年计划单位成本核算(8)	本月实际(9)	按上年实际平均单位成本核算(10)	按本年计划单位成本核算(11)	本年实际(12)
可比产品	合计												
	甲												
	乙												
	丙												
不可比产品	合计												
	丁												
全部产品成本合计													

2. 计算填列产品生产成本表的补充资料（按本年累计实际数计算，包括可比产品成本降低额和降低率、按现行价格计算的产品产值、产值成本率等）。

3. 从产品生产成本计划完成总体情况和可比产品成本降低任务完成情况对产品生产成本表展开分析。

实训二十：主要产品单位成本表的编制与分析

（一）实训目的

通过实训，让学生了解主要产品单位成本表的结构和内容，熟悉主要产品单位成本表编制的一般程序，掌握主要产品单位成本表的编制和分析方法。能够通过编制主要产品单位成本表，评价和考核各种主要产品单位成本计划的执行情况，分析成本构成及其发生增减变动的原因，为企业进一步降低产品成本提供对策。

（二）实训资料

立新公司生产的乙产品是该公司的主要产品。2022年12月，乙产品本月计划产量为180件，实际产量为200件，本月累计计划产量为2 350件，累计实际产量为2 450件，销售单价为168元/件，该产品有关单位成本资料如表12-20所示。

表12-20　乙产品单位成本资料

2022年12月　　　　　　　　　　　　　　　　　　　　　　　　　　　金额单位：元

成本项目	历史先进水平	上年实际平均	本年计划	本月实际	本年累计实际平均
直接材料	67.1	67.3	67	68	67
直接人工	29	29	30	29.6	30.1
制造费用	37.9	37.9	38	39.2	28.8
合计	134	134.2	135	136.8	135.9

（三）实训要求

1. 根据提供的资料，计算填列主要产品单位成本表的有关项目。
2. 根据主要产品单位成本表的有关资料，对主要产品单位成本进行一般分析和项目分析。

（四）实训准备

1. 进一步熟悉企业各主要产品单位成本表各项目的填列方法以及培养对主要产品单位成本进行评价和分析的技能。
2. 主要产品单位成本表1张。

（五）实训过程

1. 根据提供的乙产品有关单位成本资料，编制乙产品单位成本表（表12-21）。

表12-21　主要产品单位成本表

编制单位：　　　　　　　　　　　　　　年　月　　　　　　　　　　　　　金额单位：元

产品名称			本月计划产量		
规格			本月实际产量		
计量单位			本年累计计划产量		
销售单价			本年累计实际产量		
成本项目	历史先进水平	上年实际平均	本年计划	本月实际	本年累计实际平均
直接材料					
直接人工					
制造费用					
合计					

2. 对乙产品单位成本表进行一般分析和分项目分析。

参 考 文 献

[1] 中华人民共和国财政部．关于印发《企业产品成本核算制度（试行）》的通知：财会〔2013〕17号［EB/OL］．（2013-08-16）.http：//kjs.mof.gov.cn/zhengcefabu/201309/t20130906_986492.htm．

[2] 中华人民共和国财政部．关于印发《企业产品成本核算制度——钢铁行业》的通知：财会〔2015〕20号［EB/OL］．（2015-11-12）.http：//kjs.mof.gov.cn/zhengcefabu/201511/t20151130_1590105.htm．

[3] 中华人民共和国财政部．关于印发《企业产品成本核算制度——煤炭行业》的通知：财会〔2016〕21号［EB/OL］．（2016-09-30）.http：kjs.mof.gov.cn/zhengcefabu/201610/t20161027_2445062.htm．

[4] 中华人民共和国财政部．关于印发《企业产品成本核算制度——电网经营行业》的通知：财会〔2018〕2号［EB/OL］.（2018-01-05）.http：kjs.mof.gov.cn/zhengcefabu/201801/t20180119_2798185.htm．

[5] 周军．成本会计实务［M］．北京：北京交通大学出版社，2018．

[6] 于富生，黎来芳，张敏．成本会计学［M］．北京：中国人民大学出版社，2018．

[7] 程明娥，王志红．成本会计学［M］．北京：高等教育出版社，2021．

[8] 中华人民共和国财政部．关于印发《企业产品成本核算制度——油气管网行业》的通知：财会〔2021〕21号［EB/OL］．（2021-09-17）.http：kjs.mof.gov.cn/zhengcefabu/202110/t2021/008_3756964.htm．

[9] 财政部会计资格评价中心．初级会计实务［M］．北京：中国财政经济出版社，2022．

[10] 鲁亮升．成本会计［M］．大连：东北财经大学出版社，2022．